Lama Anagarika Govinda

In den weißen Wolken

Lama Anagarika Govinda

In den weißen Wolken

Verschollene Texte
und letzte Lehrreden

Herausgegeben von
Richard Power

Aus dem Englischen
von Michael Wallossek

nymphenburger

Die Originalausgabe »The Lost Teachings of Lama Govinda.
Living wisdom from a modern Tibetan Master«
erschien 2007 bei Quest Books.

Schutzumschlag: Atelier Sanna, München
Schutzumschlagmotive: gettyimages, München; ullsteinbild, Berlin
Satz: C. Schaber Datentechnik, Wels
Gesetzt aus 10,4/13,8 pt Sabon
Druck und Binden: GGP Media GmbH, Pößneck
Printed in Germany
ISBN 978-3-485-01153-2

www.nymphenburger-verlag.de

Inhalt

Vorwort

Lama Govinda, der Wegbereiter und Brückenbauer

von Lama Surya Das

Zum ersten Mal ist mir der Name Lama Govinda während meiner Hochschulzeit in den späten Sechzigerjahren zu Ohren gekommen. Entweder hat Baba Ram Dass ihn erwähnt, es können aber auch Allen Ginsberg oder Gary Snyder gewesen sein. Jeder der drei hatte Lama Govinda damals bereits in Indien kennengelernt. Daraufhin habe ich mir gleich sein autobiografisches Werk *Der Weg der weißen Wolken* gekauft, den spirituellen Reisebericht über seine Pilgerreisen nach Tibet in den Dreißiger- und Vierzigerjahren – damals eine echte Pionierleistung. Dieses Buch trug maßgeblich dazu bei, dass auch ich mich aufgemacht habe, jenes Land auf dem Dach der Welt zu besuchen, das Govinda liebevoll als »das Land der tausend Buddhas« bezeichnete.

Der gelehrte und spirituell verwirklichte Lama Anagarika Govinda stand in meinen Augen geistig auf einer ähnlichen Stufe wie der – obwohl er ein weitgehend zurückgezogenes Leben führte – bekannte Trappistenmönch Thomas Merton, dem wir den autobiografischen Klassiker *Der Berg der sieben Stufen* verdanken. Wie ich zu meinem Erstaunen eines Tages feststellte, war Lama Govinda tatsächlich ein Deutscher. Zur Zeit des Ersten Weltkriegs hatte er in Italien gekämpft, später in Sri Lanka als Mönch gelebt und nun war er mit einer extravaganten, aus der indischen Oberschicht stammenden Künstlerin namens Li Gotami verheiratet. Während zahlreicher Winternächte habe ich in meinem Studentenwohnheim im schneebedeckten Buffalo, New York, seine wundervollen Geschichten aus Tibet gelesen. Und ich begann davon zu träumen, ebenso wie Lama Govinda zu Füßen der erleuchteten alten tibetischen Meister, Weisen und Heiligen zu meditieren und nebenbei deren geheime Unterweisungen in mich aufzunehmen.

Die Buddha-Statuen, die Lama Govinda in Tibet fotografiert und in dem Buch abgebildet hatte, waren von solch außerordentlicher Schönheit und einer solchen Aura des Geheimnisvollen umgeben, dass ich sie mit meinen Blicken geradezu verschlungen habe. Gleiches galt für die dort gezeigte sakrale Baukunst der tibetischen Tempel, aber auch für einige der farbenfrohen Gemälde und Skizzen, die Lama Govinda und Li Gotami angefertigt hatten. Wie sie wollte ich Buddhist werden, somit letzten Endes ein Buddha, und auf diese Weise das in meinen Kräften Stehende zur Bereicherung, zur Erleuchtung und zur Befriedung dieser Welt in all ihrer launischen Flüchtigkeit und Wechselhaftigkeit beitragen.

Obgleich mein Zungenschlag unüberhörbar durch das Umfeld meiner Kindheit und Jugend, also meinen Geburtsort New York und dessen Stadtteil Brooklyn geprägt war, gab ich mir alle Mühe, die – teils auf Sanskritlauten basierenden, teils dem Tibetischen anverwandelten – Mantras über die Lippen zu bringen, denen ich in diesem frühen Buch erstmals begegnet bin. Dabei bat ich auch meinen indischen Mathematiklehrer um Unterstützung.

Der Weg der weißen Wolken führte mich dann zu *Das tibetanische Totenbuch – Ein Weisheitsbuch der Menschheit* von Walter Y. Evans-Wentz, zu *Auf Messers Schneide* von Somerset Maugham, zu Hermann Hesses *Siddhartha* und zu René Daumals *Der Analog*, ferner zu den wichtigen Büchern von Alan Watts, Joseph Campbell, Huston Smith und Herbert V. Guenther. Der junge Suchende hatte die Fährte aufgenommen.

Zwei Jahre später machte ich meinen Hochschulabschluss und reiste auf dem Landweg durch Europa und über Istanbul, Iran und Afghanistan ins sagenumwobene Indien, wo ich meinen ersten Lamas begegnet bin: In Nepal, auf einer Anhöhe mit freier Sicht auf das Tal von Kathmandu, war dies Thubten Yeshe; und in Darjeeling, unweit jenes Ortes, an dem Lama Govinda einst seinen Wurzellama Tomo Geshe getroffen hatte, begegnete ich Kalu Rinpoche. In der Bibliothek auf dieser Anhöhe oberhalb von Kathmandu habe ich mich dann zum ersten Mal in Govindas wegweisendes Werk *Grundlagen tibetischer Mystik* vertieft. Damals entwickelte ich die Vorstellung, dieser gelehrte Lama sei ein wahrer »gnostischer Mittler« (ein Begriff, mit dem C. G. Jung jene außergewöhnlichen Persönlichkeiten bezeichnet hat, die das Feuer der Spiritualität im Lauf der Geschichte für die Menschheit immer wieder neu entfachen, indem sie die zeitlose mystische Wahrheit transformieren, in die Sprache ihrer Zeit übersetzen und so für ihre Zeitgenossen mit Sinn erfüllen). Diesem Buch konnte ich zum ersten Mal faszinierende Einzelheiten entnehmen über die äußeren und inneren Bedeutungsaspekte von Govindas Lieblingsmantra *Om Mani Padme Hūm*, einem überaus reichen, volltönenden Mantra, das ich nach wie vor tagtäglich rezitiere.

Mittels Meditation und Selbsterforschung war Lama Govinda offensichtlich durch das Nadelöhr – das geheimnisvolle und rätselhafte Zentrum der eigenen Seele – hindurch in den transpersonalen Geist der Transzendenz gelangt, in die göttliche Natur, die Natur von allem und dem Einen, in das Unendliche, die Leerheit, die Gottheit, die Wirklichkeit, Wahrheit und Liebe. Jedenfalls habe ich mir dies damals so vorgestellt und es unterwegs in einem der billigen kleinen roten indischen Notizbücher entsprechend vermerkt. Ihm war es offenbar geglückt, die klösterliche Ausdrucksweise und Kontemplationspraxis, insbesondere die Insider-Sprache, die Stammessprache gewissermaßen, des esoterischen Buddhismus im Himalaya in einen bedeutungsvollen Dialog mit der Moderne zu überführen. Aber mehr noch als das: Zugleich gelang es ihm, die universelle existenzielle Bedeutung des tibetischen Buddhismus zutage zu fördern. Mag uns das heutzutage auch gar nicht mehr so außergewöhnlich vorkommen, war es in diesem Frühstadium der Übertragung des Buddhismus in den Westen nichtsdestoweniger eine überaus selten anzutreffende Leistung, die man gar nicht genug anerkennen kann.

In Kathmandus Freak Street schnappte ich dann in einem Laden, in dem man Tee trinken und Kuchen essen konnte, auf, der Autor lebe im nordwestindischen Almora in den Ausläufern des Himalaya: auf der für ihre zahlreichen exzentrischen Auswanderer aus dem Westen bekannten Crank's Ridge. Ich fasste den Entschluss, ihn dort zu besuchen, sobald sich eine Gelegenheit dazu ergeben würde. Als ich im Juni 1972 aufgrund von Visa-Problemen gezwungen war, das Kloster Kopan in Nepal zu verlassen, begab ich mich auf eine Pilgerreise, um den Dalai Lama in seiner tibetischen Exilhauptstadt, dem indischen Dharamsala, zu treffen. Und nachdem ich dort zwei Wochen verbracht hatte, darunter einige höchst inspirierende Stunden in privatem Rahmen mit Seiner Hei-

ligkeit und weiteren wundervollen tibetischen Lehrern, zog ich weiter nach Almora.
Lama Govinda und Li Gotami waren zwar zu jener Zeit in Almora nicht anzutreffen. Doch auf dem Bergrücken unterhalb von Almora, wo das Haus der Govindas zu einer Art informellem Ashram avanciert war, lernte ich Guru-Lama kennen, der in ihrer Abwesenheit das Haus hütete. Abend für Abend entzückte mich Guru-Lama, während wir vor der altertümlichen Feuerstelle saßen, mit seinen Geschichten. Die Nächte verbrachte ich in meinem Schlafsack auf einer kleinen, vor Wind und Wetter geschützten Veranda eines von einem Bekannten gemieteten Hauses in Hanglage. Über den Menschen fressenden Tiger, der Gerüchten zufolge dort umherstreifen sollte, zerbrach ich mir nicht groß den Kopf. Ich träumte vom Dalai Lama, vom Buddha und von Tārā, der weiblichen Buddha-Manifestation, außerdem von meinen jüdischen Eltern im fernen New York. Ich begegnete Shunya, einem Engländer, der seit den Tagen des britischen Kolonialreichs in Indien lebte. In Südindien hatte er seinerzeit noch den großen Heiligen Ramana Maharshi kennengelernt. Und er selbst war nach eigener Einschätzung ein Weiser, woran ich allerdings meine Zweifel hegte.
R. D. Laing, Ralph Metzner, Richard Alpert (Ram Dass) und Timothy Leary hatten ebenfalls einige Zeit auf Crank's Ridge verbracht. Tatsächlich hatte Leary mit einigen seiner Freunde dort die ziemlich abgehobene Variante des klassischen tibetischen Textes über die bewusste Erfahrung des Sterbeprozesses, des Todes und des Nachtodzustandes verfasst, die später unter dem Titel *The Psychedelic Experience: A Manual Based on the Tibetan Book of the Dead*[1] publiziert worden ist. Soweit es um den *Bardo*, das Stadium des Übergangs von einem Leben zum

nächsten, um anderweitige mystische Erfahrungen und um geheime Unterweisungen zur Natur des Geistes – für den Buddhismus der geheiligte Urgrund von allem – geht, weist der Titel dieses Buches zu Recht Anklänge an William James' Klassiker *The Varieties of Religious Experience*[2] auf. Metzner veröffentlichte später seinerseits ein interessantes Buch mit dem Titel *The Varieties of Psychedelic Experience*.

Zu Füßen unseres Gurus Neem Karoli Baba habe ich damals auch Baba Ram Dass, Bhagavan Das, Krishna Das, Harinam Das, Dan Goleman und Dhamma Dipo, Mirabai Bush, Joseph Goldstein, Sharon Salzberg sowie Girija und Larry Brilliant kennengelernt und mit ihnen zusammengelebt. Alle miteinander waren sie ein klein wenig älter – ziemlich gebildete und coole amerikanische Pilger, die den gleichen Weg eingeschlagen hatten wie ich.

In jenen glücklichen Tagen haben sie und ich Vipassanā-Meditation nebst diversen Yoga-Techniken erlernt und praktiziert. Und wir haben, von unserem Guru ausdrücklich darin bestärkt, Indiens berühmte Heilige aufgesucht: Ananda Mayee Ma, Swami Muktananda, Sai Baba, Papa Ram Dass, den Gyalwa Karmapa – alle großen Meister, die wir nur treffen konnten. Dies war ein lebendiger und liebevoller *Satsang*, eine aufgeschlossene, vielschichtige, weltumspannende, durch wahre Brüderlichkeit und Schwesterlichkeit gekennzeichnete Ashram-Gemeinschaft. Neem Karoli Baba hat uns dort im Alltag gelehrt, das Göttliche in allem und jedem zu erblicken, hat uns dies in aller Anschaulichkeit vorgelebt. Um uns solch eine durch den Funken des Göttlichen inspirierte Weltsicht zu eigen machen zu können, mussten wir vorbehaltlos zu lieben lernen – jenseits der polaren Gegensätze von persönlicher Vorliebe und Abneigung.

Von diesen Weggefährten und Bodhisattvas spreche ich mit herzlichsten Erinnerungen und größter Dankbarkeit. Gern rufe ich mir ins Gedächtnis, wie liebenswürdig sie zu dem naiven 21-jährigen Jungen gewesen sind, der ich damals war: ein aufkeimender Spross, der sich im Alleingang auf den buddhistischen Weg einer rechtschaffenen Lebensführung, der Selbstverwirklichung und des letztendlichen Erwachens begeben hatte. Einige von ihnen hatten ebenfalls eine Zeit lang bei Lama Govinda in dessen Einsiedelei oberhalb von Almora gelebt.

Ich bezweifle, dass es in der ersten Welle des Dharma, die ins Abendland hinüberschwappte, auch nur einen einzigen einflussreichen Amerikaner gab, der nicht Lama Govinda gelesen hatte und von ihm inspiriert worden war: von seinem Leben, seinen Schriften; von seinen persönlichen Unterweisungen und seiner Kunst; von der Bescheidenheit und der Ruhe, die er an den Tag gelegt hat; und nicht zuletzt von seiner würdevollen, Achtung gebietenden Wesensart.

Von Almora aus bin ich dann weiter ins Gebirge gezogen, in ein noch kleineres Dörfchen namens Kosani, und habe für eine Weile in einem ausgesprochen asketischen, ganz und gar friedlichen Gandhi-Ashram gelebt. Dort hatte man einen unglaublich schönen Blick auf die Gebirgszüge des Himalaya, die – gewaltigen Stoßzähnen gleich – am nördlichen Horizont in den Himmel ragten. Zum Frühstück trank ich nun jeden Morgen warme Ziegenmilch direkt aus dem Milchkübel. Außerdem habe ich mich weiterhin in die Schriften beziehungsweise Übersetzungen von Govinda und Evans-Wentz vertieft. Wir alle in der gegenwärtigen Dharma-Generation der Hindus und Buddhisten, der Yogis und Meditierenden, der Praktizierenden, Mantra-Rezitierenden, in spirituellen Belan-

gen sich Betätigenden und Vegetarier sind durch diese Bücher maßgeblich beeinflusst worden.
In einem von Govindas frühen Büchern, *Der Stūpa – Psychokosmisches Lebens- und Todessymbol*, erfuhr ich viel Wissenswertes über Stūpas (traditionelle buddhistische Reliquienschreine, die weitgehend der vorrangig in Ostasien anzutreffenden Pagodenform nachempfunden sind) und machte mir Gedanken, wie ich im Rahmen eines kontemplativ angelegten Gartens und Naturschutzgebietes in Amerika einen Stūpa bauen könnte. Das war im Jahr 1972. In der Zwischenzeit ist diese Idee bei uns fest verwurzelt. Erst vorigen Monat habe ich die Mutter aller Stūpas im Abendland besucht, Chögyam Trungpa Rinpoches wunderbaren, segensreichen großen Dharmakāya-Stūpa des Shambala-Gebirgszentrums in den Rocky Mountains außerhalb von Fort Collins, Colorado.
Kaum ein Tag vergeht heute, an dem ich nicht an Lama Govinda denke. Als mein Freund John White, Autor spiritueller Bücher und, wie es sich so trifft, Literaturagent des hier vor Ihnen liegenden Buchs, mich gefragt hat, ob ich zu diesem etwas über Lama Govinda und seine glücklicherweise nicht verloren gegangenen Werke beisteuern könne, war ich hocherfreut. In all meiner Sentimentalität kamen mir beinahe die Tränen, während ich diesen wunderbaren frühen Lebensabschnitt, in dem mir ganz unerwartet all diese Wohltaten zuteil wurden, Revue passieren ließ und mich in den unbedarften, aber durchaus ernsthaften spirituell Suchenden zurückversetzte, der ich damals gewesen bin. Wie viel haben Lama Govinda und all diejenigen, die auf seinem großen Boot mitgesegelt sind, doch für mich getan; und desgleichen für all die anderen, die durch ihn so viel Auftrieb erhalten haben und diesen nach wie vor erhalten!

Lama Govinda hat das Ethos eines Bodhisattva verkörpert, das Ideal – Herz und Seele – des *Mahāyāna*: des Großen Fahrzeugs der universalen, sämtliche Lebewesen mit einbeziehenden Befreiung. Jenes Fahrzeugs, das unsere Verbundenheit mit allen empfindenden Wesen anerkennt und dem die Erkenntnis zugrunde liegt, dass wir alle gemeinsam aufsteigen und fallen, schwimmen oder untergehen. Aus dieser Einsicht resultieren auf ganz natürliche Weise Anteilnahme, gelebtes Mitgefühl, Selbstlosigkeit, Geduld und Herzensgüte. Wir, die ihm so vieles verdanken, bleiben hinter ihm zurück wie kleine Beiboote, die dank der unablässig wieder freigesetzten Energie seiner bahnbrechenden Bestrebungen bis heute in die richtige, zum Ziel führende Richtung mitgezogen werden.
Lama Govinda war der erste Lama aus dem Westen, und zu seinen Lebzeiten wurden ihm seitens der Tibeter volle Anerkennung und großer Respekt zuteil. Er machte Huston Smith, einen der bedeutendsten Gelehrten auf dem Forschungsgebiet der Weltreligionen, mit dem tibetischen Buddhismus bekannt, der in Smiths großartigem, bis auf den heutigen Tag in den Universitäten weltweit als Lehrbuch verwendeten Beitrag zur spirituellen Literatur der Fünfzigerjahre, *The Religions of Man*[3], zuvor mit keiner Silbe erwähnt worden war. Anschließend nahm Smith, noch in der Anfangszeit der tibetischen Diaspora, kurz nachdem die Chinesen Tibet im Jahr 1959 vollständig unterjocht hatten, Porträts tibetischer Mönche auf, die nach ihrer Flucht in den Ausläufern des Himalaya im Exil lebten. Daraus ging sein klassischer Dokumentarfilm *Requiem for a Faith* hervor, den ich nur wärmstens empfehlen kann und von Zeit zu Zeit auch meinen Schülern zeige.

Govinda hat zu unseren spirituellen Kenntnissen und einer authentischen »höheren Bildung« hier bei uns im Abendland einen ganz entscheidenden Beitrag geleistet. Durch seine Schriften, Unterweisungen und Reisen hat er insbesondere den Wissensfundus des tibetischen Buddhismus – seine Weisheitslehren, seine Kunst, seine Ikonografie und seine Formen der Kontemplationspraxis –, aber auch das östliche Denken ganz allgemein für die moderne Welt bewahrt, und zugleich hat er beides in ihr verbreitet. Dies geschah lange bevor die meisten der bestens bekannten Pioniere in den USA aktiv geworden sind: Suzuki Roshi, Tarthang Tulku, Chögyam Trungpa, Swami Satchidananda, Maharishi Mahesh Yogi, Ram Dass und so weiter.

Obgleich sie einander vermutlich nie begegnet sind, gehörte der überaus gebildete japanische Schriftsteller D. T. Suzuki, Autor von 95 Büchern zum Thema Zen-Buddhismus in englischer Sprache, zu den Seelenverwandten Govindas. Wie bei Suzuki rührte auch bei Govinda die jahrzehntelange, auf viele Ebenen sich erstreckende, die Grenzen von Lehrsystemen und Glaubensbekenntnissen überschreitende Gelehrsamkeit unmittelbar von der eigenen Meditationserfahrung her, ferner von Pilgerreisen, einhergehend mit Studien und mit Unterweisungen von authentischen Meistern der jeweiligen Übertragungslinie. Lama Govinda hat einen wesentlichen Beitrag dazu geleistet, diverse den tibetischen Buddhismus betreffende Missverständnisse auszuräumen, und für moderne Buddhisten wie auch für Gelehrte mit eigener Meditationspraxis neue Maßstäbe gesetzt. Notgedrungen hatten diese sich vorher in erster Linie auf die Wörterbücher und Übersetzungen der frühen christlichen Missionare sowie anderer unsicherer Kandidaten (wie zum Beispiel populäre Autoren vom Schlage eines Alan Watts, Jack Kerouac, einer Alexandra David-Neel und eines W. Y. Evans-Wentz) stützen müssen, die nur über unzureichende Informationen und kaum über eigene Meditationserfahrung verfügten. Viele Menschen im Westen bezogen ihre Vorstellungen über die Weisheitslehren des Himalaya damals vor allem aus Bestsellern wie *Das dritte Auge* von Lobsang Rampa und *Der verlorene Horizont* von James Hilton – das letztgenannte Buch hat die Amerikaner und Europäer mit der Legende von dem utopischen Himalaya-Königreich und dem vor der übrigen Welt verborgenen, weil völlig entlegenen Tal von Shangri-la bekannt gemacht –, und aus vergleichbaren Büchern von Fantasten ähnlichen Kalibers, in denen bestimmte Dinge glorifiziert wurden, um die Fantasie der Abendländer in ihren Bann zu ziehen.

Die meisten von uns sehen in Govindas Werk gewissermaßen eine Wasserscheide, einen Wendepunkt für das Studium und die Praxis des tibetischen Buddhismus in der heutigen westlichen Welt – und zugleich in seinem facettenreichen, überaus faszinierenden Leben ein inspirierendes Beispiel und ein Bodhisattva-Rollenmodell für uns alle. Professor Robert Thurman von der Columbia University, eine führende Autorität in Sachen Tibet und selbst einer der besten und hellsten Köpfe, nennt Govinda »zweifellos eine der wichtigsten Geistesgrößen der abendländischen Welt, vergleichbar mit jedem der großen Genies unseres Jahrhunderts«.

Ich halte Lama Govinda für eine herausragende Persönlichkeit der zweiten »Achsenzeit« der Weltgeschichte, für einen wahren Wegbereiter: nicht unähnlich den Religionsstiftern des Altertums und den späteren Denkern in der Epoche der europäischen Aufklärung, die für uns »die

geistigen Grundlagen gelegt haben, von denen die Menschheit nach wie vor zehrt«, um den Philosophen Karl Jaspers zu zitieren. Govinda hat entscheidend dazu beigetragen, dass die Übersetzung von »tibetischer Buddhismus« heutzutage weitestgehend aus dem Schatten des irreführenden Ausdrucks »Lamaismus« – einst durch Missionare vom Schlage eines Major L. A. Waddell geprägt – und seiner kultischen Assoziationen mit Magie, Aberglaube und Ritualaspekten herausgetreten ist. Zum großen Teil verdanken wir es Govindas Bemühungen, dass diese tibetisch beeinflusste Spielart des Buddhismus nun vor dem weit stärker intellektuell fundierten modernen Hintergrund von lebenspraktischer Weisheit, Philosophie und Erkenntnistheorie, im Sinn von Meditation und achtsamer Lebensführung, von Entwicklung einer bestimmten Geisteshaltung und von Transformation überkommener Geistesprägungen, im Kontext von Psychotherapie, Neurowissenschaft, ganzheitlicher Heilung und sozial bewusster Aktivität verstanden wird – ein Verständnis, das dieser viele Jahrhunderte alten Religion in der heutigen Welt einen angemessenen Platz einräumt.
Wer fälschlicherweise zu der Annahme neigt, diese durchaus esoterisch anmutenden spirituellen Interessen seien lediglich eine vorübergehende Randerscheinung, eine kulturelle Gegenbewegung von allenfalls marginaler Bedeutung, sollte Folgendes nicht übersehen: Aktuellen Erhebungen angesehener Meinungsforschungsinstitute können wir entnehmen, dass in den USA beispielsweise rund 30 bis 40 Millionen Menschen, also ungefähr 12 bis 15 Prozent der Bevölkerung, Meditation beziehungsweise Yoga praktizieren und annähernd 30 Prozent der Amerikaner an Wiedergeburt glauben. Allein in Nordamerika gibt es einige Tausende registrierte buddhistische Medi-

tationszentren, außerdem unzählige Yoga-Studios, -Zentren und -Kurse; selbst in Kur- und Badeorten, in christlichen Institutionen oder Jugendherbergen findet man diese. Mittlerweile profitiert auch die moderne neurowissenschaftliche Forschung von den Kenntnissen, Einsichten und der praktischen Erfahrung zeitgenössischer Meditierender und Yogis.[4] Und der Dalai Lama, der für uns Tibet so sehr repräsentiert und verkörpert wie kaum jemand sonst, ist nicht nur Friedensnobelpreisträger, sondern in Anerkennung seiner Verdienste um die Menschheit und die Menschlichkeit wird er im Oktober dieses Jahres vom amerikanischen Kongress und Senat auch die Goldmedaille des US-Kongresses entgegennehmen – die höchste nichtmilitärische Ehrung, die unsere Nation zu vergeben hat.

Als frühe Brückenbauer und geistige Wegbereiter zählten Lama Govinda und Li Gotami zur ersten Welle von Dharma-Lehrern, die aus dem Osten kamen. Sie trugen entscheidend dazu bei, dass wir uns geöffnet und moderne, nichtsdestoweniger authentische Möglichkeiten entwickelt haben, ein heilsames Leben zu führen, indem wir den viele Jahrhunderte alten, letztlich indes zeitlosen Weg des Erwachens gehen, auf dem uns der historische Gautama Buddha beispielgebend vorangegangen ist. Zugleich gelang es ihnen, die zahlreichen Fallen zu vermeiden, in die so viele spirituelle Leitfiguren unserer Tage hineintappen – sei es, dass sie Machtstrukturen aufbauen, ja regelrechte Imperien, einem Gefolgschaftskult Vorschub leisten oder sich von persönlichem Ruhm blenden lassen.

Lama Govinda und Li Gotami haben dauerhafte Freundschaften geschlossen, wohin sie auch kamen: frei von Eigenbrötlerei, Sektierertum, spirituellem Materialismus, Narzissmus und Selbstgefälligkeit; frei von kommerziellen Bestrebungen, von spleenigen Marotten, von Opportunismus oder Skandalen. Der geheiligte Dharma – also eine weise Lebensführung und innere Erfüllung – war für die Govindas schlicht und einfach gleichbedeutend mit der eigenen Lebenswirklichkeit. Dazu bedurfte es keines großen Auftritts und keiner Selbstinszenierung. Sie wussten, wer sie waren, was sie taten und warum sie es taten. Und von einem Bedürfnis, kommerziell erfolgreich zu sein, blieben sie völlig unbelastet. Beide waren sie Künstler und Weltbürger. Die Kunst haben sie transzendiert und zur Verfeinerung des Bewusstseins genutzt. Kunst war für sie ein Mittel, das ihnen half, über die eigenen Grenzen hinauszugelangen. Uns, die wir in ihre übergroßen Fußstapfen treten möchten, kann dies als wunderbarer Entwurf einer schöpferischen Lebensführung dienen. Wir alle dürfen uns glücklich schätzen, dass dieses Buch auf den Unterweisungen basiert, die Lama Govinda in einer späten Phase seines Lebens Schülern aus dem Westen erteilt hat. Denn sie überbrücken auf eine hilfreiche, sinnvolle und zweckmäßige Art und Weise die Kluft zwischen Ost und West, Alt und Neu, Überlieferung und Moderne. Wenn Lama Govinda, dieser weltläufige, über alle sektiererische Beschränkung erhabene Geist, die zeitlose, allzeit gültige Weisheit in Worte fasste, hatte dies rein gar nichts gemeinsam mit der abgedroschenen, altväterlichen Sprache und Mythologie mancher religiösen Schwärmer oder mit dem engstirnigen Dogmatismus der »wahren« Gläubigen oder frisch Bekehrten und ihrem ausgeprägten Hang zur fanatischen Überspitzung. Er war ein aufrichtiger Schüler der Wahrheit und der Wirklichkeit: Er liebte es, von neuen Ideen, Orten und Erfahrungen zu lernen. Darüber hinaus konnte er mit Menschen aller Art und mit all ihren Besonderheiten gut umgehen.

Die so verstandene Gabe, »mit fremden Zungen zu sprechen«, möchte auch ich mir gerne aneignen.
In den Siebzigerjahren schlossen Govinda und Li Gotami Bekanntschaft mit Jeanne Rindge, die 1961 gemeinsam mit ihrem Mann Fritz im nördlichen Teil des Staates New York das renommierte Human Dimensions Institute gegründet hatte. (Mittlerweile ist dieses nach Waynesville, North Carolina, verlegt worden, wo Jeanne ihren Lebensabend verbringt.) Auf Jeannes Ersuchen gab Lama Govinda dort im Lauf der Jahre mehrere Kurse. Damals bat er sie um Unterstützung bei der Veröffentlichung einiger seiner Abhandlungen. In diesem Zusammenhang hat er ihr unter anderem die Aufzeichnungen ausgehändigt, die Ihnen nun in Buchform vorliegen. Damit haben Jeanne und das Human Dimensions Institute viel dazu beigetragen, Lama Govinda und Li Gotami erneut einer breiteren Leserschaft hier im Westen zugänglich zu machen. Dafür bin ich ihnen außerordentlich dankbar.
Lama Govinda hat sein überaus produktives Leben unweit des Hauses von Yvonne Rand in Marin County, Kalifornien, beschlossen – umhegt von seiner treu sorgenden Frau, von Mitgliedern des San Francisco Zen Center und eigenen Schülern. Das Haus lag in der Nähe von Muir Beach und umfasste unter anderem ein Gartenhaus, das zu einem kleinen Tempel umfunktioniert worden war. Heute stehen dort ein buddhistischer Tempel und ein Meditationszentrum.
Yvonne schreibt:

> An dem Abend, als der Lama starb, weilte ich in dem Haus, in dem er und Li damals wohnten. Wir aßen gemeinsam zu Abend: ihre bevorzugte Pizza mit Käse und Knoblauch; dazu Coca-Cola. Auf ein-

mal rollte der Lama seinen Rollstuhl zur Eingangstür und öffnete sie. Dann stand er auf, und im nächsten Moment starb er.

Erst Jahre später, nachdem ich die Ausübung der Vajrayāna-Praxis »Powa« selbst erlernt hatte, fiel mir Folgendes auf: Der Lama, der sich seit Langem in dieser Praxis der Bewusstseinsübertragung geschult hatte, hat offenbar in dem Moment, als ihm klar wurde, was soeben mit ihm geschah, genau diese Praxis ausgeführt.

Manchmal frage ich mich, wohin er gegangen sein mag, nachdem er seinen letzten Atemzug getan hat in diesem wunderschönen Buddha-Bereich an der Bucht von Muir Beach, wo die Nebelschwaden sich so um die Landzunge von Marin County legen, wie die Tibeter Statuen, Pilgern und Mitreisenden traditionell weiße Seidenschals um die Schultern legen. Manchmal meine ich, den Lama in den ernsthaft und wissbegierig leuchtenden Augen meiner jugendlichen Schüler zu erblicken, die den Dharma kultivieren und die künftigen Buddhas sein werden. Stets wird er dazugehören zum unsichtbaren Bestand der aufwärtsstrebenden Sangha und der Linienhalter, die uns auf jedem Schritt des Weges geleiten und begleiten.

LAMA SURYA DAS
Dzogchen-Zentrum, Cambridge, Massachusetts

Einführung

Auf dem Weg der weißen Wolken

Lama Govindas Leben und Werk

So wie eine weiße Sommerwolke im Einklang
mit Himmel und Erde frei im blauen Äther schwebt
und von Horizont zu Horizont zieht, dem Hauch
der Lüfte folgend, so überlässt sich der Pilger dem
Strom des größeren Lebens, der aus der Tiefe
seines Wesens aufwallt und ihn über ferne
Horizonte zu einem seinem Blick noch
verborgenen, aber stets gegenwärtigen Ziel führt.

Lama Govinda, *Der Weg der weißen Wolken*[5]

Über 2500 Jahre sind vergangen, seit der Buddha Shākyamuni im Rehpark von Sārnāth das Rad des Dharma gedreht hat. Jahrhundertelang verbreiteten sich die Lehren des Buddha in ganz Asien. Aus diesem Prozess ergaben sich in Indien, Südostasien, China, Korea, Japan, Tibet und andernorts unterschiedliche Überlieferungen. In den vergangenen Jahrzehnten hat sich der Buddha-Dharma, begünstigt durch die Massenmedien, die Mobilität im Jet-Zeitalter, die Globalisierung und das Internet zu einer weltweit wirksamen Kraft entwickelt. Zusätzlich verstärkt wurde die Dynamik dieses Prozesses durch die Tatsache, dass das tibetische Volk seit der zweiten Hälfte des 20. Jahrhunderts ein Dasein in der Diaspora fristet. Die Migration zahlreicher anderer asiatischer Volksgruppen in Richtung Westen hat diese Dynamik noch weiter verstärkt.

Aus dem Zusammenspiel und Ineinandergreifen all dieser Faktoren resultierte letztlich eine ebenso vielschichtige wie spannende Geschichte. Leben und Werk von Lama Anagarika Govinda und seiner Frau Li Gotami sind mit den vielfältigen Facetten dieser Geschichte unauflöslich verflochten.

Eine Prophezeiung, die der »kostbare Guru« Padmasambhava vor mehr als 1300 Jahren abgab, lautete wie folgt: »Wenn der Eisenvogel fliegt und die Pferde auf Rädern laufen, wird das tibetische Volk in alle Welt zerstreut werden wie Ameisen, und der Dharma wird ins Land des roten Mannes gelangen.«[6] 1959 musste der Dalai Lama aus Tibet fliehen. Damit ging die Prophezeiung in Erfüllung. Um in aller Deutlichkeit zum Ausdruck zu bringen, dass diese Prophezeiung sich nun erfüllt hatte, traf der Dalai Lama im Rahmen seiner ersten Reise nach Nordamerika 1979 drei Stammesälteste der Hopi. Einer von ihnen, Grandfather David, begrüßte ihn mit den Worten: »Willkommen zu Hause!«

So dramatisch, zutiefst inspirierend und von kultureller wie von geopolitischer Signifikanz die Flucht ins Exil, die der Dalai Lama vor fast fünfzig Jahren antreten musste, auch war – um den ersten Besuch eines Dharma-Abgesandten im Westen hat es sich dabei keineswegs gehandelt. Zusammen mit dem großen japanischen Zen-Abt Soyen Shaku und Anagarika Dharmapala, damals eine sehr wichtige Führungspersönlichkeit des Buddhismus auf Sri Lanka, sind im Jahr 1893 noch mehrere andere Repräsentanten des Buddhismus in die Vereinigten Staaten gereist, um am Weltparlament der Religionen teilzunehmen.[7] Und in den Sechziger- und Siebzigerjahren kamen zahlreiche buddhistische Lehrer aus Tibet (z. B. Chögyam Trungpa), aus Korea (Dr. Seo), aus Japan (Suzuki Roshi), aus Burma, Indien (Rina Sircar) und weiteren Ländern in den Westen.

Letztlich gehören zu dieser Geschichte jedoch darüber noch hinausgehende Verflechtungen, und ihre Webmuster erweisen sich als erheblich komplexer. Denn zugleich sind auch all die Suchenden aus dem Abendland darin mit einbezogen: von H. P. Blavatsky und Colonel H. S. Olcott, den Gründern der Theosophischen Gesellschaft, bis hin zu Autoren, Gelehrten und Künstlern wie W. Y. Evans-Wentz, Nicholas Roerich, Alexandra David-Neel – und nicht zuletzt bis zu jenem Mann, der als Lama Govinda bekannt werden sollte. Indem sie Gefahren und persönliche Entbehrungen überstanden, brachten diese beherzten Männer und Frauen die östlichen Weisheitslehren in das spirituelle Brachland ihrer eigenen Kultur.

Persönliche Prüfungen und Triumphe unzähliger – bekannter wie namenloser – Menschen aus Ost und West haben bewirkt, dass der Buddha-Dharma zu einer globalen Kraft avanciert ist. In einer tiefen Meditation über den Buddha-Dharma wird der Widerhall vieler Herzschläge vernehmbar. Jeder dieser Herzschläge war einst gleichbedeutend mit einer »Drehung des Rades«.

Als Soyen Shaku im ausgehenden 19. Jahrhundert über den Indischen Ozean fuhr, reiste er an Deck, weil er sich eine Überfahrt in der Kabinenklasse nicht leisten konnte. Der erbarmungslos sengenden Sonne ausgesetzt, dem salzigen Wind und dem Regen preisgegeben, ohne einen Bissen Brot und einen Schluck Wasser, saß er regungslos da, während ihm – schwarzen Wolken gleich – Schwärme von Stechmücken zusetzten und für eine ohrenbetäubend laute Geräuschkulisse sorgten. Da rief Soyen Shaku sich die seit Jahrhunderten überlieferten Legenden in Erinnerung, die von den großen Bodhisattvas und deren Bereitschaft künden, ihre Gliedmaßen herzugeben, falls sie dadurch das Leid der Lebewesen lindern und die Lehren verbreiten konnten:

> Während ich unablässig solche Gedanken kultivierte, zog ich meine Kleidung aus, bis ich praktisch splitternackt war. Mit überkreuzten Beinen saß ich auf Deck und trat rasch in jenen Samādhi-Zustand ein, den die Schriften als »den wellenlosen großen Ozean« bezeichnen. Anfangs registrierte ich noch das sirrende Geräusch der Stechmücken. Die Hitze, den Hunger und den Durst hingegen vergaß ich mit der Zeit. Und zum Schluss, da habe ich selbst die Mücken vergessen.[8]

Im März 1959 hatte sich vor der Sommerresidenz des Dalai Lama in Lhasa ein großer Menschenauflauf gebildet: »Die Chinesen müssen fort!«, riefen die dort Versammelten. »Überlasst Tibet den Tibetern!« Daraufhin nahm die Rote Armee Teile der Stadt mit ihren Granatwerfern unter Beschuss und den jungen Dalai Lama »lud sie ein«, einen drei Kilometer entfernten Armeeposten besuchen zu kommen. Stattdessen zog der Dalai Lama jedoch seine kastanienbraunen Mönchsrobe aus, streifte die Kleidung eines tibetischen Soldaten über, bedeckte den Kopf mit einer warmen Pelzmütze, hängte sich ein Gewehr über die Schulter und zog mit siebenunddreißig Begleitern in einem dreizehn Tage währenden Marsch über die schneebedeckten Hochgebirgspässe des Himalaya nach Indien.[9] Zu derartigen Anekdoten, die von Mut, aber auch von großer Gelassenheit zeugen, finden sich in den Abenteuern, die Lama Govinda und andere Menschen aus dem Abendland erlebt haben, zahlreiche Entsprechungen. Ähnlich wie der Dalai Lama mussten Li Gotami und er, ebenfalls unter äußerst widrigen Voraussetzungen, freilich ohne dass ihnen die Rote Armee auf den Fersen war, den Himalaya überqueren. In dem Bestreben, die uralten Ruinen der historischen Stadt Tsaparang so umfassend wie möglich zu dokumentieren, dehnten Govinda und Gotami ihren Aufenthalt dort allzu lange aus. Schließlich blieb ihnen keine andere Wahl mehr, als ihre »gefrorenen Zelte mit klammen Fingern« zusammenzufalten, und Govinda musste sich »die Eiskristalle aus dem Bart brechen«. Die beiden Pässe, die sich normalerweise als vorteilhafteste Rückreiseroute angeboten hätten, waren durch schweren Schneefall unpassierbar geworden. Daher mussten sie notgedrungen die weit gefährlichere Alternative wählen, dem Lauf eines zugefrorenen Flusses ins Tal hinab zu folgen:

> Mithilfe einer Gruppe von 20 Dorfbewohnern, die für den Transport all der Utensilien benötigt wurden, begaben sich die Govindas auf den Weg zu der außerordentlich (mehrere Hunderte Meter) tiefen und engen Felsschlucht, die den größten Teil des Jahres nirgends Raum für ein Durchkommen ließ. ... Ihr Abstieg in die Schlucht Langchen-Khambab ging abrupt vonstatten, und bei diesem Abstieg gab es kein Zurück. »Den Abhang mussten wir bis ans Flussufer im Sitzen hinabrutschen«, erklärte Li. ... Nach unten schlitternd und rutschend gelang es ihnen schließlich, den Wasserlauf zu erreichen. Mitunter war das Eis so dünn, dass sie über den Hang klettern mussten, ein gefährliches Unterfangen. Denn

die Felswände waren meist sehr steil. Die Beschreibung, die Li von dem Eis zu jener Jahreszeit gibt, macht allerdings verständlich, weshalb man sich für die Ausweichmanöver über die Hänge entschieden hat. »Hier und da klafften unversehens beängstigende Spalte im Eis. Darunter erblickten wir dann dunkle Strudel und reißend schnell dahinströmende Wasserfluten. ...« Ohne jede Vorwarnung prasselten außerdem von Zeit zu Zeit Felsbrocken vor, zwischen oder hinter ihnen herab.[10]

Und wie Soyen Shaku legten auch Govinda und Li Gotami einige strapaziöse Seereisen zurück. Von einer derartigen Seereise berichtet Govinda im folgenden Brief, den er Ende der Sechzigerjahre aus Burma an seinen Freund, den in Chicago lebenden Geschäftsmann Bob Shapiro, geschrieben hat:

Womöglich wirst du annehmen, wir seien mittlerweile in Kalkutta angekommen. Weit gefehlt! Stattdessen sind wir wieder in östliche Richtung gereist, nach Rangoon. Hier herrscht eine nahezu unerträgliche Hitze. Und da unser Java-Postboot [auf dem sie die Schiffspassage nach Rangoon zurück legten] über keinerlei Klimatisierung verfügt, ist es einfach nicht auszuhalten in der Kabine, nicht einmal für ein paar Minuten. Notgedrungen schlafen wir daher an Deck, wo wir von einer Ecke zur andern ziehen, um ein wenig frische Luft abzubekommen. Einen Tag, nachdem wir Singapur verlassen hatten, ist (infolge eines durch einen elektrischen Kurzschluss hervorgerufenen Feuers) die Küche ausgebrannt, und so konnte man uns zirka zehn Tage lang kein warmes

> Essen servieren. In Madras mussten wir in die Stadt gehen, um im Restaurant zu essen, und jeder litt anschließend unter Durchfall. Daraufhin haben wir aufgehört, überhaupt noch etwas zu essen. Erst jetzt erholen wir uns allmählich wieder.[11]

Heute, zu Beginn des 21. Jahrhunderts, gibt uns Lama Govindas Lebensgeschichte nach wie vor Denkanstöße und frische Inspiration in Hülle und Fülle. Robert Thurman von der Columbia University, selbst ein herausragender buddhistischer Gelehrter, bezeichnet Govinda in der Einführung, die er für die 2005 wiederveröffentlichte englischsprachige Ausgabe von *Der Weg der weißen Wolken* geschrieben hat, als »eine der wirklichen Geistesgrößen im Abendland des 20. Jahrhunderts« und stellt ihn auf eine Stufe mit »Einstein, Heisenberg, Wittgenstein, Solschenizyn, Gandhi und dem Dalai Lama«.[12]

Betrachten Sie die hier zu lesende Einführung bitte als einen bescheidenen kleinen Beitrag zu einem vielstimmigen Chor, der Govindas außergewöhnlichem Leben und Werk größten Respekt zollt.

Biografische Entwicklungstendenzen und die Himmelsrichtungen auf dem Kompass

Sehr wenig nur ist über Lama Govindas Leben geschrieben worden. Zwar hat *Der Weg der weißen Wolken* durchaus autobiografischen Charakter, allerdings richtet Govinda sein Augenmerk dabei hauptsächlich auf die Schilderung der Asienreisen. Einblick in andere Aspekte seines Lebens erhält man hingegen nur ganz am Rand. Beinah alles, was wir über seine frühen Lebensjahre wis-

sen, verdanken wir – ebenso wie einen Großteil der Informationen über seine späteren Jahre – Ken Winklers Buch *Die Biographie. Lama Anagarika Govinda.*
Nachfolgend gebe ich Ihnen eine kurze, aus verschiedenen Quellen zusammengestellte Schilderung seines Lebens. Zu den Quellen zählen vor allem die Archive des Human Dimensions Institute, die Loge der Theosophischen Gesellschaft in San Francisco, Ken Winklers Biografie und Govindas eigene Aufzeichnungen. Die Chronik seines Lebens lässt drei große Bewegungen erkennen: Die erste Bewegung war diejenige eines *fort von* und *darauf zu*, die zweite war diejenige eines *nach innen* und *nach oben*, die dritte war die eines *nach außen*, eines *nach außen sich verströmenden Überflusses*. Diese drei Bewegungen können zu den Himmelsrichtungen des Kompasses in Beziehung gesetzt werden: So gesehen ging die erste Bewegung nach Süden, die zweite nach Osten und Norden, die dritte nach Westen. Auf eindrucksvolle Weise war Govindas Leben ein archetypischer Ausdruck des spirituellen Weges, und zugleich beinhaltete es ein Umschreiten der Welt.

Eine bemerkenswerte Begegnung

Huston Smith, der als Verfasser von *The Religions of Man* weltweit Ansehen genoss, befand sich 1962 nach einer Vorlesungsreihe an australischen Universitäten auf dem Rückweg in die Vereinigten Staaten. In Thailands Hauptstadt Bangkok machte er Zwischenstation, um den Autor John Blofeld zu treffen, dessen Buch *Der Geist des Zen. Die Zen-Lehre des chinesischen Meisters Huang Po* kurz zuvor veröffentlicht worden war. Smith wollte mehr über Zen erfahren.

Zu seiner Überraschung musste er allerdings feststellen, dass Blofelds persönliche Meditationspraxis sich auf die tibetische Überlieferung bezog. Smith räumte selbst ein, dass er damals über diese keinerlei Kenntnisse hatte: »Die Tatsache, dass das Wort ›Tibet‹ im Index von *The Religions of Man* nicht auftaucht, macht deutlich, wie sehr sich meine Welt seither gewandelt hat.«

Während der nächsten Beurlaubung vom akademischen Lehrbetrieb werde er dieses Defizit wettmachen, nahm er sich vor. Zwei Jahre später befragte er Blofeld in einem Brief, an wen er sich wenden könne. Blofeld verwies ihn an zwei Klöster sowie an einen europäischen Aussiedler namens Lama Govinda.

Smiths Tagebucheintragungen von seiner Begegnung mit Govinda im Oktober 1964 in den Ausläufern des Himalaya geben für unsere Annäherung an das Leben und das Werk dieses bemerkenswerten Mannes einen wunderbaren Ausgangspunkt ab:

> An der Pforte zu Govindas Einsiedelei, an der Gebetsfahnen im stürmischen Wind flattern, steht auf einem Schild zu lesen: »Besuche zwischen 16.00 Uhr und Sonnenuntergang«. Die Sonne war gerade untergegangen, nichtsdestoweniger hat man mich herzlich willkommen geheißen. Lama Govinda ist ein Mann von kleiner Statur mit länglichem grauem Bart, rundem Gesicht und einem bemerkenswerten Funkeln in den Augen. Er spricht ein ausgezeichnetes Englisch mit deutschem Akzent. Seite an Seite sitzen er und seine Frau Li Gotami, eine hochgebildete indische Künstlerin parsischer Herkunft, mir gegenüber auf Kissen hinter einem niedrigen Tisch. …

Auf dem Tisch lag ein Buch von Mircea Eliade, *Yoga: Immortality and Freedom.*[13] Als kurze Zusammenfassung sei es durchaus brauchbar, meinte Govinda. Das Thema geistig zu durchdringen sei Eliade jedoch nicht gelungen. Im Unterschied zu [Heinrich] Zimmer. Wie jemand, der niemals in Indien gewesen sei, sich so vollständig in den Geist dieser Kultur hineinversetzen könne, sei ein Rätsel. ...

[Govinda] war an meinem Gespräch mit dem Dalai Lama interessiert, zumal an den Fragen, die der Dalai Lama mir über den möglichen Zusammenhang zwischen der DNS und der Seelenwanderung gestellt habe. Der von mir gebrauchte Ausdruck »Seelenwanderung«, so erklärte er mir, führe freilich in die Irre. Denn wandern tue im Grunde gar nichts. Wirklich sei dagegen eine Prägung, eine bestimmte Ausrichtung des Lebens, und diese stelle das Bindeglied beim Übergang von einem Leben zum nächsten dar. Ebenso werde ja auch bei einer Rundfunkübertragung vom Radiosender zum Empfänger keinerlei Materie übertragen, sondern lediglich ein energetisches Muster, eine energetische Struktur.

Die Relativität der Zeit gelte für die geistige Welt ebenso wie für die physikalisch erfassbare Welt. Infolgedessen müsse, wenn eine Prägung, eine bestimmte Ausrichtung des Lebens, sich in einem anderen Körper fortsetze, dieses Geschehen nicht genau im Rahmen des physikalischen Zeitablaufs vonstatten gehen.

Die Vorstellung von einem »Tulku« sei eine andere als diejenige von einem »Avatar«. Ein Avatar sei ein Mensch gewordener Gott. Ein Tulku sei ein Mensch, der sein Leben so gestaltet habe, dass es von Grund auf empfänglich für das Göttliche – gewissermaßen zu einem »Gefäß« für das Göttliche – werde. … Außersinnliche Wahrnehmung stehe außer Frage. Wenn freilich die Beeinflussung eines Geistes durch einen anderen im Raum möglich sei, warum dann nicht auch in der Zeit? Dies sei die Grundlage der buddhistischen »Seelenwanderung«. Mein Geist in diesem Leben beeinflusse »meinen« Geist im nächsten.[14]

Blofeld hatte ebenfalls eine denkwürdige Begegnung mit Govinda:

Ich stellte fest, dass die Tibeter ihn als einen hochgradig verwirklichten Lama anerkannten. Dabei spielte der Umstand, dass er ein Ausländer war, für sie überhaupt keine Rolle! … Weder bloß durch heilsames Handeln noch durch vollkommene Makellosigkeit von Körper, Rede und Geist allein kann man diese einzigartige Frucht, ein derartiges spirituelles Verständnis, hervorbringen. Nur ein Mensch, der in der Kunst, den Geist zu bändigen und das Bewusstsein nach innen zu wenden – es auf sich selbst zu richten –, weit fortgeschritten ist, vermag solch ein Verständnis zu erreichen. Einmal erreicht, wird diese Frucht freilich für jeden, der einen Sinn für das Geistige hat und nicht geistig mausetot ist, unübersehbar deutlich.
Der Lama spricht sanft und mit solcher Bescheidenheit: Ich bezweifle, dass er die leiseste Vorstellung davon hat, welche Wirkung er auf andere ausübt. … Selbst seinen Gesten wohnt unwissentlich etwas von

> dieser beinahe rituellen Anmut inne, die zu einem Großteil die Würde und den Charme von Tibetern aus gutem Haus ausmacht.[15]

Wer war Lama Govinda? Wie kam es, dass er an jenem schönen Abend Huston Smith erwartet hat? Und *was* war Lama Govinda? War er tatsächlich ein im Westen geborener Tulku? War er dazu ausersehen, im Westen den Boden umzugraben und ihn urbar zu machen für die Verpflanzung des Bodhi-Baumes?

Die verlorene Generation

Der Mann, den die Welt später unter dem Namen Lama Govinda kennen würde, wurde 1898 als Ernst Lothar Hoffman in Deutschland (genauer: im damaligen Königreich Sachsen) geboren. Über seine Eltern ist kaum etwas bekannt. Als er drei Jahre alt war, starb seine Mutter Lolita im Wochenbett. Ernst und sein älterer Bruder Oskar wuchsen bei Matilda, ihrer Tante mütterlicherseits, in einem dreisprachigen Haushalt auf: Man sprach Spanisch, Französisch und Deutsch. Später besuchte Ernst ein Internat und entwickelte starkes Interesse an Religion und Philosophie. Platon und Schopenhauer zählten zu seinen frühen Einflüssen. Der junge Mann unternahm eine vergleichende Studie zwischen dem Christentum, dem Islam und dem Buddhismus, und ungeachtet der anfänglich vorherrschenden christlichen Bindungen wurde ihm schnell klar, dass er eine natürliche Neigung hatte, den buddhistischen Weg einzuschlagen.

Dann kam der Erste Weltkrieg dazwischen. Im Oktober 1916 wurde Ernst an die italienische Front geschickt. In

Mailand wurde er zwei Jahre später, nachdem er an Tuberkulose erkrankt war, ins Lazarett eingewiesen. Nach seiner Entlassung begab sich Ernst in die Schweiz, um dort an der Universität von Freiburg zu studieren, kehrte allerdings wenig später wieder nach Italien zurück: Zunächst ging er an die Universität von Neapel, vertiefte sich in das Studium sämtlicher Bände des Pāli-Kanon – eine Schenkung des Königs Chulalongkorn von Siam (dem heutigen Thailand) – und erweiterte sein Sprachrepertoire um Thai. Anschließend zog es den jungen deutschen Auswanderer auf die Insel Capri, wo er sich des pulsierenden Lebens in der dortigen Künstlerkolonie erfreute.

Zwischen dem jungen Ernst Hoffman und den beiden literarischen Prototypen der »Verlorenen Generation«, Jake Barnes in Ernest Hemingways *Fiesta* und Larry Darrell in W. Somerset Maughams *Auf Messers Schneide*, ergeben sich interessante Vergleichsmöglichkeiten. Die Männer, deren Geschick Hemingway und Maugham in den literarischen Figuren von Barnes und Darrell verewigten, durchliefen ebenfalls die Erfahrung eines Bruchs in der eigenen Lebensgeschichte und eines fundamentalen Sinnverlustes. Die Bestialität und totale Sinnlosigkeit des Krieges hatte sie zugrunde gerichtet und aus der Bahn geworfen. Hemingways gebrochener Held Jake Barnes suchte Trost und Zerstreuung im Trinken, im Fischen und bei Stierkämpfen. Maughams Protagonist Larry Darrell reiste in den Osten, um zur inneren Welt des Geistes und zum Weg des Erwachens Zugang zu gewinnen.

Ernst Hoffman war hingegen keineswegs »verloren«; vielmehr war er befreit. Er hatte bereits den Entschluss gefasst, sein Augenmerk auf den tieferen Sinn des Lebens zu richten. Und der östliche Weg würde sein Weg zu diesem tieferen Lebenssinn sein, so viel stand für ihn fest. Die von Desillusionierung und Chaos gekennzeichnete Ära nach jenem Krieg, der unglücklicherweise eben nicht das Ende aller Kriege herbeiführen würde, verschaffte diesem jungen Mann einfach die Möglichkeit, in aller Ruhe dem Trümmerhaufen der europäischen Zivilisation den Rücken zu kehren. Ohne diese Begleitumstände, ohne das europäische Trauma der »Verlorenen Generation«, wäre er vielleicht gar nicht dazu imstande gewesen, sich loszureißen. Möglicherweise wäre er Universitätsprofessor geworden oder Kurator eines Museums – ein »Experte« in Angelegenheiten, mit denen er nie wirklich Tuchfühlung gehabt, die er im Grunde selbst nie ausprobiert hätte.

Im Umfeld der Nachkriegs-Boheme auf Capri lernte Ernst Hoffman zwei Menschen kennen, die in seinem Leben eine wichtige Rolle spielen sollten: Anne Halberstam und Earl Brewster. Die Witwe Anne Halberstam, deren Tochter an Tuberkulose erkrankt und schließlich der Krankheit zum Opfer gefallen war, betrieb ein Fotostudio. Ernst begann für sie zu arbeiten, lebte schon bald mit ihr zusammen und stellte sie anderen Leuten als seine »Pflegemutter« vor. Earl Brewster, ein im Ausland lebender wohlhabender US-Amerikaner, war als Künstler erfolgreich, und wie Ernst Hoffman hatte er sich aus tiefster Überzeugung auf den buddhistischen Weg begeben. (D. H. Lawrence bezeichnete Brewster als den »Buddha-Sucher«.)[16] Anne Halberstam folgte Govinda in den Osten, um sich seiner anzunehmen. Ebenso wie Earl Brewster, der sich schon zu einem früheren Zeitpunkt nach Indien aufgemacht hatte und ein Leben lang mit Govinda befreundet blieb, ist sie später dort gestorben.

Während der Jahre in Italien hat Hoffman seine Maltechnik weiterentwickelt, buddhistische Texte studiert sowie steinzeitliche Bauten und Ruinen in Sardinien, Tunesien, Marokko und Malta erforscht und dokumentiert. Zwischen diesen so unterschiedlichen Interessen entfaltete sich bei ihm ein dynamisches Wechselspiel:

> Während einer Wanderung am anderen Ende der Insel entdeckte Hoffman eines Tages eine gewaltige Höhle. So enorm groß sei sie, erklärte er, dass ohne weiteres eine Kathedrale darin Platz finden würde, und sie sei ein ausgezeichneter Ort für ihre Meditationspraxis. »Vor mir hatte ich nur noch die unermessliche Weite des Ozeans; und weit unterhalb gab es lediglich eine kleine Straße. ...« In der Höhle hatte er die Ruinen einer Mithras-Kultstätte gefunden: »Tief im Innern der Höhle setzte ich meine Nachforschungen fort, um herauszufinden, ob es noch irgendwelche (anderen) Überreste gab. Solche gab es jedoch nicht, ... alles war von Schlingpflanzen überwuchert, ... deren Wurzeln herabhingen. ... Das habe ich in einem Bild festgehalten. Betitelt habe ich es mit: ›Der Eingang zum Inferno‹.«[17]

Noch Jahrzehnte später, nach allem, was er in der Zwischenzeit gesehen und zustande gebracht hatte, beschwor Govinda im Gespräch mit Huston Smith diese intensive Erinnerung erneut herauf:

> »Wenn ich die Jahre Revue passieren lasse, stelle ich fest, dass ich durch die Meditation stets dann die größten Fortschritte erzielt habe, wenn ich mich auf meine innere Führung verlassen und keine äußeren Vorgaben gehabt habe. Als junger Mann habe ich ein paar Jahre lang auf der Insel Capri gelebt. Dort

gab es eine gewaltige Höhle, die sich zum Meer hin öffnete. Diese Umgebung fand ich höchst inspirierend.«[18]

Ohne eigenen Hausstand: der Mönch Govinda

Ermutigt durch seinen Freund Earl Brewster, begab Ernst Hoffman sich nun auf die nächste Etappe seines Lebensweges: Diejenige Reise, die ihn seiner Bestimmung näher brachte, die Reise nach Sri Lanka, verlief freilich alles andere als reibungslos. Den Hafen von Colombo musste er zweimal ansteuern. Im ersten Anlauf wies man ihn ab, weil er nicht über ausreichende finanzielle Mittel verfüge. Und beim zweiten Versuch wurde ihm aufgrund einer Formalität die Einreise erneut verweigert. Stundenlang schmorte er daraufhin in seinem Leinenanzug, einen Tropenhelm auf dem Kopf, in der sengenden Sonnenglut, während die Einreisebehörde alle Vorkehrungen traf, um ihn postwendend an Bord des nächsten Schiffs zu verfrachten, das auf Europa Kurs nehmen würde. Verzweifelt, jedoch ganz und gar nicht dazu bereit, das Land wieder zu verlassen, drohte er, das Geld, das für eine Zwischendeck-Passage nach Marseilles erforderlich sein würde, ins Wasser zu werfen. Mit Unterstützung eines Helfers, den Brewster ihm geschickt hatte, gelang es ihm dann aber, den Behörden zu entwischen und sich in den Schutz der Dunkelheit zu retten.

Unter Anleitung von Nyanatiloka Mahathera, dem deutschstämmigen Abt des Klosters Polgasduwa, gelangte Ernst Hoffman in der Folgezeit allmählich zu einem tieferen

Verständnis des Buddha-Dharma. Der Abt gab ihm (auf eigenen Wunsch) den Namen »Govinda«. Danach unternahm er eine Pilgerreise nach Burma, in deren Verlauf er die gelbe Robe anlegte – Zeichen dafür, dass er ein »Anagarika« (jemand ohne eigenen Hausstand, ein Mönch) geworden war. Von da an nannte er sich »Anagarika Govinda«.

»Govinda« gilt in der buddhistischen wie in der hinduistischen Überlieferung als besonders segensreicher Name. Für Buddhisten bezeichnet er einen der Schüler des Gautama Buddha. Für Hindus ist er einer von Krishnas Namen und hat die Bedeutung »Herr der Kühe«. Für Lama Govinda könnte der Name zugleich noch einen in hohem Maß persönlich gefärbten Aspekt gehabt haben: Hermann Hesses Meisterwerk *Siddhartha* war 1922 in Deutschland veröffentlicht worden. In diesem allegorisch angelegten Roman trägt Siddharthas bester Freund und gleichfalls nach Erleuchtung strebender Weggefährte den Namen Govinda.

In der amerikanischen Ausgabe von *Der Weg der weißen Wolken* legte Govinda genauer dar, weshalb er den Namen »Anagarika« angenommen hat:

> Dies habe ich getan, weil es ganz bewusst mein Bestreben war, mich weder in der Sicherheit einer klösterlichen Gemeinschaft »häuslich« einrichten zu können, noch in jenen Annehmlichkeiten, die das Leben in einem eigenen Hausstand bietet. Mein Weg war derjenige der Siddhas; der Weg der individuellen Erfahrung und Verantwortung, inspiriert und getragen durch den lebendigen Kontakt zwischen Guru und Tschela, durch die direkte Übertragung der Kraft im Akt der Einweihung.[19]

Als er nach Sri Lanka zurückgekehrt war, stellte ihm der Besitzer einer Teeplantage in der Bergregion um Kandy ein kleines Fleckchen Land zur Verfügung, damit er sich dort ein Haus bauen konnte (vorausgesetzt, dass dadurch keine Teepflanzen Schaden nähmen). Während jener Zeit schrieb Govinda *Die psychologische Haltung der frühbuddhistischen Philosophie*, seinen ersten bedeutenden Beitrag zur buddhistischen Forschung.
Anschließend wurde er zu einer internationalen Buddhismus-Tagung eingeladen, die in der nordostindischen Stadt Darjeeling stattfand.

Eine unwiderstehliche Macht

Mit der Reise nach Darjeeling, das belegt Winklers Biografie, verband Govinda – welche Ironie des Schicksals – eine Art missionarisches Sendungsbewusstsein:

> Ihn »beflügele die Vorstellung«, erklärte Govinda, »dass sich ihm hier eine Gelegenheit biete, für die Lehren des Buddha in jener reinen Form einzutreten, die sich nur auf Sri Lanka erhalten habe, und so diese unverfälschte Botschaft in einem Land zu verbreiten, in dem der Buddha-Dharma zu einem System der Dämonenverehrung und absonderlicher Glaubensinhalte verkommen sei«.[20]

Während des Aufenthalts in Darjeeling unternahm Govinda einen Ausflug in das nicht weit entfernte, ein wenig außerhalb des Dorfes Ghoom gelegene Kloster Yi-gah Chö-Ling, wo er dann drei Tage lang festsaß, weil die ganze Zeit ein Sturm wütete, der schier kein Ende nehmen wollte.

Der Aufenthalt dort hat sein Buddhismus-Verständnis und die Vorstellung vom tatsächlich angestrebten Ziel von Grund auf verändert: »Eine unwiderstehliche Macht«, schrieb Govinda in *Der Weg der weißen Wolken*, »schien mich zurückzuhalten, und je länger ich mich in dieser magischen Welt aufhielt, in die ich durch eine seltsame Verflechtung der Umstände versetzt worden war, desto mehr fühlte ich, dass mir eine bis dahin unbekannte Form der Wirklichkeit enthüllt wurde und dass ich an der Schwelle eines neuen Lebens stand.«[21] In Ghoom traf Govinda auch seinen Lehrer Tomo Geshe Rinpoche, einen Mann voller Energie, der stets für eine Überraschung gut war.

In Bengalen hat Govinda ebenfalls eine Zeit lang gelebt und sich in Shantiniketan, Rabindranath Tagores internationaler Schule in Kalkutta, als Lehrer betätigt. Eine seiner Lieblingsschülerinnen, ein eigensinniges Mädchen namens Indira Nehru, wurde später als Indiens erste Premierministerin Indira Gandhi weltbekannt. Govinda hat ihr damals Französischunterricht erteilt.

Ebenfalls gehörte zu seinen Schülerinnen eine gewisse Rati Petit, eine attraktive junge Frau aus einer parsischen Familie, die sich als hoch talentierte Künstlerin und Fotografin hervortat. Später kannte man sie unter dem Namen Li Gotami – als Govindas Frau, Mitarbeiterin und Begleiterin bei zahlreichen Forschungsreisen. Während jener Zeit verfasste Govinda *Der Stūpa – Psychokosmisches Lebens- und Todessymbol*.

In den frühen Dreißigerjahren unternahm Govinda seine ersten Expeditionen nach Tibet. Insbesondere besuchte er damals das Chumbi-Tal, Ladakh und die gewaltige Hochebene des Changtang. 1936 starb Tomo Geshe Rinpoche. In der Zeit des Zweiten Weltkriegs war Govinda interniert – fünf Jahre lang. Die durch seine deutsche Herkunft und seine Freundschaft mit der (eine maßgebliche Rolle in der indischen Unabhängigkeitsbewegung spielenden) Familie Nehru heraufbeschworenen Verdachtsmomente fielen damals stärker ins Gewicht als sein britischer Pass. Die 2000 Gefangenen im Lager Premnagar waren in zwei Gruppen aufgeteilt: Nazi-Sympathisanten auf der einen, Nazi-Gegner auf der anderen Seite. Govinda gesellte sich auf die Seite der kleineren Gruppe, derjenigen der Nazi-Gegner. Gemeinsam mit einem weiteren deutschen Lagerinsassen, einem Theravāda-Mönch namens Nyanaponika Mahathera, setzte Govinda dort während dieser schwierigen Zeit seine buddhistischen Studien fort und gemeinsam meditierten sie auch.

1947 war das Jahr der – viermaligen – Vermählung von Lama Govinda und Li Gotami. In Bombay ebenso wie in Darjeeling wurde je eine bürgerliche Trauungszeremonie durchgeführt; darüber hinaus, von Ajo Rinpoche, ein Ritual für eine »Lama-Hochzeit« im Chumbi-Tal sowie eines von Govinda selbst.

Ein unvermuteter Anblick: das Mandala höchster Glückseligkeit

Im Juli 1948 machten Govinda und Li Gotami sich auf nach Westtibet zu der uralten Stadt Tsaparang. Li Gotamis bemerkenswerte Fotoreportage dieser Expedition blieb dank ihres Buchs *Tibet in Pictures: A Journey Into the Past* der Nachwelt erhalten. In Govindas *Der Weg der weißen Wolken* sollte die Reise nach Tsaparang ebenfalls eine zentrale Rolle spielen.

In einem Expeditionsbericht für die Zeitschrift *Illustrated Weekly of India* schrieb Li Gotami: »Der Regen ließ uns beinahe zu Eissäulen erstarren, während der Wind, der uns um die Ohren pfiff, wie Wolfsgeheul klang. Oh, diese stürmischen Winde! Sie sind Tibets schlimmster Feind, und falls man mich jemals bitten sollte, sie zu malen, würde ich hunderttausend eisige Dolche mit dem Kopf eines heulenden Wolfes als Schaft malen.«[22]

Im September sind sie in Tsaparang angekommen. Seit Menschengedenken schon hatte diese Stadt in einer Region, die völlig ausgedorrt war, verlassen dagelegen. Daher mussten sie dort nun, wie Winkler schreibt, mit sehr schwierigen Bedingungen zurechtkommen: »Eine primitive Steinhütte, die mit ihrem unwirtlichen Inneren und den verrußten Wänden eher an eine Höhle erinnerte, diente den Govindas als Unterschlupf. Nichtsdestoweniger richteten sie sich auf einen längeren Aufenthalt ein. ... Ihre zwei Mahlzeiten am Tag bestanden aus Gerstenbrei und indischem Fladenbrot, mühselig zubereitet auf einer Feuerstelle, für die ihnen Yakdung und Reisig als Brennmaterial dienten. Tee musste schnell getrunken werden, damit er ihnen nicht in der Tasse gefror.«[23]

Viele Wochen lang, bis tief in den Monat Dezember, mühten sie sich auf diese Weise ab. Sie bauten Gerüste, von denen aus sie, stets um mehr Licht bemüht, die Freskomalereien, soweit sie erhalten geblieben waren, mit größter Sorgfalt fotografierten, skizzierten und durchpausten. So legten sie Zeugnis ab von deren außerordentlicher Schönheit und Kraft.

In den Ruinen von Tsaparang stieß Govinda auf einen Ort, der überpersönliche Kraft ausstrahlte und zugleich für ihn persönlich von großer Bedeutung war. Ähnlich wie zwei Jahrzehnte zuvor die Höhle mit der Mithras-Kultstätte, die er auf Capri entdeckt hatte, schien dieser Ort für eine wichtige Zäsur auf seinem Lebensweg zu stehen:

Ich wanderte umher wie in einem Traum, in dem Vergangenheit und Zukunft in ein Gewebe vierdimensionaler Wirklichkeit verwoben waren – und plötzlich stand ich vor der halb offenen Eingangstür zu einem fast völlig erhaltenen Gebäude, das wie durch ein Wunder der allgemeinen Zerstörung entgangen war.
Mit einem seltsamen Gefühl der Erwartung trat ich in die Totenstille des halbdunklen Raumes ein, in dem die Geheimnisse von Jahrhunderten gegenwärtig zu sein schienen und sich mir wie das Schicksal einer unerfüllten Vergangenheit auf die Seele legten. Als sich meine Augen endlich an die Dunkelheit gewöhnt hatten, wurden meine Ahnungen zur Gewissheit: Ich stand im Allerheiligsten eines Mysterientempels, einer Weihestätte, in dem das große Mandala (der »Heilige Kreis höchster Glückseligkeit« – tib.: *dPal hKhor-lo bDem-chog*) vor den Augen des Eingeweihten enthüllt wird, sodass er all seiner Formen himmlischer Pracht, göttlicher Gestalten und kosmischer Symbole gewahr wird.[24]

Andere Wegbereiter

Während seiner Zeit in Indien und bei seinen Expeditionen nach Tibet hat Lama Govinda viele andere Abenteurer getroffen. Manche waren Suchende wie er, manche waren Opportunisten, manche waren vor allem auf Nervenkitzel aus und manche verfolgten in geheimem Auftrag verdeckte Ziele. Drei Menschen, denen er damals begegnete, kam in diesen frühen Phasen jener Bewegung, durch die das Abendland von Tibets Weisheitsschätzen überhaupt erst Kenntnis erhalten hat, herausgehobene Bedeutung zu: Alexandra David-Neel, Heinrich Harrer und Dr. W. Y. Evans-Wentz.

Die Französin Alexandra David-Neel, eine Forschungsreisende, Buddhistin, Spiritualistin und Anarchistin, hat wie Govinda mehr als dreißig Bücher veröffentlicht, darunter *Magier und Heilige in Tibet* und *Die geheimen Lehren des tibetischen Buddhismus*. 1969 ist sie im Alter von einhundert Jahren gestorben.

Der österreichische Bergsteiger, Olympia-Skiläufer und SA-Angehörige Heinrich Harrer war Teilnehmer einer deutschen Tibet-Expedition. Aus demselben Internierungslager, in dem Govinda festgehalten wurde, gelang ihm die Flucht. Er schloss Freundschaft mit dem jungen Dalai Lama und schrieb *Sieben Jahre in Tibet*. Das Buch wurde in dreiundfünfzig Sprachen übersetzt, drei Millionen Mal verkauft und diente als Vorlage für einen Hollywood-Streifen mit Brad Pitt in der Hauptrolle.

Der amerikanische Gelehrte, Forscher und um die eigene Weiterentwicklung auf dem spirituellen Weg bemühte Dr. W. Y. Evans-Wentz hat für Oxford University Press vier grundlegende Bücher verfasst: *Das tibetanische Totenbuch oder Die Nach-Tod-Erfahrungen auf der Bardo-Stufe – Ein Weisheitsbuch der Menschheit*, *Milarepa – Tibets großer Yogi*, *Yoga und Geheimlehren Tibets* und *Der geheime Pfad der großen Befreiung*. Er durfte C. G. Jung zu denjenigen Menschen zählen, die er unmittelbar beeinflusst hat. Evans-Wentz gehörte zu den Wohltätern der Govindas. Er verhalf ihnen zu einer eigenen Bleibe auf dem Bergrücken von Kesar Devi im nordindischen Almora – ein Akt der Großzügigkeit, der für die Lebensumstände von Lama Govinda und Li Gotami in den Fünfzigerjahren einen gewaltigen Unterschied bedeutete:

Das eigene Haus in Almora markierte einen Wendepunkt in Lama Govindas Leben. Nun würde er sich nicht mehr länger mit dem geschäftigen Treiben im Flachland abgeben, noch sich angesichts ungeeigneter Unterkünfte und launenhafter Vermieter den Kopf zerbrechen müssen. Ihnen war, so empfand es Li Gotami, eine Zuflucht geboten worden – ein hochheiliger Akt aus ihrer Sicht. Denn als Parsin, also als Angehöriger einer religiösen und kulturellen Gemeinschaft, die seit Jahrhunderten in Indien Zuflucht gesucht und gefunden hatte, bedeutete solch eine Geste ganz außerordentlich viel. Dieser Lebensabschnitt der Govindas sollte sich als ihr produktivster erweisen.[25]

In seinen Notizen zu dem im Jahr 1962 geführten Gespräch hat Huston Smith einige unverblümte Äußerungen Govindas über David-Neel, Harrer und andere Pioniere festgehalten:

Frau David-Neels *Magier und Heilige in Tibet* sei zu 99 Prozent zutreffend. Der einzige Punkt, den er bezweifle, seien die Erscheinungen, die sie angeblich gehabt habe. Sie neige ein wenig zu Zynismus (schließlich sei sie in einem antirituell eingestellten hugenottischen Umfeld aufgewachsen) und zu einem journalistischen Interesse am Bizarren. Dessen ungeachtet sei sie tüchtig.
Arthur Avalon: redlich, wahrhaft religiös und verlässlich – Letzteres nur dann nicht, wenn er über Buddhismus schreibe. Dafür habe er jedoch im Alleingang das hinduistische Tantra vor der Verunglimpfung bewahrt. ...

Heinrich Harrers Buch *Sieben Jahre in Tibet* versuche nicht den Eindruck zu erwecken, sein Autor sei an Religion interessiert. Aber bei denjenigen Aspekten des Lebens, über die er schreibe, mache er das ganz ordentlich.
James Hiltons *Der verlorene Horizont* beinhalte, so oberflächlich das Buch in vielerlei Hinsicht auch sein möge, eine tiefgründige Metapher. Als die in Shangri-la lebenden Menschen von Tibet aus das Gebirge überquerten, war ihre Jugend dahin: Auf einen Schlag wurden sie alt. Unglücklicherweise werde es dem tibetischen Buddhismus wohl unweigerlich ebenso ergehen. Denn für den Fortbestand derart großer geistiger Intensität und solcher geistiger Großtaten sei ein intaktes Umfeld die unerlässliche Voraussetzung. Irgendwo in den Bergen Tibets – schließlich sei Tibet riesengroß – gebe es vielleicht noch Einsiedler/Heilige, die in der Lage seien, diese tiefreligiöse Überzeugung wiederherzustellen, falls die Besetzung Tibets innerhalb einer Generation vorüber sei. Darin bestehe wahrscheinlich die einzige Hoffnung.[26]

Die Beat- und die Hippie-Generation

Der Bogen, den Lama Govindas an spirituellem Streben und geografischer Erkundung so reiches Leben schlägt, erstreckt sich über die gesamte Kulturgeschichte in der Mitte des 20. Jahrhunderts – von der »Verlorenen Generation« der Zwanziger- und Dreißigerjahre bis hin zur Beatnik-Ära der Fünfziger- und der Hippie-Szene der Sechzigerjahre.

Grundlagen tibetischer Mystik wurde 1960 veröffentlicht. 1961 kamen Gary Snyder und Allen Ginsberg zu Besuch nach Almora. »Allen Ginsberg habe ihn besucht, erzählte Lama Govinda, und ihm einen Band mit seinen Poems dagelassen«, notierte Huston Smith in seinen Aufzeichnungen. »Lieb von ihm. Freilich sah sich Govinda genötigt, Ginsberg zu schreiben, dass er in den Texten das, worauf es ihm angekommen sei, nicht habe finden können. Seinem Werk, meinte Lama Govinda weiter, sei ein gewisses handwerkliches Können anzumerken. Doch warum bloß um alles in der Welt sollte man sich wohl solche Dinge von der Seele reden wollen? Immerhin, es stecke Lebenskraft in solchen Menschen, und Leben zu sehen mache immer Freude.«[27]

Vor dem Hintergrund des seit Jahren schwelenden chinesisch-indischen Grenzkonflikts befahl Mao im Oktober 1962 der Roten Armee, Indien anzugreifen. Nach dreißigjähriger Abwesenheit kehrte Lama Govinda damals nach Europa zurück: zunächst als Gast der italienischen Regierung und später, 1965, auf Einladung des Ārya Maitreya Mandala (AMM), jener Organisation, die Govinda gemeinsam mit Tomo Geshe Rinpoche gegründet hatte.

1966 wurde *Der Weg der weißen Wolken* veröffentlicht. Passagier-Jets und die Massenkommunikation hatten mittlerweile die Welt viel enger zusammenrücken lassen. Angestoßen durch die tibetische Diaspora und popularisiert durch Autoren wie Jack Kerouac, Alan Watts und Ram Dass, oder auch Snyder und Ginsberg, gewannen die östlichen Religionen ganz allgemein, insbesondere aber der Buddhismus, im Bewusstsein der westlichen Welt gewaltig an Boden. Auf der Suche nach einer umfassenderen und tiefer gehenden Sicht der Dinge reisten die

Beatles nach Indien, und durch ihre Musik beeinflusste Menschen folgten ihnen in großer Zahl.

Der Vajra des Herzens

Viele engagiert suchende und hart arbeitende Menschen im Westen haben sich in den glücklichen Tagen der späten Sechziger- und frühen Siebzigerjahre um Kontakt zu Govinda bemüht. Darunter waren ziemlich viele aus San Francisco, das damals ja ohne Frage zu den Brennpunkten der westlichen Bewusstseinsrevolution zählte.
Einige Briefe Govindas aus dieser Zeit, die in den Archiven der Theosophischen Gesellschaft in San Francisco aufbewahrt werden, geben wertvolle Einblicke in diese Ära. Joe und Guin Miller, zwei amerikanische Theosophen, pflegten eine enge spirituelle Freundschaft zu W. Y. Evans-Wentz, und aufgrund der Tatsache, dass sie Hunderte junger Menschen zur »Gehmeditation« durch den Golden Gate Park anleiteten, sollten sie selbst zu einer Art Legende werden. (Joe Miller, meinte Evans-Wentz, »verstehe als Einziger die Lehren vom klaren Licht«,[28] einen der nicht so ohne weiteres verständlichen Texte in *Yoga und Geheimlehren Tibets*.)
In einem Brief vom 16. August 1967 an die Millers schrieb Govinda, was er sich für den Westen erhoffte:

> Der Westen (Europa ebenso wie Amerika) benötigt Meditationszentren, in denen man wieder zu sich selbst finden kann. Denn dazu braucht man nichts weiter als die Ruhe der Natur und die Stille des Geistes. Dort werden Ost und West einander begegnen, und dort wird der Vajra des Herzens verwirklicht werden.[29]

Indem Govinda den Ausdruck »Vajra des Herzens« aufgreift, bringt er seine Wertschätzung für Dr. Evans-Wentz zum Ausdruck und würdigt die persönliche Freundschaft – durch die wiederum das Band zwischen Govinda, Gotami und den Millers geknüpft wurde. »Vajra des Herzens« bezieht sich auf ein Gebet am Schluss der »Lehre vom langen Hum«, einem kurzen, in Evans-Wentz' *Yoga und Geheimlehren Tibets* aufgeführten Text.
Aus der persönlichen Erinnerung an Gespräche über diesen Ausdruck erläutert Joe Miller seine Bedeutung folgendermaßen:

> In der »Lehre vom langen Hum« heißt es: »Möge der Vajra des Herzens in diesem Leben verwirklicht werden.« Und wissen Sie, was »Vajra« bedeutet? »Vajra« bedeutet Herz, Herzensdiamant. Und der Diamant kann, sobald er richtig geschliffen ist, jede Facette beziehungsweise Farbnuance des Daseins reflektieren. Zugleich ist er der härteste aller Edelsteine. Sogar zur Herstellung von Bohrköpfen, die steinharten Fels durchdringen, können wir ihn verwenden. Wenn Sie also viel durchmachen müssen und Ihr Leben zur Hölle wird, dann wissen Sie, dass der göttliche Diamantschleifer gerade mal wieder einen weiteren Edelstein des Bewusstseins auf Hochglanz bringt.[30]

Am 22. Oktober 1967 schrieb der Lama einen Brief an Dr. Adjari Warwick. Dieser war ein eigenwilliger Mann, der sich mit rotem Barett, Tornister und Expeditionskleidung so zu präsentieren pflegte, als gehöre er einem Kommandotrupp an. Er stellte sich als Offizier der »tibetischen Sanitätstruppe«[31] vor und erhielt von Govinda den Initiationsnamen »Vajrabodhi«. In seinem Brief beschreibt der Lama die Mission des AMM:

> Ich hatte das Glück, von Gurus aus allen drei großen Traditionen des tibetischen Buddhismus Einweihungen zu erhalten. Das hat unter anderem zur Gründung des ersten internationalen Vajrayāna-Ordens geführt. Dieser, das Ārya Maitreya Mandala, strebt den Zusammenschluss der gesamten, im Vajrayāna gipfelnden buddhistischen Überlieferung an und sieht daher dem Erscheinen des Buddha Maitreya, des künftigen Buddha, voll Freude entgegen. ... Sein Wahrzeichen, der Doppel-Vajra, steht nicht nur für Universalität, sondern zugleich für die Verwirklichung der vierten Dimension, den Vajrakāya, die Synthese der Drei Körper (Dharmakāya, Sambhogakāya, Nirmānakāya). ... Mit Erleichterung nehme ich zur Kenntnis, dass eine jüngere Generation die Aufgabe übernimmt, die junge buddhistische Bewegung in verschiedenen Ländern zu organisieren. Ich stehe in meinem siebzigsten Lebensjahr, und meine Kräfte sind begrenzt, doch will ich mein Bestes tun, euch und all denjenigen, die dem Bodhisattva-Weg und den allgemein gültigen Lehren des Vajrayāna aufrichtig folgen wollen, beratend zur Seite zu stehen.[32]

In einem Brief vom 15. Februar 1968 an »Vajrabodhi« wies Govinda mahnend auf einige der Herausforderungen hin, vor denen man steht, wenn man eine Organisation wie sein Ārya Maitreya Mandala im Abendland aufbauen möchte:

> In einem der Briefe, die ich erhalten habe, ... heißt es, in Europa – insbesondere in Deutschland – hätten

wir es mit Einzelpersonen zu tun, »in Amerika, England und Hawaii hingegen mit bereits seit Jahren bestehenden Körperschaften und spirituellen/klerikalen Verbänden«. Das ist ein totales Missverständnis. Ein Orden wie das Ārya Maitreya Mandala hat es nur mit Einzelpersonen zu tun, nie mit einer Körperschaft beziehungsweise Organisation als Ganzer, auch wenn wir vielleicht mit Körperschaften oder Organisationen zusammenarbeiten. Unser Orden beruht auf der persönlichen Beziehung zwischen jedem Mitglied und der Linie der Gurus, die uns die lebendige Kraft des Dharma übertragen haben. ... Unser Orden repräsentiert eine Hierarchie des Geistes – nicht eine demokratische Gesellschaft, in der Köpfe gezählt werden, ohne Rücksicht darauf, was in ihnen steckt. ... Bei einem »Mandala« handelt es sich nicht um eine Ansammlung heterogener Elemente, sondern um eine organisierte Einheit, bestehend aus Einzelpersonen, die sich um einen gemeinsamen Mittelpunkt gruppieren, sich auf diesen beziehen und ausrichten – repräsentiert durch das Ideal und das aktive Beschreiten des Vajrayāna-Weges, in dem alle vorherigen buddhistischen Schulrichtungen kulminieren und integriert sind.[33]

In einem Brief vom 16. Januar 1968 an Gene Wagner, American Buddhist Order (ABO), weist Govinda auf eine »kleine Ungenauigkeit« in einem Artikel hin, den Wagner geschrieben hatte:

Der Unterschied zwischen Mantras und Dharānis hat nichts damit zu tun, ob sie einzeln verwendet werden oder Bestandteil eines Ganzen sind. Dharānis beinhalten grundsätzlich eine Kombination von Mantras. Das Mantra ist demnach eine kürzere Form eines Dharāni, während es sich bei einem Bīja-Mantra um die weitere Verkürzung auf einen einzigen Klang handelt. Zum Beispiel kann das Mantra OM MANI PADME HŪM zu dem Bīja-Mantra (der »Keimsilbe«) HRIH! verdichtet werden. ... Wichtiger als all das ist freilich die Tatsache, dass ein Mantra keine Kraft hat, sofern ihm diese nicht im Verlauf einer Einweihung durch den Guru verliehen worden ist. Denn ohne Einweihung und die ihr vorausgehende Schulung hat das Mantra weder Bedeutung noch Kraft. ... Was die Aussprache betrifft, sind nicht nur die Vokale von Belang. Viel wichtiger ist der Rhythmus, der von der Betonung abhängt. ... Reverend [Iru] Price kann beim nächsten Mal, wenn er hierher kommt, sein Tonbandgerät mitbringen, dann werde ich einige unserer wichtigsten Mantras für euch alle rezitieren.[34]

Im westlichen Paradies

1968 sind Govinda und Li Gotami per Schiff in die Vereinigten Staaten gereist. Ihre viermonatige Tour führte sie nach New York, Chicago und in mehrere weitere Städte im Nordosten und im Mittleren Westen der USA, ebenso an verschiedene Orte in Nordkalifornien, darunter San Francisco und Big Sur. Um sich von der Tour auszuruhen, besuchten sie anschließend Alan Watts auf dessen Hausboot in Sausalito.

Außerdem haben sie die Asche von Walter Y. Evans-Wentz abgeholt, um sie nach Kesar Devi zurückzubringen:

Der Gang durch den indischen Zoll mit der Asche von Evans-Wentz im Gepäck brachte für die Govindas einen Moment der Ungewissheit mit sich. Die Asche hatten sie in ihren Überseekoffer gepackt – weit unten, in der Hoffnung, so werde sie der Aufmerksamkeit der Beamten entgehen. Wie andernfalls deren Reaktion ausfallen würde, wisse er nicht, erzählte mir Lama Govinda. Als sie bei der Gepäckkontrolle an der Reihe waren, warf der zuständige Beamte lediglich einen Blick auf ihre Roben und winkte sie durch.[35]

1971 gingen sie erneut auf Reisen – wieder in die Vereinigten Staaten (nach Kalifornien vor allem), nach Kanada, Europa und Südafrika. 1975 ließen sie sich nach Abschluss einer weiteren Vortragstour, diesmal im Mittleren Westen, in Tarthang Tulkus Nyingma Institute in Berkeley, Kalifornien, nieder und kehrten anschließend für einige Monate auf Alan Watts' Hausboot zurück. Bevor das Jahr vorüber war, erlitt Lama Govinda einen Schlaganfall.
Bei Li Gotami machten sich gegen Ende der Siebzigerjahre die Symptome einer Parkinson-Erkrankung bemerkbar. Die Govindas wurden eingeladen, unter der Obhut von Baker Roshis San Francisco Zen Center in Mill Valley, Kalifornien, zu leben. 1978 unterzog sich Lama Govinda einer Gallenblasen-Operation. 1979 wurde eine zweibändige Ausgabe von *Tibet in Pictures* veröffentlicht, 1981 folgte die Veröffentlichung von Govindas *Die innere Struktur des I GING*.
Am 15. Januar 1985 erlitt Govinda einen weiteren Schlaganfall und starb in den Armen seiner geliebten Li Gotami. Einige Monate nach Govindas Tod kehrte Li Gotami nach Indien zurück, um fortan bei ihrer Familie zu leben.

Lama Govindas Gesamtwerk: Eine Geschichte wird erzählt

Govinda hat enorm viel geschrieben und unermüdlich gelehrt. Eine umfassende, eingehende Untersuchung seiner Arbeiten wäre ein lohnendes Unterfangen, die Einführung in diese Zusammenstellung einiger seiner Abhandlungen gibt allerdings keinen geeigneten Rahmen dafür ab. Stattdessen werden wir uns hier mit Themen und Einsichten aus den fünf wohl wichtigsten Büchern Govindas befassen: *Der Weg der weißen Wolken*, *Grundlagen tibetischer Mystik*, *Der Stūpa – Psychokosmisches Lebens- und Todessymbol*, *Schöpferische Meditation und multidimensionales Bewusstsein* und *Die innere Struktur des I GING*. Zusammen genommen erzählen diese Bücher die erhellende Geschichte eines das eigene Leben dokumentierenden Pilgers, der an verwilderten Orten Visionen geschaut, ein großes Mantra rezitiert, geheiligte Plätze umwandelt und eine Transformation der inneren wie der äußeren Wahrnehmung erlebt hat.

Drei Visionen als Wegmarkierungen für den Pilger

Für den *Weg der weißen Wolken* bilden drei Visionen den Rahmen: »Die Vision des Dichters« und »Die Vision des Gurus« eröffnen den ersten Abschnitt der Autobiografie, durch »Die Vision des Tschela« wird dieser abgeschlossen.

In »Die Vision des Dichters« beschreibt Govinda eine Erfahrung, die er in den Ruinen von Tsaparang gemacht hat: »Der große Rote Tempel des Buddha Śākyamuni war in Dunkel und Schweigen gehüllt. ... Plötzlich begannen die Wände des Tempels zu zittern, und zugleich ertönte ein unheimliches Donnern und Rollen von fallendem Mauerwerk.«[36] Die Fensterläden sprangen auf, berichtet Govinda, und der Vollmond schien auf den Kopf des Buddha Shākyamuni. Er hörte »das Ächzen und Klagen unzähliger Stimmen«. Neben dem Fresko der Weißen Tārā, unmittelbar neben einer der Blumen, die ihren Thron zu beiden Seiten schmückten, hatte sich in der Mauer ein großer Spalt aufgetan.

Govinda schildert nun einen Dialog zwischen der Blume und der Weißen Tārā. Aus der Blume spricht der »Geist der Schönheit« und bittet die Weiße Tārā um Schutz – für sich selbst und die gesegnete Stätte ringsum. Anhand einer Textstelle aus dem Prajñāpāramitā-Sūtra ruft Tārā der Blume jedoch in Erinnerung, dass die Welt lediglich wie »einer Flamme unbeständiger Schein« ist, einem flüchtigen Traum gleicht.[37]

Der Geist der Schönheit stellt die Gültigkeit der Wahrheit von der uneingeschränkten Vergänglichkeit aller Phänomene keineswegs in Abrede. Andererseits kann ihn dies jedoch nicht davon abhalten, der Gottheit eindringlich nahezulegen, einer anderen, nicht minder unbestreitbaren Wahrheit ebenfalls Rechnung zu tragen: ihrer Verpflichtung zur Einhaltung der Bodhisattva-Gelübde. Er ersucht Tārā, sich dafür einzusetzen, dass der Tempel zum Wohl aller empfindenden Wesen vor der Zerstörung bewahrt wird, damit die Texte wie auch alle anderen Geistesschätze erhalten bleiben und das nach wie vor im Dornröschenschlaf liegende Bewusstsein der Vielen aus seinem Schlummerzustand wecken können. Tārās Antwort auf sein Wunschgebet lautet: »Dein Wunsch sei dir gewährt, Geist der Schönheit. Deine Form, wie die all derer, welche diesen Tempel bewohnen, soll nicht um-

kommen, solange nicht ihre Botschaft der Welt überliefert worden ist, solange nicht ihr heiliges Ziel erfüllt ist.«[38]
Durch die Reihen der Dhyāni-Buddhas zu beiden Seiten des Buddha Shākyamuni ging Bewegung. Jeder der fünf Dhyāni-Buddhas ließ dem Platz selbst wie auch den Anwesenden (mit anderen Worten: Lama Govinda) seine besonderen Segensgaben zuteil werden.
In »Die Vision des Gurus« gibt Govinda eine Erfahrung seines Wurzellamas Tomo Geshe Rinpoche wieder. Dieser soll sie dem Vernehmen nach an einem dem »kostbaren Guru« Padmasambhava geweihten, unweit der Grenze zu Sikkim gelegenen Ort namens Chörten Nyima gemacht haben.
Chörten Nyima, einer der höchsten Punkte der Tibetischen Hochebene, bietet dem Auge des Betrachters ein scheinbar grenzenloses Panorama. Dies ist »ein Ort, an dem Himmel und Erde sich in ebenbürtiger Größe und Erhabenheit begegnen«. Und vor dem Hintergrund eines »tiefblauen Himmels« erblickte Tomo Geshe Rinpoche dort die Buddhas und Bodhisattvas der drei Zeiten und der zehn Weltrichtungen, das gesamte Pantheon, »in allen Farben des Regenbogens strahlend«.
Zunächst vermochte niemand anderes als Tomo Geshe Rinpoche die lichten Gestalten zu erblicken. Nach einer Weile kamen sie jedoch mit solcher Deutlichkeit zum Vorschein, dass alle Anwesenden sie sehen konnten. »Alle die unterschiedlichen Formen von Bergen und Gewässern, Felsen und Pflanzen und all den Dingen, aus denen unsere alltägliche Welt besteht, verschmolzen ineinander und lösten sich auf, bis nur noch das unbeschreibliche Erlebnis der letzten Ureinheit übrig blieb; diese hatte nichts von Eintönigkeit und Starre an sich, sondern vibrierte von rhythmischem Leben und Licht und war von

der Harmonie der Sphären erfüllt, deren Klänge melodisch anschwollen und abklangen, sich ineinander verwebend und sich wieder auflösend, bis sie in die Große Stille verschmolzen.«[39]

Bei seiner Schilderung der dritten Vision, der »Vision des Tschela«, beschreibt Govinda, wie er sich nach einem viele Stunden dauernden Tagesritt in einem Kloster ausruhte. Aus der Höhle eines Einsiedlers hervorgegangen, war diese Kultstätte im Lauf der Jahrhunderte zum Kloster herangewachsen. Als Govinda sich kurz vor Sonnenuntergang in der nachmittäglichen Stille entspannte, verspürte er »große innere Ruhe und Heiterkeit«. Seine Aufmerksamkeit wurde von einer frisch mit Lehm verputzten Wand in dem leeren Raum, in dem man ihn untergebracht hatte, in Anspruch genommen. Bald erkannte er auf ihrer »unebenen Oberfläche« eine Landschaft, die sich abzuzeichnen begann, als werde sie gestaltet von der Hand eines unsichtbaren Bildhauers, der »vom Innern des Materials aus und an allen Stellen zugleich arbeitete«. Aus dieser Landschaft kam ein majestätischer Buddha zum Vorschein. Govinda wusste: Es war Maitreya, der Buddha der Zukunft.

Govinda schloss die Augen, und als er sie wieder öffnete, war an die Stelle des gütigen Weisheitslehrers Buddha Maitreya eine zornvolle Gottheit getreten: »Auf dem Kopf ein Diadem von Totenschädeln, aus dem das Haar wie lodernde Flammen emporstieg, in der rechten, in drohender Geste weit von sich gestreckten Hand das Diamantzepter schwingend.« Govinda reagierte ganz und gar nicht furchtsam. Vielmehr empfand er »die mit der Furchtbarkeit gepaarte grandiose Schönheit und die Gewaltigkeit des Symbols, das in der Gestalt Vajrapānis zum Ausdruck kommt, der als Wahrheitskämpfer gegen die Mächte der Dunkelheit und der Verblendung zugleich der Hüter und der Meister der tiefsten Mysterien ist«. Anschließend erschienen nacheinander Mañjushrī und Tārā. Govinda war überwältigt von dem großen Mitgefühl, das diese Emanation der Tārā verströmte. Für ihn war sie »die lebendigste Verkörperung« von Buddha Shākyamunis Worten: »Wie eine Mutter, die ihren Sohn, ihren einzigen Sohn, mit dem eigenen Leben schützt, so möge man allen Wesen gegenüber ein Herz unbegrenzter Liebe entfalten.« Aus ihrem Kopf kamen tausend Köpfe hervor, ihre Arme entfalteten sich zu tausend Armen, ihre liebevoll helfenden Hände streckten sich in alle Weltrichtungen und in jeder Handfläche öffnete sich ein strahlendes Auge. Dann löste sich alles in Licht auf, und die Vision war vorüber.[40]

In der ersten Vision wurde Govinda für die Aufgaben, die er durchzuführen hatte, Schutz gewährt. Die zweite Vision, diejenige seines Gurus, bekräftigte für Govinda den realen Charakter der geistigen Hierarchie und die Einheit jeglichen Lebens. Die dritte gab ihm einen kleinen Einblick in das, was der Menschheit verheißen ist, und sollte ihn motivieren, all seine Bestrebungen darauf zu richten, das menschliche Leid zu lindern und allen Wesen ohne Ausnahme zur Befreiung zu verhelfen.

Was der Pilger mit leiser Stimme rezitiert hat

Das unter dem Titel *Grundlagen tibetischer Mystik* bekannt gewordene Buch sollte ursprünglich einfach *Om Mani Padme Hūm* heißen. Doch befand sich damals, so musste Govinda zu seiner Enttäuschung feststellen, bereits ein anderes Buch mit diesem Titel im Druck. Das ändert freilich nichts daran, dass *Grundlagen tibetischer*

Mystik – über viele Jahre hinweg ein Standardwerk – der Frage nach der Bedeutung des Sechs-Silben-Mantras und seiner besonderen Kraft nachgeht.
In Tibet ist das Mantra »Om Mani Padme Hūm« allgegenwärtig: Man findet es auf unzählige Gebetsfähnchen aufgedruckt, auf unzählige Felsen aufgemalt oder in sie eingemeißelt, als Inschrift ziert es unzählige Dharma-Räder und als winziges Mantra-Röllchen rotiert es in unzähligen Gebetszylindern. Sagenhaft seine Kraft und tiefgründig seine Bedeutung.

OM: Die Silbe »OM ist verknüpft mit Befreiung«, schreibt Govinda, »entweder als Mittel, diese zu erreichen, oder als Symbol der Erreichung. ... Wie ein Spiegel alle Formen und Farben reflektiert, ohne seine eigene Form zu verändern, so reflektiert OM die Schattierungen aller Temperamente und nimmt die Formen aller höheren Ideale an, ohne sich selbst ausschließlich auf das eine oder andere zu beschränken. Seine Natur ist das Unendliche schlechthin. Wäre diese heilige Silbe mit irgendeiner begrifflichen Bedeutung identifiziert worden, hätte sie sich gänzlich einem einzigen und ausschließlichen Ideal zugewandt, ohne die irrationale und unberührte Qualität ihres Kerns zu bewahren, sie wäre niemals fähig gewesen, diesen überbewussten Geisteszustand zu symbolisieren, in dem alles individuelle Streben seine Synthese und seine Verwirklichung findet.«[41]

MANI: Um zu verdeutlichen, was MANI besagt, rief Govinda die Worte des Buddha in Erinnerung: »Es gibt, ihr Mönche, etwas Ungeborenes, Ungewordenes, Ungeschaffenes, Ungeformtes«; und »wer dies in seiner ganzen Tiefe erkannt hat«, der hat nach Govindas Einschätzung »wahrlich ... den ›Stein der Weisen‹, das kostbare Juwel (*mani*), die *prima materia* des menschlichen Geistes, ja, aller Bewusstheit gefunden«! Dies, so Govinda, war »das wahre Ziel aller großen Alchimisten«.[42]

PADME: »So wie die Lotosblüte aus der Dunkelheit des Schlamms zur Oberfläche des Wassers emporwächst und sich erst öffnet, nachdem sie sich über die Wasseroberfläche erhoben hat, und, obwohl aus Erde und Wasser geboren, von beiden unberührt bleibt, so entfaltet der in der Welt, im menschlichen Körper geborene Geist seine Blütenblätter (Qualitäten), nachdem er sich über die trüben Fluten der Leidenschaften und des Nichtwissens erhoben hat, und verwandelt die dunklen Kräfte der Tiefe in die lichte Reinheit des Blütennektars, des Erleuchtungsbewusstseins (›bodhi-citta‹), des unvergleichlichen Juwels (›mani‹) in der Lotosblüte (›padma‹).«[43]

HŪM: Um die Bedeutung der Keimsilbe HŪM zu verstehen, betont Govinda, müssen wir mit demjenigen Aspekt des Vajrayāna ins Reine kommen, der »mehr als alle anderen Züge des tantrischen Buddhismus missverstanden wird«: mit einer »Klasse von Wesen, Kräften oder Symbolgestalten, deren Natur eng mit der Keimsilbe HŪM verknüpft ist und denen gewisse, für den Außenstehenden dämonisch erscheinende Züge eignen. In ihnen kommt all das zum Ausdruck, was wir in unserem wohlgeordneten Gedankenkosmos nicht unterbringen können und was uns daher bedrohlich, gefährlich und furchterregend erscheint.« Dieser in HŪM zum Ausdruck kommende Aspekt des Wissens kann »nur dann erlebt werden ..., wenn wir die Grenze des Denkens überschreiten – wie im ekstatischen Moment einer blitzartigen, unmittelbaren Einsicht in die Natur der Dinge oder unserer selbst, die aus der übermächtigen Spannung unseres Innern hervorbricht und die uns zwingt, den Sprung ins Unbekannte zu wagen«.[44]

Was der Pilger umschritten hat

Wo der Buddha-Dharma zur Blüte gelangt ist, hat man nicht nur das Sechs-Silben-Mantra rezitiert, sondern auch Stūpas errichtet, sie – als Ausdruck der Ehrerbietung – umschritten, mit schönen Blumen geschmückt und in den Wohlgeruch duftenden Räucherwerks eingehüllt. Und wie Govinda uns in *Grundlagen tibetischer Mystik* zur Bedeutung und der speziellen Kraft des Mantras »Om Mani Padme Hūm« Zugang verschafft hat, so legt er in *Der Stūpa – Psychokosmisches Lebens- und Todessymbol* dar, was die Bedeutung und die spezielle Kraft der Stūpas ausmacht.

Die Formgebung des Stūpa hat zwar im Verlauf vieler Jahrhunderte von Kultur zu Kultur unterschiedliche Entwicklungen durchlaufen, der buddhistische Stūpa bestand jedoch laut Govinda »ursprünglich aus einem nahezu halbkugelförmigen Tumulus und einem altarähnlichen Aufbau (*harmikā*) auf seiner Spitze, überragt von einem oder mehreren übereinander angeordneten Ehrenschirmen«.[45] Govinda schreibt diesbezüglich:

> Das buddhistische Universum ist das Universum der bewussten Erfahrung. Die Symbolik des Stūpa kann

daher sowohl kosmisch als auch psychisch gedeutet werden. Ihre Synthese ist das psychokosmische Menschenbild, in dem die physikalischen Elemente und Naturgesetze und ihre spirituellen Entsprechungen, die verschiedenen Weltebenen und die damit in Beziehung stehenden Bewusstseinsstufen wie auch das, was diese überschreitet, ihren Platz haben. …
Nepalesische Stūpas, die in vieler Hinsicht archaische Züge bewahrt haben, verzieren die Harmikā mit aufgemalten menschlichen Augen, was den Eindruck hervorruft, als säße ein Mensch in Meditationshaltung im Stūpa verborgen, die gekreuzten Beine im Unterbau, den Körper bis zu den Schultern in der Halbkugel, das Haupt in der Harmikā. Dies stimmt auch überein mit der Lehre von den Zentren psychischer Kräfte (*cakras*), die eins über dem anderen im menschlichen Körper angeordnet sind und durch die sich das Bewusstsein in aufsteigender Ordnung entwickelt.[46]

Was der Pilger im Innern erblickt hat

In *Schöpferische Meditation und multidimensionales Bewusstsein* erläutert Govinda die »Grundelemente der Vajrayāna-Meditation«. Dabei beschreibt er die »Vier symphonischen Meditationsbewegungen«, die in einer Entsprechung zu den vier Dhyāni-Buddhas (Meditations- bzw. Medizin-Buddhas) stehen.

Erste Bewegung

»Dieser Augenblick, in dem die Zeit stillsteht – da er leer ist von allen Bestimmungen der Zeit, des

Raumes und der Bewegung, und er dennoch ein Moment unendlicher Potenzialität ist –, ist der Zustand reinen ›Seins‹ oder der ›Istheit‹, der seinen Ausdruck im Wort *›śūnyatā‹* fand – der alles beinhaltenden Leere oder metaphysischen Leerheit, die sich jeder Definition entzieht und jenseits jeglicher Art von ›Dingheit‹ liegt wie auch jenseits aller begrifflichen Begrenzungen (die man folgerichtig als ›Nicht-Dingheit‹ bezeichnen kann oder als den Urgrund, aus dem alles entspringt). Es ist der zeitlose Augenblick *vor* der Schöpfung oder – vom Standpunkt des Individuums aus gesehen – der Augenblick reiner Rezeptivität, der allem schöpferischen Handeln vorausgeht.

Es ist die erste Phase oder Bewegung – der erste ›Satz‹ im großen symphonischen *mandala* oder magischen Kreis, in dem unsere innere Welt in Erscheinung tritt als Klang und Licht, Farbe und Form, Gedanke und Bild, Rhythmus und harmonische Koordination, sichtbares Symbol und meditatives Erlebnis. ... Im Lichte dieser spiegelgleichen Weisheit sind die Dinge von ihrer ›Dingheit‹, ihrer Vereinzelung befreit.«[47]

Zweite Bewegung

»Indem wir unsere eigene Natur als *śūnyatā* erkennen, realisieren wir, dass sie sich nicht unterscheidet von der innersten Natur aller anderen lebendigen Wesen. Dies ist die ›gleichmachende Weisheit‹ oder die *›Weisheit der Wesensgleichheit‹* (*samatājñāna*), durch die wir uns von der kühlen und unbeeinflussten Haltung eines Beobachters dem warmen menschlichen Gefühl allumfassender Liebe und Mitempfindens für alles, was lebt, zuwenden.«[48]

Dritte Bewegung

»Damit ... kommen wir zur dritten Phase (zum Thema und der Bewegung des dritten symphonischen Satzes) meditativer Erfahrung, in der wir uns weder mit konkreten Wesen noch mit materiellen Dingen auseinandersetzen. Hier werden Differenzierung wie auch Einheit, Form und Leerheit, die Reinheit des Lichtes und die unendlichen Modulationen der Farbe in ihren zahllosen Wechselbeziehungen offenbar werden, durch welche sie jedoch weder ihre bestimmten Eigenschaften noch ihre individuellen Ausdrucksformen verlieren. Dies ist die *›unterscheidende Weisheit‹* (*pratyaveksana-jñāna*), durch die unser weltliches Denken, unsere Unterscheidungsfähigkeit und unser urteilender Intellekt sich in das intuitive Bewusstsein innerer Schau verwandelt, in der die besonderen wie die allgemeinen Merkmale aller Dinge klar sichtbar werden, ohne Hemmnisse.«[49]

Vierte Bewegung

»Die vierte Phase (das Motiv und die Bewegung des vierten symphonischen Satzes) gehört in den Bereich des Handelns und der Willenskraft und steht für die ›alles vollbringende Weisheit‹ oder die ›Weisheit, die alle Werke vollendet‹ (*krtyānusthāna-jñāna*). Hier wird das Wollen und dessen formbildende Tendenzen (*samskāra-skandha*) in das selbstlose ›karmafreie‹ Handeln eines Daseins verwandelt, das ganz der Verwirklichung der Erleuchtung geweiht ist und das in all seinem Tun von Mitempfinden bestimmt wird und auf dem Verstehen der individuellen wie universellen Lebensaspekte basiert – sowie auf jenen Phänomenen, die im Verlauf der drei vorangegangenen meditativen Phasen oder Bewegungen erfahren wurden.«[50]

Was der Pilger außen gesehen hat

Die Erfahrung eines der spirituellen Praxis gewidmeten Lebens hat Lama Govinda nicht nur in eine detaillierte und umfassende Analyse des tantrischen Buddhismus Tibets – der geheimen Bedeutung von Mantra, Mandala, Meditation usw. – einfließen lassen. Entsprechendes hat er auch in Bezug auf das I Ging getan, jenen aus dem alten China überlieferten taoistischen Weisheitstext, der auch das Buch der Wandlungen genannt wird oder, wie Govinda es lieber bezeichnet hat, das Buch der Transformation.

Huston Smith gegenüber hat Govinda in Almora erklärt, »die Psychologie des I Ging« sei »tiefgründig« und »unterscheide sich von derjenigen des Buddhismus insofern, als das I Ging uns Anleitung dazu gebe«, wie eine angemessene Reaktion »auf die gegenwärtig sich uns darstellende Welt« aussehen kann, während der Buddhismus »unsere Erfahrung der Welt verändern will«.[51]

In *Die innere Struktur des I GING* heißt es bei Govinda, der altüberlieferte Text biete uns eine Möglichkeit, das innere Auge für eine zweite Wirklichkeitsebene zu öffnen:

> Je mehr wir die Gesetze der Welt und unseres eigenen Denkens beobachten, umso klarer erkennen wir, dass das, was wir »Wirklichkeit« nennen, sich auf zwei verschiedenen Ebenen bzw. in zwei unterschiedlichen Richtungen auswirkt. Die eine vollzieht sich horizontal und entspricht dem Gesetz von Ursache

und Wirkung, auf dem auch unsere Logik basiert; die andere entspricht dem Gesetz der Synchronizität. Während erstere sich in der Zeit vollzieht und etwa mit einer geraden Linie von aufeinanderfolgenden, sich gegenseitig bedingenden Ereignissen zu vergleichen ist (Logik), so verbindet letztere Ereignisse, die gleichzeitig auftreten, und zwar ohne logische Verbindung und aus Gründen, die unser Verständnis wie unser Beobachtungsvermögen übersteigen. Diese andere Art der Realität verbindet Geschehnisse, die nicht unserem Zeitsinn unterworfen sind und die daher auch nicht mit der horizontalen Linie der in der Zeit aufeinanderfolgenden Ereignisse assoziiert werden können. Sie stehen sozusagen auf Linien, die sich senkrecht zu unserer angenommenen horizontalen Zeitlinie verhalten und diese durchschneiden. Sie gehören der Welt unserer Intuitionen an, die aus der Tiefe unseres inneren Wesens aufsteigen und in denen die kosmischen Gesetze ihren individuellen Ausdruck finden.[52]

Verschollene Texte und letzte Lehrreden

Dieses Buch würdigt ein für die Zukunft des Ostens wie des Westens bedeutungsvolles Leben und Werk. Der flüchtige Leser wird vielleicht der Ansicht sein, die Zeiten, in denen Lama Govindas Beitrag von Bedeutung und aktuell war, gehörten längst der Vergangenheit an. Schließlich hat sich die tibetische Überlieferung doch, ebenso wie zahlreiche andere Überlieferungsstränge der östlichen Weisheit, im Westen etabliert. In Europa wie auch in den USA haben viele gewissenhafte Lamas und große Rinpoches Einweihungen gegeben, Retreats geleitet und Zentren ins Leben gerufen. Viele segensreiche Schriften und tiefschürfende Kommentare, die einst nur diejenigen Menschen lesen konnten, die verwegen genug und aufgrund ihrer Lebensumstände dazu in der Lage waren, in entlegene Hochgebirgsregionen zu reisen, kann man heute übers Internet bestellen und bekommt sie innerhalb weniger Tage nach Hause geliefert.

Die Dinge so zu sehen wird der Sache allerdings ganz und gar nicht gerecht. Möglicherweise wäre diese Sicht dann zutreffend, wenn wir es hier mit nichts anderem zu tun hätten als dem Vermächtnis eines frühen Gelehrten und Übersetzers aus dem Bereich des tibetischen Buddhismus. Govindas Werk (ebenso wie dasjenige von Evans-Wentz) war jedoch mehr als nur das.

Kulturell, philosophisch und religiös ist die Entwicklung von Ost und West jahrhundertelang in ganz verschiedenen Bahnen verlaufen. Ja, selbst im Osten hat sich der Buddha-Dharma von Region zu Region auf sehr unterschiedliche Weise entwickelt.

Gewiss hat sich all diese Vielfalt mit ihrer Reichhaltigkeit und ihren subtilen Unterschieden nicht über so viele Jahrhunderte hinweg entwickelt, um jetzt zur einen oder anderen Seite hin über *einen* Kamm geschoren zu werden. Würde der Westen sich einfach nur die Mystik des Ostens zu eigen machen oder umgekehrt, so liefe dies auf einen tragischen Verlust für beide Zivilisationen hinaus. Eine Weltkultur, ein Schatzkästchen mit mystischen Ingredienzien aus aller Welt, deren jedes seinen ganz charakteristischen Eigengeschmack hat, bildet sich hier im 21. Jahrhundert heraus. Das Westliche bleibt unverkennbar westlich, das Östliche unverkennbar östlich. Hinzu gesellt sich jedoch etwas Neues: Etwas Globales kommt zustande und tritt in unser Bewusstsein. Zustande kommen konnte es aber nur, weil Männer und Frauen wie Govinda und Li Gotami den Brückenschlag zu dieser Mystik des 21. Jahrhunderts vorgenommen haben. Die Brücke, die sie gebaut haben, ist freilich alles andere als eine Einbahnstraße.

Indem das Buch auf verschiedene, in den Siebzigerjahren dem Human Dimensions Institute (HDI) zur Verfügung gestellte Abhandlungen sowie auf die Abschrift von HDI-Seminaren zurückgreift, die der Lama damals durchgeführt hat, hebt *In den weißen Wolken* inhaltlich diesen globalen Aspekt im Werk des Autors hervor. Das Buch zeigt nicht nur, dass Govinda in den Sechziger- und Siebzigerjahren die künftige Entwicklung bereits vorweggenommen hat, sondern es zeigt zugleich den besonderen Stellenwert, der ihm innerhalb des gegenwärtigen und des zukünftigen Dialogs hier im frühen 21. Jahrhundert zukommt.

In »Von Theravāda zu Zen« geht Lama Govinda der Frage nach, in welcher Weise die japanische Zen- und die chinesische Ch'an-Überlieferung sich auf den Wesenskern der frühen buddhistischen Lehren beziehen. Statt nebensächliche, oft in Reaktion auf die äußeren Gegebenheiten entstandene Unterschiede innerhalb der diversen buddhistischen Überlieferungen aufzuzeigen, richtet Govinda das Augenmerk auf *śūnyatā* (Leerheit, Leere) und verweist auf den umfassenden, über relative Besonderheiten und Unterschiede hinausgehenden Ansatz des Buddha-Dharma:

> Der chinesische Ch'an-Buddhismus und das japanische Zen sehen in dieser Erfahrung den realen Ausgangspunkt des Buddhismus, nicht bloß ein entfern-

tes, mehr oder weniger theoretisches Ziel oder Ideal. Und so versuchen sie, zum eigentlichen Ursprung der buddhistischen Überlieferung zurückzukehren, indem sie besonderen Nachdruck auf die Spontaneität des menschlichen Geistes legen, der sich von demjenigen des Buddha im Wesentlichen nicht unterscheidet, sofern es uns denn gelingt, ihn aus dem Gespinst der gedanklichen Gewohnheitsmuster und Vorurteile zu befreien. Nach ihrer Auffassung kommt es darauf an, dass wir Buchwissen durch unmittelbare Erfahrung, Gelehrsamkeit durch Intuition und den historischen Buddha durch den Buddha in uns ersetzen – indem wir die unserem Geist innewohnenden Potenziale wecken, die uns zur Verwirklichung der vollkommenen Erleuchtung führen werden. Es ist ein mutiger Versuch, der den Einsatz des ganzen Menschen fordert und auf den man sich mit seinem ganzen Sein vollständig einlassen muss, vorbehaltlos, ohne irgendetwas zurückzubehalten, woran unser Ego haften könnte.

In »Der Willensakt und seine Rolle in der Meditationspraxis« untersucht Lama Govinda diejenigen Dimensionen der Psyche, in denen westliche Psychologie und östliche Mystik einander überschneiden. Als Ausgangspunkt dient ihm dabei das Werk von Robert Assagioli, einem Pionier der psychoanalytischen Bewegung. Assagioli, Autor von *Die Schulung des Willens – Methoden der Psychotherapie und der Selbsttherapie*, hatte bei Sigmund Freud studiert und war der Begründer einer Form der transpersonalen Psychologie, die man als Psychosynthese bezeichnet. In Assagiolis Ansichten bezüglich der übergeordneten Rolle, die dem Willen in der menschlichen Erfahrung zukommt, fand Govinda eine gemeinsame Basis:

> Es ist klar, dass dieser »Wille« nicht der Ich-motivierte Wille des gewöhnlichen selbstsüchtigen Individuums ist, sondern das, was Assagioli als den »transpersonalen Willen« bezeichnen würde. Mit anderen Worten: als den über alle engstirnigen Ziele und Zwecke hinausgeführten, zu einer Kraft sublimierten und transformierten Willen, der über die individuellen Beschränkungen hinausreicht und das Individuum letztlich zu »einem bereitwilligen Kanal« macht, »in den und durch den die kraftvoll ihre Wirkung entfaltenden Energien des Universums strömen«.
>
> Solange das Individuum diesen Kanal durch seinen Ich-bestimmten Willen, durch seine Illusion des Getrenntseins oder aber dadurch blockiert, dass es dieser potenziellen Energiequellen einfach nicht gewahr ist, kann es keinen Gebrauch davon machen. Meditationspraktiken dienen deshalb nur diesem einen Zweck: das Gewahrsein der oder des Meditierenden zu wecken, es zu entwickeln und zu stärken, die dem freien Fluss der kreativen und Leben spendenden Energien im Weg stehenden Hindernisse zu beseitigen, den Geist für die unendlichen Erfahrungsmöglichkeiten zu öffnen und ihn zu einem Instrument zu machen, das sich zur Integration dieser Erfahrungen in den praktischen Daseinsvollzug, das wirkliche Leben, eignet.

In »Teilhard de Chardin im Spiegel des östlichen Denkens« durchleuchtet Govinda die tiefen mystischen Erfahrungen, aus denen der Buddhismus ebenso schöpft wie das Christentum.

> Vielleicht sind Sie mit der mantrischen Formel *Om Mani Padme Hūm* vertraut. Im Allgemeinen wird diese auf sehr oberflächliche Weise als »der Tautropfen im Lotos« verstanden, was ganz poetisch klingt, mit der tatsächlichen Bedeutung, soweit diese sich überhaupt in schlichten Worten ausdrücken lässt, jedoch wenig zu tun hat. Das Mantra bringt zum Ausdruck, dass es das Juwel (mani) der göttlichen Realität in dem Lotos-artigen Gefäß (padma) des eigenen Herzens zu verwirklichen gilt. Teilhard de Chardin sagt dies auf ähnliche Weise mit fast den gleichen Worten: »Mein Kelch und meine Patene[53] sind die Tiefen einer Seele, die allen Kräften weit geöffnet ist, die sich in einem Augenblick von allen Punkten des Erdballs erheben und zum Geist konvergieren werden.«
> Diese wenigen Worte bringen etwas so Wundervolles zum Ausdruck, dass es sich dabei nach meinem Empfinden nur um die Worte eines Menschen handeln kann, der durch ein Erlebnis tiefster Schauung und Geistesklarheit gegangen ist. Wir haben hier eine Definition und ein anschauliches Bild. Das Bewusstsein des Menschen konvergiert zum Geist, wenn alle Kräfte und Qualitäten des Individuums und seines Umfelds sich der Ganzheit in ihm annähern.

In »Drogen und Meditation: ›Erweiterung‹ und Desintegration des Bewusstseins oder innere Sammlung und Regeneration?« hat sich Govinda zu der Frage geäußert, was es bringt, wenn man psychedelische Drogen für spirituelle Zwecke einsetzt, wie es zu Govindas Zeit von Timothy Leary und in der jüngeren Vergangenheit von Terence McKenna befürwortet wurde:

> Das wichtigste Hilfsmittel für die sogenannte Bewusstseinserweiterung ist LSD. Diese Substanz einzunehmen, statt zu meditieren, propagieren aber bezeichnenderweise nur solche Leute, die in wirklicher Meditation weder über eigene Erfahrung noch über eine entsprechende Qualifikation verfügen. Niemals haben sie eine ernsthafte, auf jahrtausendelanger Erfahrung und Erkundung der menschlichen Seele beruhende Geistesschulung (*sādhana*) jener Art durchlaufen, wie sie von vielen großen spirituellen Traditionen der Menschheit weitergegeben und gelehrt wird.

In seiner Abhandlung »Meditation«, die er später weiter ausgearbeitet und schließlich unter dem Titel *Schöpferische Meditation und multidimensionales Bewusstsein* als Buch veröffentlicht hat, überbrückt Govinda ein weiteres Mal die Kluft zwischen Ost und West, und er erschließt dem Leser eine vollständigere, umfassendere – wahrhaft globale, wahrhaft holistische – Erfahrungsdimension:

> Der Osten hat die ewige Wiederkehr derselben Bedingungen und ähnlicher Ereignisse entdeckt. Der Westen hat den Wert der Einzigartigkeit jedes Ereignisses und jeder existenziellen Situation entdeckt. Der Osten hielt seinen Blick auf den kosmischen Hintergrund gerichtet, der Westen auf den individu-

ellen Vordergrund. Das vollständige Bild aber vereint Vordergrund und Hintergrund, indem es beide zu höherer Einheit verschmilzt. Der vollständige Mensch – der Mensch, der heil, oder ganz, geworden ist (und darum »heilig«) – vereint das Universelle mit dem Individuellen, die Einzigartigkeit des Augenblicks mit der Ewigkeit der zyklischen Wiederkehr von Konstellationen und existenziellen Situationen.
Im Wissen um die Unsterblichkeit hat der Osten das irdische Leben vernachlässigt. Im Wissen um die Einzigartigkeit und den Wert des gegenwärtigen Augenblicks hat der Westen das Unsterbliche vernachlässigt. Nur in den tiefsten Aspekten des Vajrayāna (der mystischen Schule des tibetischen Buddhismus) wie auch im I Ging (dem ältesten chinesischen Weisheitsbuch) wurde der Versuch unternommen, den Vordergrund mit dem Hintergrund, das Augenblickliche mit dem Ewigen und die Einzigartigkeit jeder Situation mit den ewig sich wiederholenden Konstellationen universeller Kräfte zu verbinden.

Wie aus seiner Abhandlung »Meditation« sollte auch aus Govindas Essay »Ein neuer Blick auf das I Ging« später ein Buch werden: *Die innere Struktur des I GING*. In seiner Studie zum I Ging war Lama Govinda bestrebt, uns die von alters her in diesem Text verborgenen Geheimnisse, bei denen es um mehr geht als um bloße Wahrsagerei, zu erschließen. Er hat versucht, den tieferen Sinn und Zweck des I Ging, der über den volkstümlichen Gebrauch als eine Art Weissagungsbuch hinausgeht, in Worte zu fassen. Denn für ihn war es ein von großer praktischer Weisheit zeugendes Werk, das uns Erklärungen zu den unwandelbaren Gesetzmäßigkeiten und Grundelementen des Daseins bereitstellt, und diese Weisheit wollte er wieder zugänglich machen:

> Das I Ging mag auch heute noch für die meisten Leser nur ein Wahrsagebuch sein, dessen Orakelsprüche ebenso dunkel und mysteriös erscheinen wie die der Pythia von Delphi. Doch bevor es in ein bloßes Orakelbuch umgeformt wurde, hatte es ein klares System und eine klare Struktur, die eine tiefgründige Weltschau zum Ausdruck brachte. Und diese interessiert uns, unbeschadet der Tatsache, dass dieses Buch zugleich Möglichkeiten unserer Zukunft enthüllen könnte. Ich betone »Möglichkeiten«, denn dieses Buch wurde nicht mit der Absicht geschrieben, unser Schicksal vorauszusagen und unseren freien Willen in Frage zu stellen, sondern es will uns helfen, den Weg von der Gegenwart in die Zukunft zu entdecken, und zwar auf der Basis allgemeingültiger Gesetze. Diese Gesetze bestimmen nicht unsere Zukunft, geben uns aber wertvolle Anhaltspunkte, die beständig genug sind, um dem Kurs unseres Handelns eine Richtung zu geben.
> Wenn wir wissen, dass Feuer brennt, werden wir uns hüten, unsere Hände hineinzuhalten. Andererseits kann dasselbe Feuer, das uns verletzen kann, in vielerlei Hinsicht nützlich sein, wenn wir seine Natur verstehen und respektieren. So ist es mit allen Dingen in dieser Welt: Je mehr wir sie respektieren und verstehen, umso mehr werden sie unser Leben erleichtern.

In »Fragen und Antworten: Das Seminar ›Menschliche Dimensionen‹ im Juni 1975« beantwortet Govinda geduldig und ausführlich eine Reihe von Fragen zu zahlreichen Themen aus dem Alltag spirituell Suchender – so zum Beispiel die folgenden:

Ich möchte eine Frage zu den Mantras stellen. Und zwar wüsste ich gern, ob es irgendwann amerikanische Mantras geben wird oder ob die Rezitation immer auf Sanskrit beziehungsweise auf Japanisch erfolgen muss?

Könnten Sie bitte erläutern, was mit Anhaftung gemeint ist?

Sollten wir über allumfassende Liebe meditieren?

Was meinen Sie mit »Konzentration«?

Was ist mit »kosmisches Spiel« gemeint?

Was hat es mit dem Singsang auf sich, den wir bei einer Gruppenmeditation mitunter vernehmen?

Die von klarem Verständnis zeugenden Antworten, die er den Seminarteilnehmern gab, sind heute genauso gültig wie vor gut dreißig Jahren.

Der Weg der weißen Wolken führt ins Hier und Jetzt

In den weißen Wolken durchzublättern und darin zu lesen erfüllt einen mit Freude und Zuversicht. Angesichts dieses Vermächtnisses, so wird einem dabei bewusst, empfindet man Lama Govinda und Li Gotami gegenüber tiefen Respekt und Dankbarkeit.

Wie heilsam und inspirierend ist es doch, Teilhard de Chardins visionäres Werk mit anderen Augen zu sehen, mit den Augen eines großen buddhistischen Gelehrten und Weltbürgers wie Lama Govinda. Dadurch gewinnt dieses Werk einen neuen Stellenwert.

Es vermag uns zu bewegen und erweist sich als brandaktuell in dieser unserer Zeit, in der man den Kreationismus und die Evolutionstheorie auf Konfrontationskurs steuert und gegeneinander ausspielt und in der viele Politiker wie auch die Massenmedien mittlerweile im religiösen Fundamentalismus das Angesicht des christlichen Glaubens zu sehen meinen. Immerhin war Teilhard nicht nur Philosoph, sondern zugleich Paläontologe: Er war mit vor Ort, als der Pekingmensch gefunden wurde, und sein Meisterwerk, *Der Mensch im Kosmos*, fasst die Schöpfungsgeschichte keineswegs als einen im buchstäblichen Sinn aufzufassenden Tatsachenbericht auf, sondern als mystische Metapher.

Die klaren und scharfsichtigen Argumente Govindas zur Frage der Verwendung von psychoaktiven Substanzen als Mittel der »Bewusstseinserweiterung« erscheinen heute ebenfalls in verändertem Licht und haben neuerdings wieder an Aktualität gewonnen. Als er sich seinerzeit zu diesem wichtigen und kontrovers diskutierten Thema geäußert hat, da war Timothy Leary, der selbst ernannte »Hohe Priester« der psychedelischen Drogen, noch eine Ikone der Gegenkultur. Learys langer, sonderbarer Trip hat allerdings kein gutes Ende genommen. Learys Lebensgeschichte führte in einem weit gespannten Bogen von seiner Tätigkeit als Hochschullehrer und Forscher an der Harvard University über die Teilnahme an den »Human Be-Ins«[54] der späten Sechzigerjahre (mit seinem bekannten Slogan: »Tune in, turn on, drop out!«) über seine Zeit als Zellennachbar von Charles Manson in einem kalifornischen Gefängnis, die unter Mitwirkung von Weather Underground[55] und der Black Panther Party ermöglichte Flucht aus dem Gefängnis und Ausschleusung aus den Vereinigten Staaten mit anschließendem Exilaufenthalt in Algerien, über die Durchführung einer gemeinsamen Vortragsreise mit G. Gordon

Liddy (dem früheren Berater Richard Nixons im Weißen Haus und kriminellen Helfershelfer in Zusammenhang mit der sogenannten Watergate-Affäre) bis hin zur Videoaufzeichnung des eigenen Ablebens infolge von Prostatakrebs. Mit dem Beginn des Techno-Zeitalters in den Neunzigerjahren und den dazugehörigen Partys samt der sogenannten Smart Drugs, Ecstasy, und mit dem Phänomen des Burning-Man-Festivals in Black Rock City in der Wüste von Nevada, steht die Frage nach der Verwendung psychedelischer Drogen zum Zweck der Bewusstseinserweiterung in ein wenig abgewandelter Form erneut im Raum.

Terence McKenna, ein im Jahr 2000 verstorbener Schriftsteller und Philosoph, trat als Verfechter der halluzinogenen Erfahrung in Timothy Learys Fußstapfen (viel weniger großspurig freilich, viel weniger unstet und darum wesentlich glaubwürdiger). Laut McKennas »Stoned Ape«-Theorie zur Evolution der Menschheit kam der evolutionäre Entwicklungsprozess der Menschheit dadurch in Gang, dass Menschenaffen psychoaktive Pilze aßen, die auf dem Mist von Huftieren wuchsen. Der Psilocybin-Gehalt dieser Pilze, so die von McKenna geltend gemachte These, habe zur Entwicklung der Sprache und weiterer Fähigkeiten geführt. Außerdem hat aus seiner Sicht der abnehmende Anteil entsprechender Inhaltsstoffe in der menschlichen Nahrung während der letzten 12.000 Jahre den Rückfall in ein barbarischeres, prähumanes Verhalten mit sich gebracht.

Wenn nun Govindas durchdachte, auf 2500 Jahre buddhistischer Psychologie sich stützende Auffassung in die wiederauflebende Erörterung solcher Themen eingebracht wird, kann die Diskussion davon eigentlich nur profitieren.

Auch im Licht der aktuellen wissenschaftlichen Forschungsergebnisse zur Natur des Geistes kommt man Abgern auf die Lektüre von Govindas sachkundiger Abhandlung zum Thema Meditation zurück. Denken Sie nur an die Arbeit, die das »Mind and Life«-Institute in Boulder, Colorado, leistet. Wie dort »Untersuchungen an zahlreichen Meditierenden gezeigt haben, kann die Meditationspraxis das Gehirn in der Weise modifizieren, dass man zum Beispiel, sobald man vor Herausforderungen steht, positiver und mit größerer Offenheit reagiert«.[56]

Einer der maßgeblichen Protagonisten dieses Projekts ist Matthieu Ricard, ein französischer Mönch, der im nepalesischen Kloster Shechen Tennyi Dargyeling lebt. Unter all den bemerkenswerten Persönlichkeiten der zeitgenössischen Szene steht Ricard in ganz besonderer Weise für eine an Govindas Beispiel anknüpfende Kontinuität. Mit anderen Worten: Er ist jemand, der nicht nur über eine solide wissenschaftliche Basis verfügt, sondern zugleich über einen starken, auf intensiver spiritueller Praxis beruhenden persönlichen Erfahrungsbezug und einen kulturübergreifenden Zugang zu den Dingen.

Nachdem Ricard, Sohn des insbesondere in seiner französischen Heimat hoch geachteten Philosophen Jean-François Revel, als Molekulargenetiker am Pariser Institut Pasteur promoviert hatte, beschloss er, lieber bei verwirklichten buddhistischen Meistern im Himalaya zu leben, statt die nächsten Stufen der wissenschaftlichen Karriereleiter zu erklimmen. Dort in Nepal wurde er wenig später zu einem engen Schüler und wertvollen Helfer von Dilgo Khyentse Rinpoche, dem großen Nyingmapa-Weisen und früheren Dzogchen-Meditationslehrer des Dalai Lama. Wie Govinda hat auch Ricard nicht nur einen enormen Beitrag zum Erhalt und zur Förderung des tibetischen Buddhismus geleistet, sondern ebenso zu jenem weltweiten Dialog, der auf die einander wechselseitig bedingenden und durchdringenden Probleme und Verheißungen von Spiritualität und Naturwissenschaft eingeht. Zu seinem vielseitigen Werk gehören unter anderem solche hochinteressanten Bücher wie *Glück*, *Quantum und Lotus* (gemeinsam mit dem vietnamesischen Astrophysiker Trinh Xuan Thuan verfasst) und *The Life of Shabkar* (die Übersetzung der Autobiografie eines der großen tibetischen Yogis früherer Jahrhunderte).

Ricards Zusammenarbeit mit dem »Mind and Life«-Institute hat beeindruckende Resultate erbracht:

> Herr Ricard, der sich auch als Französisch-Übersetzer für Tibets geistige Leitfigur, den Dalai Lama, betätigt, hat an Tests teilgenommen, die zeigen sollten, dass ein Gehirntraining in Form von Meditation das Ausmaß der Glückserfahrungen eines Menschen ganz enorm verändern kann.
>
> Untersuchungen mithilfe der Magnetresonanztomografie haben gezeigt, dass bei Matthieu Ricard und anderen Langzeitmeditierenden – von denen jeder im Lauf der Jahre über 10.000 Stunden meditiert hatte – erhöhte Gehirnaktivitäten in dem mit Glücksempfindungen in Zusammenhang gebrachten, linken vorderen Stirnlappen zu verzeichnen waren: mit anderen Worten, ein erhöhtes Maß an »positiven Emotionen«. Damit einhergehend verringerte sich die Aktivität des, für die Verarbeitung negativer Gedanken zuständigen, rechten vorderen Stirnlappens.

Weitere Studien haben gezeigt, dass auch Anfänger mit vergleichsweise geringer Meditationserfahrung in erhöhtem Maß Glücksempfindungen haben. Herrn Ricards diesbezügliche Fähigkeiten übertrafen allerdings diejenigen aller anderen Testteilnehmer bei Weitem.

»Der Geist ist formbar«, erklärte Matthieu Ricard dem Reporter von *The Independent.* »Schon eine geringfügige Veränderung in der Art und Weise, wie wir mit unseren Gedanken umgehen und wie wir die Welt wahrnehmen beziehungsweise auf sie reagieren, kann bewirken, dass sich unser Leben von Grund auf wandelt. Glücklichsein ist eine Fertigkeit, eine Lebenskunst. Dazu bedarf es unserer Bemühung, und es braucht Zeit.«[57]

Erste Ansätze zu solch einer Forschung sind bereits in Govindas aus den Sechziger- und Siebzigerjahren stammenden Ausführungen zum Thema Meditation angelegt. Würde Govinda heute leben, wäre er wahrscheinlich in diese oder in vergleichbare Untersuchungen eng mit einbezogen. Zumindest aber würde er die Entwicklungen aufmerksam verfolgen und sich im Gespräch mit seinen Besuchern darüber auslassen, welche Schlüsse aus den bislang gewonnenen Einsichten zu ziehen seien, in welche Richtung sich die Forschung weiter orientieren sollte und auf welche Dinge diese Pioniere sich dabei noch gefasst machen sollten: ganz so, wie er es bei Huston Smith, John Blofeld, Ken Winkler und den vielen anderen getan hat, die mit ihm und seiner schönen Frau Li in Berührung gekommen sind.

Aber wie andere Menschen, die den Weg der Mystik gegangen und auf diesem Weg erwacht sind, haben auch

Lama Govinda und Li Gotami mehr hinterlassen als die Worte auf den Seiten dieses und anderer lesenswerter Bücher – etwas Unaussprechliches, offenbar jedoch geradezu mit Händen zu Greifendes, etwas Unbeschreibliches, das nichtsdestoweniger Information übermittelt. Dieses rätselhafte Etwas zeigt sich nicht zuletzt in ihrer Fotosammlung. Auf den Fotos ist Lama Anagarika Govinda fast immer (mit Ausnahme der frühen Aufnahmen) gemeinsam mit Li Gotami abgelichtet, und auf ausnahmslos all diesen Fotos ist das Paar in (unübersehbar für einen religiösen Kontext geschaffene) Roben gekleidet, die sie selbst entworfen und gestaltet haben.

Beide, Govinda und Gotami, waren hochkarätige Maler und Gotami außerdem noch eine ganz hervorragende Fotografin. Der ausgeprägte Sinn für Ästhetik im visuellen Bereich, der ihnen gemeinsam war, kam ihnen sehr zugute. Ob es ihnen nun bewusst war oder ob darin einfach nur etwas, das ihnen zur zweiten Natur geworden war, seinen Ausdruck fand – ihr Erscheinungsbild selbst ist von großer Bedeutung, von großer Aussagekraft. Es besagt so viel mehr, als Worte sagen können. So zeugt dieses Erscheinungsbild zum Beispiel von dem elementaren Gleichgewicht und unverzichtbaren Wechselspiel zwischen Yin und Yang, Yab und Yum, dem Männlichen und dem Weiblichen, Bewusstsein und Form, Himmel und Erde. All das steht in einem Kontext des Sakralen. Als sei das Paar aus einem Bild von Nicholas Roerich hervorgekommen, um mitten unter uns zu wandeln und uns durch seine bloße Gegenwart etwas mitzuteilen. Und tatsächlich ist es ja in der religiösen Kunst Tibets ausgesprochen verbreitet, dass Buddhas und Bodhisattvas, Meditationsgottheiten und Halbgötter in glückseliger Vereinigung mit ihrer Partnerin beziehungsweise ihrem Partner dargestellt werden.

Was also ist dieses unaussprechliche, unbeschreibliche Etwas? Nicht mehr und nicht weniger als unsere ureigene Menschlichkeit: Verbundenheit, Berührung, Einfühlungsvermögen, Mitgefühl, Selbstlosigkeit und die darin zum Ausdruck kommende Göttlichkeit.

Kapitel 1

Von Theravāda zu Zen

Um die heiligen Schriften des Buddhismus zu verstehen, müssen wir bis zu einem gewissen Grad mit dem lebendigen Überlieferungsstrom vertraut sein, der von den Tagen des Buddha kontinuierlich, ohne jede Ununterbrechung bis in unsere Zeit geflossen ist. Ungeachtet zahlreicher Unterschiede in Auffassung und in Formulierung basieren selbst die relativ späten Texte des Mahāyāna auf den Lehren der frühesten bekannten Überlieferung. Schon damals wurden diese Lehren in achtzehn verschiedene Schulrichtungen unterschieden, von denen jede ihren eigenen Kanon heiliger Schriften hatte. Doch nur einer von diesen ist bis auf den heutigen Tag vollständig erhalten geblieben: der Schriftenkanon der Theravādin, die Lehren der Ältesten. Der Grund für den unbeschadeten Fortbestand dieser Schriften war Ceylons abgeschiedenes Inseldasein. Dadurch blieben sie von den geistigen und politischen Umwälzungen des indischen Festlands und anderer Regionen Asiens unberührt.
Bis jetzt waren im Westen hauptsächlich die Texte der Theravādin bekannt. Daher kamen viele Menschen zu der Überzeugung, Theravāda sei die einzig authentische Form des Buddhismus, da diese Texte die tatsächlichen Worte des Buddha enthielten. An dieser Stelle sollten wir uns allerdings vergegenwärtigen, dass bereits vier Jahrhunderte vergangen waren, bevor der Pāli-Kanon schrift-

lich festgehalten wurde. Selbst wenn wir der Fähigkeit der Inder vertrauen wollen, die Worte ihrer großen Religionsstifter mündlich über Jahrhunderte hinweg ununterbrochen von Guru zu Tschela getreu weiterzugeben, sollten wir nicht vergessen, dass Worte keine leblosen Objekte, sondern mit vielen Bedeutungen und Assoziationen geistiger und emotionaler Art verknüpft sind, sodass Menschen von unterschiedlichem Naturell, mit unterschiedlichem Hintergrund und unterschiedlicher Mentalität – ganz zu schweigen von Menschen aus unterschiedlichen Jahrhunderten – mit ein und demselben Wort unterschiedliche Bedeutungen, oder unter Umständen auch bloß einen bestimmten Aspekt der ursprünglichen Bedeutung, verbinden werden.

Schon der Umstand, dass zum Zeitpunkt der Niederschrift des Theravāda-Kanons bereits achtzehn verschiedene buddhistische Schulrichtungen entstanden waren, macht dieses Phänomen der Divergenz deutlich. Kein gewissenhafter und unvoreingenommener Gelehrter kann über diese Tatsache hinweggehen. Darum müssen wir jeder der unterschiedlichen Überlieferungen die gleiche Glaubwürdigkeit zugestehen, die wir den Theravādin einzuräumen gewillt sind. Jede von ihnen kann gleichermaßen geltend machen, einen wahrheitsgemäßen Aspekt der buddhistischen Lehre wiederzugeben. Jede darf das aufrichtige Bemühen für sich in Anspruch nehmen, so umfassend wie möglich die Worte und Gedanken des Erleuchteten weiterzugeben. Nur auf diese Weise können wir ein vollständiges und zutreffendes Bild der buddhistischen Gedanken- und Erfahrungswelt gewinnen und den ganzen Reichtum buddhistischer Kultur und ihre Verwirklichung im Leben verstehen. Solch ein vollständiges Bild wird nicht nur unser Wissen bereichern, sondern den Sinn und die Bedeutung jeder einzelnen Phase und Schule des Buddhismus vertiefen. Dieses Wissen ist ebenso notwendig für das Verständnis der Pāli-Texte der Theravādin oder anderer Hīnayāna-Schulen wie für die Schulen des Mahāyāna, die später zur Hauptströmung des Buddhismus wurden und diesen über ganz Südostasien bis in den Fernen Osten und nach Zentralasien verbreiteten.

Erst durch die Erforschung der Dharma-Theorie in den Sarvāstivāda- und Mahāyāna-Texten wurde es möglich, die Lehren der Theravādin in ihrer wahren Perspektive zu sehen und zu einem tieferen Verständnis ihrer philosophischen und metaphysischen Grundlagen zu kommen. Die einseitige Anschauung früherer Forscher, der Buddhismus sei eine bloße Vernunftlehre ohne jeden metaphysischen Hintergrund, machte aus der Lehre des Buddha einen kalten intellektuellen Rationalismus, der mehr Ähnlichkeit hatte mit den Ideen der »Aufklärung« im 19. Jahrhundert (die mit dem Beginn der Buddhismus-Forschung zusammenfielen) als mit derjenigen Religion, die ein Drittel der Menschheit mit Hoffnung und Zuversicht erfüllte.

Bei Helmuth von Glasenapp, bekannt für seine unparteiischen Arbeiten zur Geschichte des buddhistischen Denkens, heißt es: »Der Umstand, dass man früher nichts von der Dharma-Theorie wusste, ist die Ursache davon, dass manche Forscher in den kanonischen Lehrreden eine metaphysische Grundlage vermissten und dann je nach ihrem Temperament Buddha als Agnostiker oder reinen Ethiker charakterisierten oder aus seinem Schweigen über Gott, Seele und andere Vorstellungen, die der Dharma-Theorie widersprechen, eine mystische Geheimlehre über den *ātman* usw. zu konstruieren suchten.«[58]

Noch deutlicher spricht Glasenapp hierüber in einem anderen Artikel, in dem er den Begriff der »dhammas« (Pāli für Sanskrit *dharmas*) erklärt, durch deren gesetzmäßiges Zusammenspiel das entsteht, was wir als die »Person« und als die von ihr erlebte »Welt« ansehen.

> Es ist dies ein Begriff, dessen fundamentale Bedeutung für die buddhistische Welterklärung und Heilslehre der abendländischen Wissenschaft erst in den letzten dreißig Jahren erschlossen worden ist. Da das Wort »dhamma« (wörtlich: das »tragende Element«) im Pāli schon verschiedene Bedeutungen hat (Weltgesetz, Recht, Pflicht, Eigenschaft, Objekt), war man sich nicht darüber klar geworden, dass es im Pāli-Kanon außer in diesem vielfältigen Sinne auch als Terminus technicus für die letzten, nicht mehr reduzierbaren Faktoren verwendet wird, aus denen sich alles, was wir empirisch innerhalb oder außerhalb von uns wahrzunehmen glauben, zusammensetzt. Da man diesen grundlegenden Begriff der buddhistischen Philosophie nicht in seiner wahren Bedeutung und vollen Tragweite verstanden hatte, konnte man wohl die Ethik und Heilslehre des Buddha würdigen, war sich aber nicht dessen bewusst geworden, dass der praktische Buddhismus als theoretische Grundlage eine in der Geistesgeschichte der Menschheit einzigartige »Philosophie des Werdens« hat, die dadurch, dass sie alles, was ist, durch das gesetzmäßige Zusammenwirken von in funktioneller Abhängigkeit voneinander aufspringenden und wieder verschwindenden, kurzfristig existierenden Kräften erklärt, auf die Vorstellung von ewigen Substanzen (Materie, Seele, Gott) verzichten konnte, die in allen anderen religiösen Lehren die tragende Basis bilden.[59]

Hier kommen wir zum Kern des Problems: Was den Buddha von seinen Zeitgenossen unterschied und ihn aus der Gesamtheit des geistigen Lebens Indiens heraushob, war seine Erkenntnis vom dynamischen Wesen der Wirklichkeit. Die Vier Edlen Wahrheiten: vom Leiden, seiner Ursache, seiner Überwindung und vom Edlen Achtfachen Pfad[60] zur Erlösung bilden den allgemeinen indischen Rahmen seiner Lehre, nicht aber das, was dem Buddhismus seinen spezifischen Charakter gibt. Wenn der Buddha die Anātman-Idee in den Mittelpunkt seiner Lehre stellte, so tat er hiermit den Schritt von einer statischen zu einer dynamischen Weltanschauung, von einer Betonung des »Seins« zu einer Betonung des »Werdens«, vom Begriff eines beharrenden »Ich« (Ego) zur Erkenntnis der gegenseitigen Bezogenheit und bedingten Entstehung allen Lebens und der Fähigkeit des Individuums, über sich selbst (d. h. seine selbst geschaffenen Begrenzungen) hinauszuwachsen. So wurde der unversöhnliche Gegensatz zwischen »Ich« und »Welt«, »Geist« und »Materie«, »Substanz« und »Erscheinung«, »Ewigem« und »Vergänglichem« und dergleichen aufgehoben.
Die Lehre des Buddha ist die Antithesis des Substanzbegriffes, der durch Jahrtausende das menschliche Denken beherrschte. So wie Einsteins Relativitätstheorie das gesamte Denken unserer Zeit beeinflusste und veränderte, so verursachte die Anātman-Idee des Buddha eine Umwälzung im indischen Denken. Es handelt sich hier weniger um eine Ablehnung der religiösen Prinzipien vergangener Zeiten oder um eine Skepsis gegenüber dem Glauben an metaphysische Werte, als um eine Neuwertung dieser Ideen im Lichte der Erfahrung und eines neuen geistigen Blickpunktes. Der Buddha zweifelte nicht an der Kontinuität des Lebens über den Tod hinaus, noch

an dem Bestehen und der Erreichbarkeit höherer Daseinsformen und ihrem Einfluss auf menschliche Verhältnisse. Er zweifelte weder an einer moralischen Gesetzmäßigkeit, noch an einer ewigen Weltordnung; und die Welt, in der er lebte, war für ihn kein bloß materielles Phänomen, sondern eine Manifestation lebendiger bewusster Kräfte. Es war eine durch und durch beseelte Welt, wie sie dem Menschen der heutigen Zeit schwer vorstellbar ist, was sich nur zu deutlich in der »seelenlosen« – und geistlosen – Interpretation der Buddha-Lehre durch moderne Buddhisten zeigt, die die Anātman-Idee mit »Seelenlosigkeit« verwechseln, ein Ausdruck, der einen gänzlich falschen Eindruck vermittelt. Wie können wir von einer buddhistischen Psychologie sprechen, ohne eine »Psyche« vorauszusetzen? Der Buddha lehnte die Idee einer ewig beharrenden, unveränderlichen Seelensubstanz ab, die als eigenständige Entität oder Monade existiert, niemals aber hat er die Existenz von bewusst gesteuerten geistigen und seelischen Kräften in Abrede gestellt, die ihre Kontinuität und ihre organische Ganzheit behalten, ungeachtet der Tatsache, dass sie sich unablässig in Fluss befinden, ihre Form und ihr Erscheinungsbild sich verändert. Der Mensch ist nicht ein bloßer Mechanismus blind zusammengewürfelter Elemente, sondern ein bewusster, eigengesetzlicher Organismus, in dem Individuelles und Universelles ständig zusammenwirken.

Der Buddha hat die Welt von ihrer »Dinghaftigkeit« ebenso befreit wie von ihrer bloßen »Illusionshaftigkeit«, indem er einer dogmatisch verhärteten und missverstandenen Idee von *Ātmavāda* entgegengetreten ist. Ursprünglich entstanden aus dem Erleben der inneren Wirklichkeit, des lebendigen Atems des Universums in uns, war diese im Lauf der Zeit zum Begriff einer unveränderlichen individuellen Selbstheit erstarrt. Der beharrenden, keiner Entwicklung und keines Wachstums fähigen Seelenmonade stellte der Buddha das von Freiheitsdrang beseelte, nach Vollendung und höchster Erleuchtung strebende, ständig werdende und entwerdende Wesen des menschlichen Bewusstseins entgegen.

In diesem Transformationsprozess liegt nicht nur die Quelle von Leid und Vergänglichkeit, sondern dort finden wir auch die Quelle allen geistigen Lebens und Wachstums. Als der Buddha über dieses Leid sprach, war dies nicht Ausdruck einer negativen Haltung oder eines Weltschmerzes, sondern der Erkenntnis, dass wir, solange Wesen und Ursache unseres Leids nicht erkannt werden, auch keinen Gebrauch von jenen unerschöpflichen Möglichkeiten unseres Geistes machen und einen Zustand vollkommener Erleuchtung erreichen können, durch den die Universalität unseres innersten Seins offenbar wird. In diesem Zusammenhang ist »Leid« lediglich ein anderes Wort für unsere Unzulänglichkeit und unsere fehlerhafte Einstellung. Ein solches Erkennen lässt sich aber nicht durch gedankliche Schlussfolgerungen gewinnen. Vielmehr beruhte es auf der eigenen Erfahrung des Buddha beim Erreichen der Erleuchtung, der Überschreitung individueller Bewusstseinsschranken durch Aufhebung der Ich-Illusion. Das Überwinden dieser Illusion bedeutet nicht, dass seine Individualität zunichte gemacht wurde. Nur hat er sie nicht länger irrtümlich für den Kern seines Seins gehalten, sondern sie lediglich als ein Vehikel angesehen, als unverzichtbares Hilfsmittel, um sich der eigenen Universalität bewusst werden zu können, der Universalität des allumfassenden Geistes.

Von diesem Erlebnis höchster Wirklichkeit und Selbstverwirklichung zurückkehrend und zurückblickend, sah der

Erleuchtete die Welt in der (vom Standpunkt des gewöhnlichen Menschen) umgekehrten Perspektive, in der Perspektive der Anātman-Idee; und siehe da, diese scheinbar so substanzielle, fest gefügte, unentrinnbare Welt verflüchtigte sich in die wirbelnden Nebelmassen ewig kreisender, in jedem Augenblick werdender und entwerdender Formen. Die Übergangshaftigkeit dieser Daseinselemente (Dharmas), aus denen sich der Strom des Lebens und sämtlicher Phänomene zusammensetzt, macht hier eine Anwendung von Begriffen wie »Sein« und »Nichtsein« unmöglich.

> Die Welt, o Kaccāna, ist dem Dualismus hingegeben, dem »Es ist« und dem »Es ist nicht«. Wer jedoch, o Kaccāna, der Wirklichkeit gemäß (*yathabhūtam sammappaññāya*) erkennt, wie die Dinge in der Welt entstehen, für den gibt es kein »Es ist nicht« in dieser Welt. Und wer, o Kaccāna, der Wirklichkeit gemäß in Weisheit erkennt, wie die Dinge dieser Welt vergehen, für den gibt es kein »Es ist« in dieser Welt.[61]

Kategorien wie Sein und Nichtsein lassen sich nur auf »an sich« bestehende Dinge oder Substanzen anwenden, d. h. auf absolute Einheiten, wie sie uns in abstrakten Begriffen vorgetäuscht werden, nicht aber auf Wirkliches, Wirkendes. Denn kein Ding oder Wesen besteht »an sich« und »für sich«, sondern nur in Beziehung zu anderen Dingen, Erscheinungen oder Lebensformen, zu den bewussten und unbewussten Kräften des Universums. Begriffe wie »Identität« und »Nichtidentität« verlieren so ihre Bedeutung. Aus diesem Grund konnte der weise Nagasena dem König Milinda auf seine Frage, ob der Handelnde mit demjenigen, der die Frucht der Handlung erntet (sei es in diesem oder in einem folgenden Leben), identisch sei, antworten: »Na ca so, na ca añño« – »Er ist weder derselbe, noch ein anderer.«[62]

Der Buddha setzt also an die Stelle der Identität oder ihrer Negierung (beides Extreme des abstrakten Denkens) das abhängige Entstehen (*pratītya-samutpāda*). Dies war weit mehr als die Proklamation eines naturwissenschaftlichen Kausalgesetzes, wie oberflächliche Betrachter zur Bestätigung ihres eigenen seelenlos-mechanistischen Weltbildes behaupten. Eine solche Kausalität setzt eine rein zeitliche und unabänderbare Aufeinanderfolge voraus, einen mit Notwendigkeit erfolgenden, vorhersehbaren Ablauf.

Der *pratītya-samutpāda* erschöpft sich jedoch nicht in zeitlicher Abfolge, sondern kann ebenso als gleichzeitiges Zusammenwirken aller seiner Glieder aufgefasst werden, indem jedes von ihnen, unter einem bestimmten Aspekt betrachtet, die Gesamtsumme aller übrigen darstellt. Mit anderen Worten: Unter dem Gesichtspunkt der Zeit und des individuellen Lebenslaufs, d. h. vom weltlichen (relativen), nicht aber vom supramundanen Gesichtspunkt höchster Wahrheitserkenntnis (*paramārtha*), kann die Formel des abhängigen Entstehens als eine kausal interpretierbare Formel verstanden werden.

Die kausale Interpretation ist jedoch mehr eine Konzession an das populäre Verständnisvermögen, das eines konkreten, auf das menschliche Leben bezogenen Beispiels bedarf und keiner streng logischen oder wissenschaftlichen Formel. Daher finden wir selbst in den Pāli-Texten die Formel nicht einheitlich dargestellt, sondern öfters unter Auslassung mehrerer Glieder und unter Hinweis auf die Umkehrbarkeit der Reihenfolge gewisser Glieder. Dies beweist nicht einen Mangel an logischem

Denken, wie einige Kritiker annahmen, sondern nur, dass die Urheber dieser Formulierungen etwas ganz anderes demonstrieren wollten als nur eine zeitliche, mit mechanischer Notwendigkeit eintretende Aufeinanderfolge von Phänomenen. Ihnen kam es darauf an, die Nichtsubstanzialität und Relativität aller individuellen Erscheinungsformen zu demonstrieren. Keine von ihnen existiert ihrer eigenen Natur zufolge, unabhängig von allen übrigen. Deshalb werden sie als »leer« (*śūnyam*) bezeichnet: leer von jedweder Eigennatur, nichtabsolut.

Da kein erster Anfang irgendeines »Individuums« oder irgendeiner individuellen Erscheinungsform innerer oder äußerer Art gefunden werden kann, liegt einer jeden die Gesamtheit des Universums zugrunde. Um es vom Standpunkt der Zeit auszudrücken, könnten wir sagen, dass jedem dieser Phänomene und insbesondere jedem Individuum eine unendliche Vergangenheit zugrunde liegt und es somit auf unendlich vielen Beziehungen beruht, die nichts, was existiert oder existieren wird, ausschließen können. Alle Individuen (genauer gesagt, alle, die ein individuelles Dasein haben) haben somit das Universum zur Grundlage, und diese Universalität wird bewusst im Erlebnis der Erleuchtung, dem Erwachen des Individuums zu seinem wahren, allumfassenden Wesen, seiner allumfassenden Natur.

Um uns dieser allumfassenden Natur bewusst zu werden, müssen wir all unser begriffliches Denken und alle unterscheidende Wahrnehmung ablegen: Solch eine Leerheit (*śūnyatā*) ist kein negatives Attribut, sondern ein Zustand der Freiheit von Hindernissen und Begrenzungen, ein Zustand spontaner Empfänglichkeit, in dem wir uns für die allumfassende Realität einer höheren Dimension öffnen. Hier verwirklichen wir *śūnyatā*. *Śūnyatā*, der Zentralbe-

griff des Prajñāpāramitā-Sūtra, ist also keineswegs Ausdruck einer nihilistischen Weltanschauung, die jegliche Wirklichkeit leugnet, sondern die logische Konsequenz der Anātman-Lehre, der Lehre von der Nichtsubstanzialität. *Śūnyatā* ist das Leersein von allen begrifflichen Bestimmungen, die Anerkennung einer höheren, unaussprechbaren, undefinierbaren Realität, die nur im Zustand vollständiger Erleuchtung erlebt werden kann.
Während wir zum Verständnis der Relativität auch auf intellektuellem Wege kommen können, kann das Erlebnis jener Universalität und Ganzheit nur dann erreicht werden, wenn alles begriffliche Denken (*kalpana*), alles Wortdenken zur Ruhe gekommen ist. Zur Verwirklichung der Prajñāpāramitā-Lehren gelangen wir daher auf dem Pfad meditativer Praxis (*yogācāra*), durch eine Umwandlung unseres Bewusstseins. Meditation ist hier also nicht mehr ein Suchen nach gedanklichen Lösungen oder ein Analysieren weltlicher Phänomene mit weltlichen Mitteln – was lediglich darauf hinauslaufen würde, dass man sich im Kreis dreht –, sondern ein Heraustreten aus diesem Kreis, ein Brechen mit unseren Denkgewohnheiten, »um zum anderen Ufer zu gelangen« (wie es nicht nur im Prajñāpāramitā-Hridāya-Sūtra, sondern auch schon im Sutta-Nipāta heißt[63]), eine völlige geistige Umkehr und Umwandlung, eine »Umkehr im tiefsten Sitze unseres Bewusstseins«, wie es das Lankāvatāra-Sūtra nennt.[64]
Diese Umkehr bringt eine neue geistige Blickrichtung mit sich, ähnlich jener, die der Buddha bei seiner Rückkehr vom Baum der Erleuchtung erlebte. Sie eröffnet eine neue Dimension geistiger Erfahrung jenseits der Grenzen weltlichen Bewusstseins.
Die Erforschung jenes über die Grenzen individuellen Daseins hinausgehenden Bewusstseins ist das besondere

Verdienst der Vijñānavādins (die sich auch Yogācārin nannten), weil sie sich nicht mit einer theoretischen Forschung begnügen wollten, vielmehr die praktische Erfahrung für das einzig legitime Mittel der Erkenntnis hielten. Für sie ist nicht das Denken, sondern das Bewusstsein selbst die letzte Instanz der Wirklichkeit, und je tiefer wir in diese Wirklichkeit hinabsteigen, desto klarer enthüllt sie ihr Wesen, vor dem alle Worte umkehren müssen. Allenfalls in Negationen wie »Unendlichkeit«, »Zeitlosigkeit«, »Leerheit« und dergleichen kann noch jene Ungeheuerlichkeit des Erlebens angedeutet werden. So entdeckten die Vijñānavādins im universellen Urgrund allen Bewusstseins die Quelle aller Daseinsformen, ihres abhängigen Entstehens und ihrer Verwandlung; und ebenso entdeckten sie ihr Zur-Ruhe-Kommen im Zustand vollkommener Erleuchtung.

Wenn wir den übereinstimmenden Berichten aller frühen buddhistischen Schriften über die Erleuchtung des Buddha Glauben schenken wollen, so haben wir es hier zweifellos mit einem Erlebnis von einer derart umfassenden Universalität zu tun, dass in ihm alle Schranken des Raumes und der Zeit überwunden wurden und damit die Illusion von der Substanzialität unserer Sinnenwelt und einem eigenständig existierenden Ich.

Der chinesische Ch'an-Buddhismus und das japanische Zen sehen in dieser Erfahrung den realen Ausgangspunkt des Buddhismus, nicht bloß ein entferntes, mehr oder weniger theoretisches Ziel oder Ideal. Und so versuchen sie, zum eigentlichen Ursprung der buddhistischen Überlieferung zurückzukehren, indem sie besonderen Nachdruck auf die Spontaneität des menschlichen Geistes legen, der sich von demjenigen des Buddha im Wesentlichen nicht unterscheidet, sofern es uns denn gelingt, ihn aus dem

Gespinst der gedanklichen Gewohnheitsmuster und Vorurteile zu befreien. Nach ihrer Auffassung kommt es darauf an, dass wir Buchwissen durch unmittelbare Erfahrung, Gelehrsamkeit durch Intuition und den historischen Buddha durch den Buddha in uns ersetzen – indem wir die unserem Geist innewohnenden Potenziale wecken, die uns zur Verwirklichung der vollkommenen Erleuchtung führen werden. Es ist ein mutiger Versuch, der den Einsatz des ganzen Menschen fordert und auf den man sich mit seinem ganzen Sein vollständig einlassen muss, vorbehaltlos, ohne irgendetwas zurückzubehalten, woran unser Ego haften könnte. Es ist gleichsam ein geistiges Vabanque-Spiel, in dem man alles gewinnt oder alles verliert, denn auch nur um eine Haaresbreite vom Ziel entfernt zu bleiben ist so gut wie weltenweit von ihm entfernt zu sein. Die Ch'an-Praxis wird daher mit einem Sprung in den Abgrund verglichen, mit einem Loslassen aller gewöhnlichen oder gewohnten Vorstellungen und Vorurteile. Der Abgrund, der sich jenseits des engen Kreises unserer egozentrischen Vorstellungswelt auftut, ist die Weltentiefe des eigenen Bewusstseins. Um aber den Sprung in diese Tiefe zu wagen, bedarf es einer gewissen inneren Vorbereitung und eines geistigen Stimulus, der so stark ist, dass wir bereit sind, das Risiko einzugehen. Solange der Geist nicht reif genug ist, die eigene Tiefe zu ahnen oder sie zu erkennen, wird weder ein Drang, diese auszukundschaften, vorhanden sein noch Vertrauen in das Ergebnis, das aus diesem waghalsigen Unterfangen letztlich erwächst.

Hier benötigen wir Vertrauen in den Buddha als denjenigen, der diesen Weg selbst gegangen ist (das ist die Bedeutung des Wortes »Tathāgata«), ein Vertrauen, das seine Rechtfertigung findet in dem von Buddha erzielten

Durchbruch und dem Beispiel seines Lebens sowie der kontinuierlichen Wirkung, die er damit auf seine Nachfolger hatte. Jedoch, wenn wir nicht bereit sind, jenes Risiko auf uns zu nehmen, das der Buddha einging, als er seinen einsamen Weg zur Erleuchtung im Wald von Uruvela verfolgte, kann nichts gewonnen werden. Wer sich in seiner Unwissenheit oder seinem begrenzten Wissen wohlfühlt, wird keine Neigung hierzu verspüren: Entweder weil er den Punkt noch nicht erreicht hat, an dem das Problem beginnt, oder weil er dem schwachen Überbau seiner logischen Spekulation vertraut, unter dem er das Problem begraben hat. Der eine weiß noch nichts von der gähnenden Tiefe, der andere glaubt, dass er sie intellektuell überbrücken kann.

Der Nachfolger des Ch'an oder Zen weiß jedoch, dass alle logischen und philosophischen Lösungen und Definitionen begrenzt und einseitig sind, während die Wirklichkeit jenseits der sich widersprechenden oder einander ausschließenden Gegensatzpaare, der Bezugspunkte unserer zweidimensionalen Logik, liegt. Er bedient sich darum des Denkens nur als eines Mittels, um sich des Undenkbaren bewusst zu werden, um den problematischen Charakter der Welt und des Mysteriums seines eigenen Daseins zu erkennen. Aber er erwartet von seinem Denken keine Lösungen, die über die begrenzte Natur dieses Denkens hinausgehen. Er versucht darum, sich aller gedanklichen Assoziationen und Urteile zu enthalten, im Zustand rein kontemplativer Betrachtung zu verharren und die Dinge so zu sehen, als ob er sie zum ersten Mal erblicke, ohne vorgefertigte Meinung, frei von Abneigung oder Zuneigung.

Dann wird jedes Ding zum Wunder, zum Tor des großen Mysteriums, hinter dem sich die Fülle des ganzen Universums verbirgt und ebenso die »Große Leere«, die ja diese Fülle erst möglich macht und die uns dennoch ihrer Unbegreiflichkeit halber schreckt und unserem um seine Identität besorgten Ich-Bewusstsein als Abgrund erscheint. Wenn wir dieses ichbezogene, unterscheidende, urteilende und zerteilende Denken unseres Intellekts auch nur für einen Augenblick aufgeben könnten, so würde das wahre Wesen aller Dinge sich manifestieren »wie die Sonne, die durch den leeren Raum aufsteigt und das ganze Universum unbegrenzt und ungehindert erleuchtet«. Mit anderen Worten: Sobald wir die Tätigkeit dieses rastlosen Intellekts zum Schweigen bringen können, geben wir dem intuitiven Bewusstsein, dem reinen, allverbundenen Geist in uns, Gelegenheit, sich zu manifestieren. Nicht die Sinnestätigkeit oder die Wahrnehmung von Sinnesobjekten ist zu scheuen, sondern ihre falsche, egozentrische Beurteilung. Wir müssen verstehen, dass der wahre Geist, unser tieferes Bewusstsein, in diesen Wahrnehmungen und Sinnesaktivitäten zwar zum Ausdruck kommt, ohne jedoch von ihnen abhängig zu sein. Man sollte nicht von diesen Wahrnehmungen her urteilen, noch es zulassen, dass das Denken sich aus ihnen herleitet oder von ihnen leiten lässt. Dennoch sollte man zugleich davon absehen, sie in Verfolgung religiöser Ziele aufzugeben oder sich das universelle Bewusstsein als etwas von uns Getrenntes vorzustellen. (Aus diesem Grund hat der Buddha die Askese zugunsten einer Zügelung – jedoch nicht Unterdrückung – der Sinne verworfen.) An den Sinneswahrnehmungen sollte man weder anhaften, noch sie verleugnen, sondern unabhängig bleiben von allem, was über, unter oder um uns ist.

Es gibt keinen Ort, an dem man den Weg des Ch'an (des Dhyāna, der inneren Schauung) nicht beschreiten könnte.

Wir haben es hier also nicht mit einer die Sinne oder die Sinnenwelt verleugnenden Askese zu tun, sondern mit der Gewinnung eines tieferen, umfassenderen, seinem Wesen nach universellen Bewusstseins, das beide Seiten der Wirklichkeit umfasst: das Endliche und das Unendliche, Materielles und Geistiges, Form und Formloses, Vergängliches und Ewiges, Bedingtes und Unbedingtes.

Je mehr und je länger wir davon Abstand nehmen können, Dinge gewohnheitsmäßig zu sehen, desto tiefer werden wir uns ihrer unbegreiflichen, ihrem Wesen nach unbegrenzten Natur bewusst. Gewohnheit tötet jegliche Intuition, denn sie hindert uns an lebendiger Erfahrung, am unmittelbaren Erleben. Wenn unser Denken daher bis zur Problemstellung vorgedrungen ist, sollten wir es uns nicht erlauben, in intellektuellen »Lösungen« stecken zu bleiben, noch sollten wir es uns gestatten, Fakten, Zahlen, Beweisen und abstrakten Wahrheiten nachzujagen, die zwar unbestreitbar und unwiderlegbar sein mögen, für das Leben jedoch ohne Belang sind oder (wie im Fall der Wissenschaft) mehr Probleme hervorrufen, als sie lösen können. Wir sollten den Mut haben, bis zur Grenze des Denkbaren fortzuschreiten, wo Worte zum Paradox werden und Logik sich selbst *ad absurdum* führt.

In dem Augenblick, in dem wir, statt nach außen in eine vermeintliche Welt materieller Wirklichkeit zu blicken, unser inneres Auge öffnen, verschwindet diese Illusion, die uns so lange gefangen hielt, und mit einem Schlag werden wir der wahren Wirklichkeit inne. Dies ist der Grund, warum die Dhyāna-Schule von »plötzlicher Erleuchtung« spricht. Es ist eine Umkehr der Blickrichtung, eine Neuorientierung, die zu einer Neubewertung aller Werte führt. Dieses Sich-Öffnen des inneren Auges bringt es mit sich, dass die Welt der Sinneswahrnehmung ihre

Absolutheit und ihre vermeintliche Substanzialität verliert und den ihr zukommenden Rang in der Ordnung relativer und zeitlicher Phänomene einnimmt. Hier beginnt der Weg des Buddha, der Weg, welcher zur Verwirklichung der Buddhaschaft in uns selbst führt, wie er durch die großen Schulen der Meditation im Mahāyāna – wie Ch'an und Zen – dargestellt wurde.

Meditation war immer schon das Hauptrequisit der buddhistischen Lehre von der Befreiung. Doch je mehr die verschiedenen Techniken der Meditation, ihre psychologischen Definitionen, ihre metaphysischen und philosophischen Prinzipien erklärt, klassifiziert und in Kommentaren und Subkommentaren festgelegt wurden, desto mehr wurde die Praxis der Meditation vernachlässigt und erstickt unter theoretischen Diskussionen, moralischen Vorschriften und endlosen Rezitationen heiliger Texte. Die Reaktion war eine Revolte gegen heilige Schriften und Gelehrsamkeit und eine Rückkehr zu spontaner, unmittelbarer Erfahrung. Die Pedanterie des scholastischen Denkens und der intellektuellen Logik wurde durch die Waffe des Paradoxons beantwortet, das wie ein scharfes Schwert durch die Knoten künstlich geschaffener Probleme geht, mit der Geschwindigkeit eines Blitzes, der uns die wahre Natur der Dinge für einen Augenblick enthüllt. Das Paradox ist jedoch ein zweischneidiges Schwert. Wenn es zur Routine wird, zerstört es denselben Gegenstand, den es zu enthüllen half. Die Macht des Paradoxons, wie die eines scharfen Schwertes, liegt in seiner Unerwartetheit und der Geschwindigkeit, mit der es gehandhabt wird – sonst ist es nicht besser als das Messer in der Hand eines Schlächters.

Als Beispiel für den vollendeten Gebrauch des Paradoxes sei das Sūtra des Sechsten Patriarchen erwähnt. Es gelang ihm, die geistige Haltung des Ch'an in einer Weise zum Ausdruck zu bringen, die weder unseren »common sense« verletzt, noch die menschliche Vernunft zum Maß aller Dinge zu machen versucht. Der Leser dieser Schrift wird von Anfang an in die rechte Atmosphäre versetzt, die es ihm ermöglicht, von der Ebene des Alltagsbewusstseins zu einer höheren Bewusstseinsebene aufzusteigen. Die Figur des Sechsten Patriarchen beeindruckt uns durch eine natürliche Spontaneität, wie sie jedem menschlichen Wesen angeboren sein sollte. Mit ihr kann der unvoreingenommene Leser sich leicht identifizieren. So wird er fähig, innerlich an den Erlebnissen und Lehren des Sechsten Patriarchen teilzunehmen, dessen Leben zu einem Symbol des Ch'an-Buddhismus in seiner Blütezeit geworden ist.

Der von philosophischen Problemen unbeschwerte Geist des jungen Novizen aus Kwang-tung drang unmittelbar in das Zentrum allen geistigen Strebens vor: das Erlebnis der Buddhaschaft. Und diese ist nicht von Klosterregeln und Gelehrsamkeit, von Tugendhaftigkeit und Askese, von Buchwissen und der Rezitation heiliger Texte abhängig, sondern einzig und allein von der Verwirklichung des lebendigen Geistes in uns.

Der Sechste Patriarch kam zur spontanen Erleuchtung ohne Studium und Buchwissen, aber dennoch auch nicht ohne Berührung mit der durch Bücher und Volkslegenden vermittelten Tradition. Die Rezitation des Diamant-Sūtra war es, die sein Interesse weckte und sein geistiges Auge öffnete. Formulierungen dieser Art sind also wesentliche Erweckungsmittel. Das spontane Erlebnis erwies sich somit als Produkt einer geheiligten Tradition und unmittelbarer individueller Erfassung eines in dieser Tradition enthaltenen übergedanklichen Inhalts, festgehalten in Formulierungen, die den Geist über den eng begrenzten Umkreis weltlicher Logik hinausführen. Stößt ein empfänglicher und empfindsamer Geist unerwartet auf solche Symbole und Formulierungen, öffnen sich unversehens die Pforten der inneren Wahrnehmung und das Individuum wird in die Lage versetzt, sich mit der in diesen geheimnisvollen Formulierungen und Symbolen enthaltenen übergedanklichen Wirklichkeit zu identifizieren.

Der Sechste Patriarch entstammte einer guten, aber verarmten Familie Kwang-tungs. Eines Tages, als er Brennholz auf dem Markt von Kanton verkaufte, hörte er eine Rezitation des Diamant-Sūtra, die ihm zu einem so tiefen Erlebnis wurde, dass er beschloss, als Novize in das Kloster einzutreten, in dem der Fünfte Patriarch der Ch'an-Schule damals Abt war. Aber viele Monate lang wurden ihm nur die niedrigsten Arbeiten in Stall und Küche zugewiesen.

Eines Tages versammelte der Abt all seine Schüler, um einen Nachfolger zu erwählen, und forderte sie auf, einen Vers über die innerste Natur des Geistes zu schreiben. Aber niemand wagte dies zu tun, mit Ausnahme des gelehrten Shin-shau, in dem jeder schon den Nachfolger des Fünften Patriarchen sah. Er schrieb seinen Vers auf die Wand eines Wandelganges, in der Absicht, das Urteil des Lehrers abzuwarten und erst dann vorzutreten, wenn der Patriarch mit seinem Vers einverstanden war. Der Patriarch jedoch, obwohl er die Stanze lobte, bat Shin-shau, über sie einige Tage zu meditieren und dann eine andere Stanze zu schreiben, aus der ersichtlich würde, dass ihr Autor durch »das Tor der Erleuchtung« geschritten sei – mit anderen Worten, dass er wirklich erlebt hatte, was er schrieb.

Zwei Tage später geschah es, dass ein junger Mann an dem Raum, in dem der junge Novize aus Kwang-tung Reis schälte, vorbeiging und die Stanze des Shin-shau laut aufsagte. Der Novize begab sich darauf in den Korridor, an dessen Wand Shin-shau seine Stanze geschrieben hatte, und bat einen Besucher, der gerade zugegen war, ihm den Vers vorzulesen, da er selbst weder lesen noch schreiben könne. Nachdem der Besucher das getan hatte, sagte ihm der Novize, auch er habe sich eine Stanze ausgedacht, und bat ihn, sie unter die Zeilen des Shin-shau zu schreiben.

Als die anderen Mönche die neue Stanze sahen, waren sie von Erstaunen erfüllt und sagten zueinander: »Wie war es möglich, dass wir einen so erleuchteten Menschen für uns arbeiten ließen?« Der Abt aber, der befürchtete, dass einige Neider dem Novizen schaden könnten, wenn sie wüssten, dass er zu seinem Nachfolger auserkoren sei, wischte mit einer Strohsandale die Stanze weg und ließ des Nachts den jungen Mann zu sich kommen. Als alle im Kloster in tiefen Schlaf versunken waren, überreichte er dem Novizen die Insignien seines künftigen Amts und ernannte ihn zum Sechsten Patriarchen. Anschließend bat ihn der Fünfte Patriarch, das Kloster sogleich zu verlassen und erst nach seinem Ableben zurückzukehren. Der Novize tat, wie ihm geheißen wurde, und als er später mit den Roben, die ihn als Amtsinhaber auswiesen, ins Kloster zurückkehrte, wurde er als der Sechste Patriarch anerkannt.

Lassen Sie uns die Zeilen des Shin-Shau und diejenigen des Sechsten Patriarchen betrachten, denn ihre Gegenüberstellung gibt uns blitzartig einen wertvollen Einblick in die geistige Haltung der Ch'an-Schule. Der Vers des Shin-Shau lautete:

Unser Körper gleicht einem Bodhi-Baum,
unser Geist einem klaren Spiegel;
von Stunde zu Stunde muss er gereinigt werden,
sodass kein Staub auf ihm haften kann.[65]

Dieser Vers zeigt nicht nur eine pedantische Besorgtheit, die Reinheit des »inneren Spiegels« (des – in jedem Fall jenseits von »Reinheit« und »Unreinheit« befindlichen – ursprünglichen Geistes) zu wahren, vor allem zeigt er, dass der Autor nicht aus eigener Erfahrung spricht, sondern als gelehrter Literat. Denn dieser Vers stützt sich auf den Ausspruch in der Shvetāshvatara-Upanishad, in dem es heißt:

Gleichwie ein Spiegel, der mit Staub bedeckt war,
wie Feuerschein erglänzt, wenn er gereinigt,
so wird nur, wer erkannt der Seele Wesen,
des Zieles teilhaftig und befreit vom Kummer.[66]

Shin-shau hat also lediglich den Standpunkt der Upanischaden wiederholt, ohne selbst zur Wirklichkeit des ursprünglichen Geistes vorgedrungen zu sein, während der junge Novize, als er in einem Akt unmittelbarer Wahrnehmung die Quintessenz des Diamant-Sūtra erfasste, die wahre Natur des Geistes erfahren hat. Das zeigt sich an seiner Stanze, die zugleich derjenigen des Shin-shau die buddhistische Auffassung gemäß dem Verständnis der Ch'an-Meister entgegensetzt:

Da gibt es keinen Bodhi-Baum,
noch ist der Geist ein bloßer Spiegel.
Wo könnte sich,
da alles leer ist, Staub ansammeln?[67]

Der als der »Buddha-Geist« verwirklichte ursprüngliche Geist oder das Prinzip der *bodhi*, das latent jedem Bewusstsein zugrunde liegt, ist nicht nur ein Reflex des Universums – etwas, in dem sich das Universum »widerspiegelt« –, sondern es ist selbst die universelle Wirklichkeit, die dem begrenzten Verstand nur als eine Art metaphysische Leere, als Abwesenheit aller Bestimmungen und Begrenzungen, erscheinen kann. *Bodhi* ist daher nicht etwas Entstandenes wie ein Baum; noch ist der Geist ein bloßer Spiegel (ein Sekundäres), der die Wirklichkeit nur aus zweiter Hand wiedergibt. Da er selbst die allumfassende Leere (*śūnyatā*) ist, wo könnte sich da Staub ansammeln?
»Wir sagen, dass die Essenz des Geistes groß ist, weil sie alle Dinge umfasst, denn alle Dinge sind unserer Natur.«
Es handelt sich also nicht darum, unseren Geist zu verbessern und zu reinigen, sondern uns seiner Ganzheit bewusst zu werden. Was wir verbessern können, ist nur unser Intellekt, unser beschränktes individuelles Bewusstsein. Das aber führt uns nicht über seine Beschränktheit hinaus, denn wir bleiben in dem fest umgrenzten Kreis der ihm eigenen Gesetze (von Zeit und Raum, Logik, Kausalität und so weiter). Erst der Sprung über seine Grenze, das Aufgeben all der Inhalte, die uns an diese Gesetze fesseln, kann uns zum Ganzheitserlebnis, zur Verwirklichung der wahren Natur des Geistes und somit zur Erleuchtung führen.
Die wahre Natur unseres Geistes umfasst alles Lebende. Das Bodhisattva-Gelübde, alle lebenden Wesen zu befreien, ist daher nicht aus der Anmaßung geboren, dass ein sterblicher Mensch sich zum persönlichen Retter aller Wesen oder zum Erlöser der ganzen Welt aufschwingen solle, sondern aus der Erkenntnis, dass wir nur im Zustand der Erleuchtung alle Wesen umfassen und mit allem,

was da lebt, eins werden können. In diesem Akt der Einswerdung befreien wir uns und wirken auf die Befreiung aller Wesen hin, die potenziell in der Natur des Geistes gegenwärtig, in einem tiefsten Sinn Teil von ihr sind. Dies ist der Grund, warum im Mahāyāna die bloße Befreiung vom eigenen Leid, das bloße Erlöschen des Lebenswillens und der Begierden als ungenügend betrachtet und die vollkommene Erleuchtung (*samyak-sambodhi*) als das einzige einem Menschen, der dem Weg des Buddha folgt, angemessene Ziel angestrebt wird. Solange wir die Welt verachten und ihr zu entfliehen suchen, haben wir sie nicht überwunden oder gar gemeistert und sind weit entfernt von der Befreiung. Darum heißt es: »Diese Welt ist die Buddha-Welt, in der Erleuchtung gefunden werden kann. Erleuchtung zu suchen durch Trennung ist ebenso töricht, wie nach dem Horn eines Hasen zu suchen.« Denn: »Wer den Pfad der Welt ernstlich wandert, wird nicht die Fehler der Welt sehen.«

In gleicher Weise sollten wir auch nicht glauben, dass wir durch Unterdrückung des Denkens oder unserer intellektuellen Fähigkeiten zur Erleuchtung kommen. »Es ist ein großer Fehler, alles Denken zu unterdrücken«, sagt Wai-Lang, der Sechste Patriarch.[68] Ch'an ist der Weg, die Begrenzungen unserer intellektuellen Haltung zu überwinden. Aber zunächst einmal müssen wir unseren Intellekt, unsere Denkfähigkeit und unser Unterscheidungsvermögen entwickelt haben, bevor wir Ch'an würdigen können. Wir können nicht einen Intellekt überwinden oder über ihn hinausgehen, wenn wir nie einen solchen besessen, ihn nie weiterentwickelt und gemeistert haben. Denn nur was wir gemeistert haben, haben wir uns wirklich zu eigen gemacht. Auch ist der Intellekt ebenso notwendig für die Überwindung bloßer Emotionalität und der Un-

klarheit und Verworrenheit, wie Intuition notwendig ist zur Überwindung der Begrenzungen des Intellekts und seiner Unterscheidungen.
Vernunft, die höchste Eigenschaft des Intellekts, ist das, was unser zweckgebundenes Denken leitet. Zwecke aber sind begrenzt. Vernunft kann daher nur im Begrenzten wirksam werden. Weisheit (*prajñā*) allein vermag das Unbegrenzte, das Zeitlose und Unendliche anzunehmen und intuitiv zu erfassen, im Verzicht auf Erklärungen und in Anerkennung des Mysteriums, das nur erahnt, erlebt und im Leben verwirklicht – nie aber definiert werden kann. Weisheit wurzelt im Erleben, in tiefinnerer Erfahrung. Vernunft ist im Denken begründet. Dennoch wird Weisheit weder Denken noch Vernunft verachten, sondern sich ihrer bedienen, wo sie angebracht sind: nämlich um im Bereich zweckmäßigen Handelns und im Bereich der Wissenschaft die verschiedenen Erfahrungsinhalte – Sinneseindrücke, Wahrnehmungen, Empfindungen und Emotionen – zu einem sinnvollen Ganzen zu ordnen.
Hier kommt die schöpferische Seite unseres Denkens zum Tragen, die aus dem Rohmaterial der Erfahrung eine verständliche Welt gestaltet. Wie groß oder wie klein diese Welt ist, hängt von der Kreativität des individuellen Geistes ab. Der kleine Geist wird in der Welt seiner Bedürfnisse und Wünsche leben, der große Geist in einem unendlichen Universum und im dauernden Bewusstsein des unergründlichen Mysteriums, das seinem Leben Tiefe und Weite gibt und ihn daran hindert, seine Sinnenwelt für letzte und höchste Wirklichkeit zu halten. Derjenige aber, der bis zu den Grenzen des Denkens vorgedrungen ist, wagt den Sprung in die Große Leere, in den unermesslichen Urgrund des eigenen Seins.

Kapitel 2

Der Willensakt und seine Rolle in der Meditationspraxis

Die Welt stecke in einer »Energie- und Machtkrise«, heißt es. Nur wenige Menschen sind sich allerdings darüber im Klaren, dass es sich hierbei nicht nur um ein wirtschaftliches Problem handelt, diese Aussage vielmehr in einem wesentlich weiter und tiefer gehenden Sinn Gültigkeit hat. Energie ist zu einer Obsession der Menschheit geworden wie auch zu einem selbstzerstörerischen Prinzip. Mit der Folge, dass man psychologisch gegen die eigentliche Quelle aller Energie, Kraft und Macht aufbegehrt: gegen den menschlichen Intellekt und den menschlichen Willen. Beide haben eine Situation herbeigeführt, in welcher der Mensch sich nicht nur zum Herrn über die Kräfte der Natur aufgeschwungen, sondern sie auch missbraucht hat – möglicherweise mit der Konsequenz, dass die Ökologie unseres Planeten allmählich zerstört und das Menschengeschlecht vernichtet wird.

Das psychologische Aufbegehren hat eine zweifache Form angenommen: entweder die des Bestrebens, sich dem Anspruch des Intellekts und eines verantwortlichen Handelns zu entziehen, oder aber diejenige, ihn mitsamt seinen in Begierde verstrickten Willensäußerungen zu überwinden, indem man sich von der äußeren Welt abwendet und versucht, sich in Meditationspraktiken zu flüchten. Dabei werden unterbewusste und unbewusste Kräfte geweckt, ohne dass man jedoch von ihrer

Beschaffenheit ein klares Verständnis gewonnen hat oder sie zu integrieren vermag.

Unter solchen Voraussetzungen nimmt es nicht wunder, dass der menschliche Wille in Misskredit geraten ist. Der Wille wird weithin gleichgesetzt mit dem Begriff der Macht, insbesondere mit egoistisch ausgeübter Macht, die entweder auf Kosten der Verbundenheit des Individuums mit dem Universum geht oder sich als repressive, bestimmte Eigenschaften der menschlichen Natur unterdrückende Kraft äußert. Aufgrund dieser falschen Einschätzung hat man dem menschlichen Willen in der modernen Populärpsychologie einen immer geringeren Stellenwert zugeordnet. Mehr und mehr wurde der Eindruck hervorgerufen, der Mensch sei lediglich ein Produkt biologischer Triebe, Bedürfnisse und Zwänge, bestimmt und konditioniert durch Kräfte und Umstände, die sich der Kontrolle des Individuums entziehen.

In solch einer Zeit ist es gut, durch Dr. Roberto Assagiolis Buch *Die Schulung des Willens* daran erinnert zu werden, dass ungeachtet all dieser unterbewussten Triebe und bedingten Reflexe die Rolle des bewussten Willens von entscheidender Bedeutung ist, und zwar nicht nur für das intellektuelle Leben des Individuums, sondern erst recht für die Verwirklichung seiner geistigen Bestrebungen und schöpferischen Möglichkeiten. Der Wille gibt die Grundlage ab für unser Selbstverantwortungsbewusstsein, und das heißt: die Grundlage für all die ethischen Werte, ohne die ein menschliches Dasein undenkbar ist. Ja, ohne ihn würde die menschliche Existenz bedeutungslos werden. Er bildet die Basis für alles religiöse Denken und alle religiöse Erfahrung.

Das gegenwärtige Missverständnis in Bezug auf die Natur und die Funktion des Willens hat sich lediglich aus jenem

Willensbegriff ergeben, der den Willen einschränkt auf »etwas Strenges und Verbietendes, das verurteilt und die meisten anderen Aspekte der menschlichen Natur unterdrückt«[69]. Denn von den unterscheidenden und steuernden Funktionen des Bewusstseins darf der Wille nicht getrennt werden. Trennen wir aber diese Funktionen sprachlich und in der Vorstellung voneinander, so kreieren wir ein Problem, das eigentlich gar nicht existiert. Ohne unterscheidendes Bewusstsein bekundet sich kein Wille. Ein differenzierendes und zielgerichtetes Bewusstsein ist die unerlässliche Vorbedingung dafür. Erst sie ermöglicht es, die steuernde Kraft des Willens hervorzubringen. Im Unterschied zu jenen unbewussten und unterbewussten Trieben ist dieser daher keine biologische, sondern eine psychische Kraft.

Assagioli drückt das folgendermaßen aus: »Der Wille hat eine *leitende* und *regulierende* Funktion – er gleicht aus und benutzt auf konstruktive Weise alle anderen Aktivitäten und Energien des Menschen, ohne eine von ihnen zu unterdrücken.« Die Funktion des Willens vergleicht Assagioli mit dem Steuermann eines Schiffes: »Er weiß, welchen Kurs das Schiff nehmen soll, und trotz der von Wind und Wellen verursachten Strömungen hält er es ständig auf Kurs. Aber die Kraft, die er für das Drehen des Steuerrades braucht, unterscheidet sich vollkommen von der zur Fortbewegung des Schiffes benötigten Kraft – gleichgültig, ob diese durch Maschinen, den Vortrieb der auf das Segel drückenden Winde oder die Anstrengung von Ruderern hervorgerufen wird.«[70]

Wind, Strömungen und andere Kräfte stehen hier in Entsprechung zu den biologischen Trieben, den Umwelteinflüssen und universellen Kräften, durch die das Individuum *konditioniert*, jedoch *nicht* vollständig oder ausschließlich *determiniert* wird. Hier kommt das Prinzip des »freien Willens« zum Tragen, in Form von *Wissen*, das uns die Wahl zwischen einer richtigen und einer falschen Entscheidung, zwischen einer günstigeren und einer weniger günstigen beziehungsweise zwischen zwei gleichermaßen annehmbaren Alternativen eröffnet. Die Handlungen des Steuermanns (des bewussten Individuums) werden also veranlasst durch das *Wissen* um »den Kurs, den das Schiff nehmen soll«, sie stehen in Abhängigkeit vom gewählten Bestimmungsort oder Ziel.

Mit anderen Worten: Wie unser Wille beschaffen ist, hängt von der Stufe unseres Verständnisses beziehungsweise Wissens ab. Solange ein Mensch sich als unabhängiges oder eigenständiges »Ego« begreift, ist sein Wille egozentrisch bestimmt und beschränkt. In dem Moment jedoch, in dem er sich selbst als in einer vollkommenen Beziehung und Harmonie zu seinem Umfeld und den anderen Lebewesen stehend begreift, gewinnt sein Wille eine transpersonale Qualität.

Wenn einem Individuum klar wird, dass in ihm das Universum in seiner Ganzheit enthalten ist, wird sein Wille zum Ausdruck jenes universellen Gesetzes, das in der indischen Philosophie »Dharma« genannt wird und sich im menschlichen Herzen (dem innersten Wesenskern des Menschen) als die Verwirklichung des höchsten Geisteszustands manifestiert, als Verwirklichung des universellen Bewusstseins. Der Energie- und Machtaspekt – der Wille, zu beherrschen, zu kontrollieren, zu unterdrücken oder sich zu widersetzen – verschwindet hier und macht einem Zustand tiefer Harmonie Platz.

Zu einem angemessenen Verständnis des Willens gehört also eine klare und ausgewogene Sicht seiner Doppelnatur: Er umfasst zwei verschiedene, aber nicht in Widerspruch zueinander stehende Pole. Einerseits muss das »Kraftelement« erkannt, wertgeschätzt, nötigenfalls gestärkt und dann weise angewandt werden. Zugleich kommt es darauf an, zu begreifen, dass es gewollte Handlungen gibt, die nicht notwendigerweise eine Anstrengung erfordern.

In den fortgeschritteneren Stadien von Meditation und Kontemplation treten beispielsweise die Kraft der Inspiration und diejenigen Kräfte, die durch die Meditation selbst in Gang gesetzt werden, zunehmend an die Stelle der begrifflich geprägten und zielgerichteten Motivationen, die in den Anfangsstadien der Meditationspraxis zu Recht eine wichtige Rolle spielen. In diesen höheren Stadien wird der persönliche Wille mühelos wirksam. Denn »der Wollende ist«, erklärt Assagioli, »so mit dem transpersonalen – oder auf einer noch höheren, umfassenderen Stufe mit dem universalen – Willen identifiziert, dass seine Handlungen in freier Spontaneität vollzogen werden. In diesem Zustand erlebt er sich als bereitwilligen Kanal, in den und durch den die kraftvoll ihre Wirkung entfaltenden Energien des Universums strömen.«[71]

Der Begriff »Wille« erhält demnach auf unterschiedlichen Bewusstseinsebenen jeweils eine andere Bedeutung. Folgerichtig unterscheidet Assagioli zwischen den unterschiedlichen Aspekten des menschlichen Willens. Diese bezeichnet er als den »starken Willen« (in dem wir den Willen als dynamische Kraft erfahren), den »zweckdienlichen Willen« (in dem wir die Fähigkeit erkennen, »erwünschte Resultate mit möglichst geringem Energieaufwand zu erzielen«), den »guten Willen« (der zweckdienliche Mittel für altruistische Zwecke einsetzt), den »transpersonalen Willen« (den Drang, einen Lebenssinn zu finden, den Drang zu höherer Verwirklichung [Sanskrit: *dharma chanda*]) und schließlich den »universellen Willen« (in dem der menschliche Wille sich in vollkommenem Einklang mit dem universellen Gesetz [Dharma] befindet).

Vor dem Hintergrund dieser unterschiedlichen Aspekte, die der Wille auf verschiedenen Stufen aufweist, können wir auch ein bei der Definition der Meditation und in der meditativen Praxis immer wieder auftretendes Problem lösen. Der einen Auffassung zufolge erfordere Meditation Willenskraft, da sie ja intentional, zielgerichtet und in geistiger Sammlung ausgeübt werde; die andere Auffassung dagegen besagt, Meditation sei ein Zustand vollkommener Freiheit von Gedanken, Begriffen, Ideen, Willensregungen, Bestrebungen oder Zielen, ohne Unterscheidung, Bewertung oder irgendeine intellektuelle Haltung, lediglich ein Zustand reiner Bewusstheit, Versenkung, eines schieren »Seins«.

Lassen Sie mich zur Veranschaulichung ein paar Sätze aus einer kürzlich unter dem Titel »Kontemplation« erschienenen Abhandlung von Alan Watts zitieren:

> Du – als jenes »Ich« verstanden – kannst zu polarer Schau oder kosmischem Bewusstsein nicht gelangen. Es kann plötzlich in dir durchbrechen, wie durch göttliche Gnade – aber es gibt nichts, einfach gar nichts, das du tun oder nicht tun könntest, um es hervorzubringen. …
>
> Wenn das verstanden wurde, wird das Bemühen, den Geist umzuformen, in sich selbst zusammenbrechen – und damit zugleich die gesamte Illusion, ein eigenständiges Bewusstseinszentrum zu sein, dem Erlebnisse widerfahren und für das diese Geschehnisse problematisch sind. Dieser Zusammenbruch

aber wird dann zum Zustand der Versenkung, der Einsicht, dass alles eins ist.[72]

Wenn wir den Ratschlag des Buddha beherzigen, im Denken wie im Leben Extreme zu vermeiden (ein Ratschlag, dessen Wert sich im Lauf der Jahrtausende erwiesen hat und der für unsere Zeit genauso Gültigkeit hat wie für vergangene Zeiten), dann sollten wir erkennen, dass der Gedanke, uns von dem Universum, in dem wir leben, zu unterscheiden, das eine Extrem darstellt, während der Gedanke, mit dem Universum eins zu sein, für das andere Extrem steht.

Was aber entspricht einer wirklichkeitsgerechten Sicht der Dinge? – Weder sind wir und das Universum ein und dasselbe, noch sind wir von ihm verschieden (ganz so, wie wir in einem ähnlichen Sinn mit der Person, die wir gestern – oder in unserer Kindheit – waren, weder identisch noch von ihr verschieden sind), weil wir keine getrennten oder unwandelbaren Einheiten oder Monaden sind, sondern das Produkt unendlich vieler, wechselseitig aufeinander bezogener Ursachen und Bedingungen, die in ihrer Ganzheit oder Gesamtheit dem Ganzen des Universums gleichkommen. Das Individuum kann man mit einem Strudel in einem dahinfließenden Strom vergleichen: untrennbar von ihm, aber trotzdem nicht dasselbe wie er. Es hat denselben Ursprung, dennoch eine andere Erscheinungsform; durch die unverwechselbare Eigenbewegung ein Zentrum hervorbringend bleibt es nichtsdestoweniger Bestandteil des schöpferischen (universellen) Stroms.

In der Einleitung zu seinen Ausführungen bringt Watts diese Sicht sehr schön zum Ausdruck: »Das Individuum gleicht einer Öffnung, durch welche die ganze Energie des Universums ihrer selbst gewahr wird, einem Wirbel von Vibrationen, in dem sich das Universum selbst erkennt als Mensch oder als Tier, als Blume oder als Stern – doch nicht vereinzelt, sondern als Mitte all dessen, was es umgibt.«[73]

Wie viel näher kommt solch eine symbolische und poetische Sprache doch der Realität als alle nur logisch konstruierten Theorien! Entspricht nicht der Hohlraum (die Leerheit) im Zentrum des Wirbels genau jener »Öffnung«, durch die das Individuum in die Lage versetzt wird, das vorzüglichste Gefäß zu sein, in dem das Universum sich seiner selbst bewusst wird?

In einer solchen Vorstellung liegt die Rechtfertigung individuellen Seins, und sie zeigt die Bedeutung des Individuums als Gegenpol des Universums und damit auch die Untrennbarkeit der beiden Pole. Der vedische Standpunkt der absoluten Einheit, der allein dem universellen Pol Realität zubilligen mag, indem er den individuellen Pol zu einem Zustand schierer Illusion degradiert, verurteilt das individuelle Leben zur Bedeutungslosigkeit und damit gleichermaßen jedes auf Selbstverwirklichung zielende Bestreben. Aber die Behauptung, dass »alles eins ist«, schafft keineswegs die Tatsache aus der Welt, dass Einheit ohne Andersheit, Einheit ohne Vielfalt bedeutungslos ist und Vielfalt aus einer unaufhörlich sich immer weiter fortsetzenden Polarität erwächst.

Wirklichkeit ist daher nicht in dem abstrakten Begriff einer undifferenzierten Einheit oder Selbstidentität zu finden. Vielmehr setzt sie die Anerkennung schöpferischer Polarität voraus, in der die Spannung zwischen dem positiven und dem negativen Pol den vereinigenden Lebens- und Bewusstseinsfunken entstehen lässt, in dem allein Einheit *erfahren* werden kann. Was wir als »Realität« bezeichnen, sollte daher besser »Wirklichkeit« genannt werden. Denn nur was auf uns, an uns und durch uns *wirkt*, kann erfahren werden; was hingegen nicht erfahrbar ist, existiert bloß als Begriff.

Darum ist der Standpunkt »Alles ist eins« genauso einseitig wie »Alles ist voneinander verschieden«. In beiden Fällen haben wir es mit einem begrifflichen Extrem zu tun. Das eine stellt den Wert der Individualität und der individuellen Bestrebung in Abrede (oder setzt diese herab), das andere Extrem bestreitet dagegen die dem Individuum innewohnende Universalität, während es zugleich die Bedeutung seiner Willenskraft überschätzt. Der erste Standpunkt hält sämtliche meditativen Schulungstechniken für überflüssig, wenn nicht gar für absurd, und überlässt das Individuum dem Wirken der »göttlichen Gnade« oder der Spontaneität der Intuition. Der zweite Standpunkt stützt sich zu sehr auf schiere Kraft, auf routinemäßige Schulung und persönliche Errungenschaften, während er durch seine Willkürlichkeit die spontanen Kräfte intuitiver Einsicht unterdrückt.

Der Mittlere Weg (wie der Buddha ihn uns nahelegt und ihn auch der Ansatz Assagiolis befürwortet) scheint mir auch hier die beste Methode auf dem Weg zur Verwirklichung zu sein. Als Ausgangspunkt für die Meditation macht er sich das menschliche Streben und Bemühen ebenso wie den menschlichen Intellekt (in Form von klarem Denken und auf hohe Ziele ausgerichteten Ambitionen) zunutze. Die Erleuchtung des Buddha war, wie Assagioli betont, »das Ergebnis und der Lohn seines *willentlichen* Strebens«. Und bei D. T. Suzuki heißt es: »Erleuchtung muss daher den *Willen ebenso wie den Intellekt* mit einschließen. Sie ist ein aus dem Willen geborener Akt der Intuition.«

Es ist klar, dass dieser »Wille« nicht der Ich-motivierte Wille des gewöhnlichen selbstsüchtigen Individuums ist, sondern das, was Assagioli als den »transpersonalen Willen« bezeichnen würde. Mit anderen Worten: als den, über alle engstirnigen Ziele und Zwecke hinausgeführten, zu einer Kraft sublimierten und transformierten Willen, der über die individuellen Beschränkungen hinausreicht und das Individuum letztlich zu »einem bereitwilligen Kanal« macht, »in den und durch den die kraftvoll ihre Wirkung entfaltenden Energien des Universums strömen.«

Solange das Individuum diesen Kanal durch seinen Ich-bestimmten Willen, durch seine Illusion des Getrenntseins oder aber dadurch blockiert, dass es dieser potenziellen Energiequellen einfach nicht gewahr ist, kann es keinen Gebrauch davon machen. Meditationspraktiken dienen deshalb nur diesem einen Zweck: das Gewahrsein der oder des Meditierenden zu wecken, es zu entwickeln und zu stärken, die dem freien Fluss der kreativen und Leben spendenden Energien im Weg stehenden Hindernisse zu beseitigen, den Geist für die unendlichen Erfahrungsmöglichkeiten zu öffnen und ihn zu einem Werkzeug zu machen, das befähigt ist, diese Erfahrungen in den praktischen Daseinsvollzug, das wirkliche Leben, zu integrieren.

Auch das größte Genie – sei es ein Musiker, ein Dichter, ein Maler oder Bildhauer, ein großer Philosoph oder ein Naturwissenschaftler – ist darauf angewiesen, die Empfänglichkeitsorgane und das Medium der schöpferischen Betätigung vorzubereiten und sie schließlich, ebenso wie die Gesetzmäßigkeiten, denen dieses Medium unterliegt, zu meistern. Den bewussten Willen einzusetzen, sich um eine klare Ausrichtung zu bemühen und konzentriert zu sein, all dies bildet also für Spontaneität und Intuition

kein Hindernis. Vielmehr dient es dazu, den Boden zu bereiten, damit die betreffende Person die intuitive Erfahrung und spontane Einsicht in die Natur der Wirklichkeit in sich aufnehmen und integrieren kann.
Meditative Schulung verfolgt daher keinen anderen Zweck, als uns in eine empfängliche Haltung zu versetzen, unsere Sensibilität zu stärken, uns zu einem »bereitwilligen Kanal« für die Kräfte der Inspiration zu machen. Inspiration verflüchtigt sich hingegen in Empfindungen von Erhabenheit und Freiheit, die nur vorübergehender Natur sind, oder in schiere Emotionalität, sofern sie nicht durch jenen schöpferischen Akt, der ihr Gestalt und Ausdruck verleiht, in unser Dasein integriert worden ist. Denn keine Kraft kann wirksam werden, es sei denn, sie ist gestaltet und zielgerichtet. Hierin liegt die Kraft der Kunst: in der Kraft des klaren Denkens, der tiefgründigen Schau, der Verwirklichung einer neuen Bewusstseinsdimension, die unsere Lebenseinstellung verändert und uns Orientierung gibt, indem sie dem Leben eine tiefere Bedeutung verleiht. Ohne den schöpferischen Akt des transpersonalen Willens haben weder durch Drogen herbeigeführte Visionen (bei denen es sich nicht um eine Bewusstseinserweiterung handelt, sondern um eine verworrene Umsetzung der über das Nervensystem übermittelten Botschaften) noch autohypnotische Trancezustände, hervorgerufen von fehlgeleiteten meditativen Praktiken, einen spirituellen Wert, sondern sind lediglich Versuche, den Realitäten des Lebens zu entfliehen.
Eine weitere Möglichkeit, sich der Wirklichkeit zu entziehen, besteht in dem Versuch, der Realität »durch die Rückkehr in einen primitiven Bewusstseinszustand zu entfliehen, in einen vorgeburtlichen Zustand, in die ›Mutter‹ zurückzukehren, sich im kollektiven Leben zu verlieren.

Das ist der Weg der Regression. Die andere Möglichkeit ist der oben erwähnte Weg der Transzendenz, ein ›Übersteigen‹ des gewöhnlichen Bewusstseins. Es kommt also darauf an, dass wir uns den Anforderungen, mit denen wir konfrontiert werden, wenn wir die Beschränkungen des persönlichen Bewusstseins übersteigen, mutig und bereitwillig stellen, ohne dass uns das Zentrum der individuellen Bewusstheit verloren geht. Das ist möglich, weil Individualität und Universalität einander nicht ausschließen.«[74]

Beide in der letztendlichen Verwirklichung des menschlichen Geistes im Erleuchtungszustand zu vereinen ist das Ziel nicht nur von Assagiolis *Psychosynthese*, sondern ebenso das Ziel aller schöpferischen Meditation, und das bedeutet, eine Geisteshaltung, die sich den Problemen des Lebens nicht zu entziehen, sondern sie zu lösen versucht. Die Psychoanalyse kann ein wertvolles Werkzeug zur Erkundung des menschlichen Geistes sein. Solange sich keine Synthese daran anschließt, ist ihr therapeutischer Effekt allerdings nur von begrenztem Wert.

Aus diesem Grund hat Assagiolis Psychosynthese eine besondere Bedeutung für unsere Zeit, in der die analytische Haltung eines alles zergliedernden und unterscheidenden Intellekts zu einer Auflösung oder Herabsetzung der schöpferischen Bestrebungen führen kann, sofern wir nicht erneut die Rolle des menschlichen Willens als einer bewussten, vom Niveau unseres Wissens und von unserem Vorstellungsvermögen abhängigen Kraft erkennen, die allein uns aus der Tyrannei blinder Triebe und Zwänge befreien kann.

Wissen und Imaginationsvermögen sind die beiden einander bedingenden Seiten oder Pole des Bewusstseins. Wissen beruht auf Erfahrung, die im Gedächtnis gespeichert

wurde. Demgegenüber ist Fantasie die kreative Anwendung dieses Wissens, die intuitive Bewusstseinsqualität, eine scheinbar spielerische Haltung, die durch den ihr innewohnenden Impuls eine Richtung (oder einen ausgerichteten Zustand) hervorbringt: Alle Kunstwerke und alle großen Menschheitsentdeckungen gehen daraus hervor.
Wie das Leben und das Werk großer Künstler und Denker zeigen, deren Schöpfungen mit anhaltendem Bemühen, mit Beharrlichkeit und großer Konzentration verbunden waren, schließen Intuition und Willenskraft einander keineswegs aus. Ebenso wenig gilt dies für Spontaneität und eine Schulung der geistigen oder technischen Fähigkeiten, die für den kreativen Ausdruck, für die Formulierung und Realisierung der intuitiven Einsicht notwendig sind. Das schöpferische Prinzip und die Quelle der Kraft ist aber das Imaginationsvermögen, welches das menschliche Genie inspiriert und leitet. »Von all den Unterschieden zwischen Mensch und Tier ist die Macht, symbolische Bilder zu erschaffen und mit ihnen zu arbeiten, die charakteristische Gabe, die uns zum Menschen macht: die Gabe der Imagination. Die Macht, die der Mensch über die Natur und über sich selbst hat, liegt in seiner Beherrschung imaginärer Erfahrung.«[75]
Dieses Verständnis bildet die eigentliche Grundlage der in Indien und Tibet praktizierten tantrischen Meditation. Ihr Einfluss hat sich über einen Großteil Asiens bis in den Fernen Osten erstreckt, und dabei gab sie Anstoß zu großen Kunstwerken und bedeutenden literarischen Werken, mit deren Erkundung man im Westen gerade erst begonnen hat.
William James hat gesagt: »Jeder Vorstellung wohnt selbst schon ein motorisches Element inne.« Und Assagioli fasst dieses fundamentale Gesetz in folgende Sätze: »Vorstel-

lungen oder mentale Bilder und Ideen haben die Tendenz, die ihnen entsprechenden physischen Bedingungen und äußeren Handlungen zu erzeugen.« Ebenso gilt umgekehrt: »Einstellungen, Bewegungen und Handlungen haben die Tendenz, entsprechende Vorstellungsbilder und Ideen hervorzurufen; diese wiederum evozieren oder intensivieren entsprechende Emotionen und Eindrücke.« Und weiter: »Aufmerksamkeit, Interesse, Bestätigungen und Wiederholungen bekräftigen und verstärken die Ideen, Vorstellungsbilder und psychischen Gebilde, auf die sie sich richten.«[76]

Diese Worte beschreiben in angemessener Weise die wesentlichen Elemente der Meditation und der Geistesschulung. Der Wille hat darin ebenso seinen Platz wie die Intuition, Übung oder Schulung steht hier durchaus nicht in Widerspruch zu Spontaneität. »Die Kraft der Vorstellungsbilder, so kann man sagen, übernimmt eine unentbehrliche Mittlerrolle zwischen dem Willen und den übrigen psychischen Funktionen.« Und obwohl »der Wille keine *direkte* Macht über die intuitive Funktion besitzt, ... kann der Wille *indirekt* auf überaus hilfreiche Weise tätig werden; er kann den Kanal, den Kommunikationsweg schaffen und rein halten, über den die intuitiven Eindrücke herabkommen«.[77]

Ebenso wie die Vorstellungskraft den Willen dazu anregt, die Vorstellungsinhalte zu verwirklichen, vermag der Wille auf die gleiche Weise kraftvolle oder bedeutsame Vorstellungsbilder wachzurufen und zu steuern. Von dieser Fähigkeit macht Assagioli im Rahmen eines therapeutischen Verfahrens Gebrauch, das er als »geleitete Vorstellungskraft« bezeichnet.

Wie schon erwähnt, ist diese Technik, insbesondere in Tibet, bereits früher praktiziert und weiterentwickelt worden – sieht man einmal davon ab, dass die Leitung der Vorstellungskraft dabei nicht der individuellen Entscheidung oder Einschätzung des Praktizierenden oder derjenigen seines geistigen Mentors anheimgestellt wurde, sondern auf der kollektiven Erfahrung unzähliger Generationen von *sādhakas* (religiösen Praktizierenden) basierte, auf einer lebendigen Tradition von über tausend Jahren.

Von der so angesammelten Erfahrung hat der Westen nach wie vor viel zu lernen, aber ein psychologischer Ansatz mit der Tiefgründigkeit und Weisheit von Assagiolis Psychosynthese wird viel dazu beitragen können, verständlich zu machen und nachzuweisen, welche Bedeutung dem Willensakt im praktischen Alltag und in der Kunst der Meditation zukommt.

Kapitel 3

Teilhard de Chardin im Spiegel des östlichen Denkens

Teilhard de Chardin ist wahrscheinlich der erste Vertreter des modernen Europas, der freimütig das ausspricht, was im Osten seit Jahrtausenden als die höchste Wahrheit angesehen wird, nämlich, dass alle Lebewesen, insbesondere alles bewusste Leben, nicht bloß das Produkt unendlich vieler Kombinationen, Permutationen und Transformationen blinder Kräfte oder Elemente sind, sondern zugleich Ausdruck der unablässigen Entfaltung und Mehrung eines Bewusstseins, in dem Differenzierung und Integration, Individualität und Universalität einander ergänzen. Was der Osten auf Grundlage der eigenen Erfahrung in die Form mythischer oder rein geistiger Symbole gebracht hat, das hat bei Teilhard de Chardin die Form des klaren, logisch folgerichtigen Denkens angenommen.

Eine von der Erfahrung ausgehende Formulierung erfordert naturgemäß ein anderes Ausdrucksmittel als die sehr stark eingeschränkte, auf dem streng methodischen Vorgehen von Schlussfolgerung und Definition beruhende Sprache der reinen Wissenschaft. Doch aufgrund dieses Unterschieds muss zwischen Wissenschaft und Erfahrung kein Widerspruch bestehen. Dieser Unterschied bedeutet lediglich, dass wir es unweigerlich mit zwei unterschiedlichen *Formen* menschlicher Erfahrung zu tun haben.

Was aber macht nun eigentlich Teilhard de Chardin so bedeutsam für unsere Zeit? Was macht ihn derart universell, wenn ich das so sagen darf, dass die Menschen in allen Teilen der Welt sich für das, was er sagt, interessieren und bereit sind, ihm zuzuhören? Vor allem die Tatsache, dass er nicht nur ein tiefreligiöser Mensch, sondern auch ein herausragender Wissenschaftler war, der die Wissenschaft auf die Stufe eines metaphysischen Wissens gehoben und die Religion zu einem Menschheitswissen gemacht hat: zu einem Wissen von der Entfaltung des menschlichen Bewusstseins, welches nicht nur das Individuum betrifft, sondern zugleich das Universum bewegt und belebt und sich seiner selbst bewusst wird. In der Sprache der Religion besteht diese Entfaltung im Erwachen des göttlichen Bewusstseins zum Gewahrsein des Universums und zu der Einsicht, dass der Mensch im Innersten universell und ganz ist.

Teilhard de Chardin lässt die Dogmatik der Wissenschaft hinter sich und geht zugleich über jede spezielle religiöse Tradition hinaus. Für einen Buddhisten ist die Vorstellung, nur eine einzige Religion oder Philosophie führe zur Befreiung, ebenso unannehmbar wie diejenige von einer absoluten Wissenschaft (und das ist charakteristisch für die meisten Religionen Indiens und des Fernen Ostens). Nicht nur glauben wir, dass es viele Wege zur Erkenntnis der Wirklichkeit gibt, darüber hinaus glauben wir auch, dass in jedem Weltzeitalter, in jeder Epoche und in jeder Kultur dieselbe Wahrheit in einer neuen Ausdrucksform und in anderer Gestalt gefunden werden muss. Aus dem Umstand, dass verschiedene Formen dieselbe Wahrheit ausdrücken können, dürfen wir aber nicht schließen, beliebige Ausdrucksformen der einen Kultur beziehungsweise Zivilisation oder diejenigen einer bestimmten Epoche seien den Ausdrucksformen einer anderen ebenbürtig. Solch eine Schlussfolgerung würde zu einem fruchtlosen

und oberflächlichen Synkretismus führen, nicht jedoch zu einem gründlicheren Verständnis. Zu einem solchen können wir nur gelangen, wenn wir diese Formen im Rahmen ihrer jeweiligen Bezüge und Verbindungen wie auch im Kontext ihrer organischen, geschichtlichen und überlieferungsspezifischen Zusammenhänge betrachten.
Indem wir die Dinge auf diese Weise betrachten, werden wir eine tiefer gehende Übereinstimmung und eine in höherem Maß das Wesen der Vorstellungen betreffende Gemeinsamkeit feststellen als beim Blick auf äußerliche Gemeinsamkeiten. Darum sollten wir uns weder an den Unterschieden zwischen wissenschaftlichen und religiösen Beobachtungen oder Formulierungen stören, noch uns davon abschrecken lassen, dass die Lehren unterschiedlicher Glaubensbekenntnisse sich gegenseitig auszuschließen scheinen, sondern wir sollten die Gründe dafür herauszufinden versuchen und die organischen Zusammenhänge, auf die sie zurückgehen.
Bei Teilhard de Chardin gelang der Brückenschlag zwischen der religiösen Erfahrung und der wissenschaftlichen Erkenntnis dank eines immensen kosmischen Entwurfs, durch ein intuitives Verständnis von Zusammenhängen, die man im Osten durch meditative Einsicht und die Erkundung des menschlichen Geistes herausgefunden hatte. Hierbei denke ich weniger an die Philosophie des modernen indischen Denkers Sri Aurobindo Ghoshe (man könnte auf den Gedanken kommen, in seinen Schriften eine gewisse Gemeisamkeit mit Vorstellungen Teilhard de Chardins gefunden zu haben, was aber vielleicht mehr mit der Tatsache zu tun hat, dass Sri Aurobindo das englische Bildungssystem durchlaufen hatte und mit der modernen Evolutionstheorie vertraut war) als die rein indische, von allen westlichen Einflüssen freie Evolutions-

vorstellung. Diese war, wenn auch in mythischer Form, bereits in den Jātakas, den Geschichten von den früheren Leben des Buddha, enthalten und ebenso im späteren Hinduismus in den Inkarnationen des Gottes Vishnu, in denen das Göttliche von den niedereren Formen tierischer oder zur Hälfte tierischer Lebewesen zu jenem Seinszustand vollendeter Menschlichkeit aufsteigt, der in Gestalt des Buddha seinen strahlenden Ausdruck findet. Die Jātakas – dies sei für diejenigen Leserinnen und Leser gesagt, die nicht mit ihnen vertraut sind – umfassen eine Sammlung von vierhundert Geschichten, die uns den Aufstieg zur Erleuchtung durch sämtliche Bereiche körperlicher Inkarnation vor Augen führen und die Vorstellung einer geistigen Evolution von den niedersten zu den höchsten Lebensformen zum Ausdruck bringen.
Die steuernde Kraft des Bewusstseins, ausgerichtet auf ein ihm immanentes Ziel höchstmöglicher Vervollkommnung und Universalität (in der Sprache der Religion wird dieses Ziel als die Verwirklichung des Göttlichen oder als Zustand der Erleuchtung bezeichnet), kommt bereits in den niedersten Lebensformen zum Ausdruck und ist selbst in allgemeingültigen Gesetzen oder im Verhalten sogenannter anorganischer Materie gegenwärtig: Das macht den fundamentalen Unterschied zwischen der Evolutionsvorstellung von Charles Darwin und der indischen Anschauung vom Leben aus.
In einer Vorlesung von Peter Elliot stellte sich das Problem, wie man denn über neu entstehendes Leben, über ein erstmals in organischer Form auftretendes Leben, sprechen könne, wenn doch der gesamte Kosmos, einschließlich der sogenannten Materie oder anorganischen Welt, bereits belebt sei. Ich denke, wir haben ihn richtig verstanden, wenn wir sagen, das vollständig Neue sei die

Entstehung einer neuen *Dimension* des Lebens, die Schaffung von Bewusstsein als einer gestaltenden, sich selbst erhaltenden und individualisierend wirkenden Kraft oder Potenzialität. Und so wie das Bewusstsein auch noch in seiner primitivsten Form für eine neue Dimension des Lebens steht, so schreitet dieses Bewusstsein im Verlauf seiner Entfaltung von einer Dimension zur nächsten weiter fort, weshalb wir von verschiedenen Bewusstseinsdimensionen sprechen können.

Man könnte sich zum Beispiel vorstellen, die einfachsten Wesen gehörten der ersten Dimension an, in der gewissermaßen lediglich *eine* Richtung möglich ist, lediglich eine Art linearen Bewusstseins ohne Weite mit einer einzigen (daher auch kausal determinierten) Entwicklungsrichtung. Die weiter entwickelten Wesen gehören dann der zweiten Dimension an und verfügen über eine Art Oberflächenbewusstsein mit zahlreichen Richtungsmöglichkeiten und einer entsprechend größeren Freiheit. In der dritten Dimension, also in der uns bekannten Dimension, haben wir das menschliche Raumbewusstsein. Und da wir heutzutage bereits merken, dass unser dreidimensionales Raumbewusstsein den Entdeckungen unserer Zeit nicht länger angemessen ist, sind wir schließlich genötigt, eine vierte Dimension zu postulieren, und dabei können wir die Möglichkeit zahlreicher höherer Dimensionen (mathematisch als »n« Dimensionen bezeichnet) nicht von der Hand weisen. Diese Multidimensionalität und unsere Ausgerichtetheit auf die vierte Dimension ist das Thema von Jean Gebsers Philosophie, die in diesem Zusammenhang ein wenig ausführlicher erklärt werden sollte.

Bevor eine neue Dimension vollständig bewusst wird, gibt es offenbar stets eine Vorahnung von etwas, für das wir noch keinen geeigneten Namen zur Verfügung haben. So scheinen wir mit dem Problem der Zeit befasst zu sein, weil wir spüren, dass wir mit einer Dimension konfrontiert sind, von der wir bereits eine Vorahnung haben, ein gewisses Gefühl ihrer Existenz, die wir jedoch mit der uns zu Gebote stehenden Sprache – einer Sprache, die strikt begrenzt ist durch die Dimension, in der wir leben – nicht definieren können. Mehr zu diesem Thema können Sie meiner Abhandlung »Das Mysterium der Zeit« entnehmen.[78]

Ebenso könnte in einer höheren Bewusstseinsform dasjenige, was wir heutzutage »Zeit« nennen, etwas ganz anderes sein, nämlich eine neue Art von Bewegung. Der Begriff *Dimension* beinhaltet die Vorstellung von *Ausdehnung* oder von *Bewegung* und *Richtung*. Eine Bewegung nur in eine bestimmte Richtung würde daher der niedersten Dimension entsprechen, während jede neue Bewegungsmöglichkeit in eine bis dahin unbekannte Richtung ein Hinweis auf eine höhere Dimension wäre.

Wenn wir von einer »höheren« Dimension sprechen, sollten wir dabei jedoch zunächst einmal nicht an einen geistigen Wert denken, sondern streng mathematisch im Sinn einer numerischen Ordnung. Dann können wir je nach Standpunkt einen geistigen Wert damit verbinden oder nicht. Genau wie in der Kunst können wir Perspektive entweder als eine Form von Fortschritt im Sinn von etwas Besserem ansehen oder aber als eine eher oberflächliche Art von Realismus, der die tatsächlichen Proportionen zugunsten einer optischen Illusion verzerrt. Diesen Standpunkt würde mit Blick auf die großen Kunstwerke, die vor Einführung der Perspektive zur Zeit der Renaissance geschaffen wurden, beispielsweise die sogenannte aspektivische, nicht perspektivische Kunst vertreten. Wenn wir uns diese Dinge aber unvoreingenommen anschauen, werden wir beide Standpunkte gleich gerechtfertigt und darum geistig vertretbar finden.

Die Entdeckung der Perspektive war die Entdeckung der Relativität aller Dinge, einer Relativität, die freilich die wahren Werte, auf denen sie beruhte, nicht verleugnet hat. Als die Perspektive jedoch wie das höchste Gut der Kunst behandelt wurde statt als bloße Ausdrucksform eines bestimmten Raumgefühls, ist sie zu einer Beschränkung und einer Behinderung des künstlerischen Ausdrucks geworden, wie Jean Gebser überzeugend dargelegt hat. Wir sollten uns davor hüten, aufgrund von Wertungen voreingenommen zu sein. Nur dann können wir uns an der Kunst in all ihren Ausdrucksformen erfreuen, gleichgültig ob sie perspektivisch, aspektivisch oder durchscheinend ist (wodurch eine tiefer gehende Relativität oder Wechselbeziehung enthüllt wird).

Jede neue Realität läuft Gefahr, dass ihr von ihren ersten Entdeckern oder deren Nacheiferern eine überzogene Bedeutung beigemessen wird. Und so finden wir zu Beginn der Renaissance, die aus diesem Grund viel Freude an den Schöpfungen der Architektur hatte, eine Überbetonung der Perspektive. Im Schaffen gering begabter Künstler lag das Augenmerk gänzlich auf den äußerlichen, zeitspezifischen Details, die sie für das Wesentliche hielten. Große Künstler hingegen schufen Kunst ungeachtet solcher zeitspezifischer Äußerlichkeiten, da bei ihnen das persönliche Erleben stärker ins Gewicht fiel als die Mode ihrer Zeit.

Heutzutage erkennt ein verunsichertes Publikum einfach alles, was aspektivisch und ihm unbegreiflich ist, als Kunst an, da es weder einen klaren Begriff von Kunst noch Ansprüche an die technischen Kenntnisse und Fertigkeiten der Künstler hat. So gehen zahllose Arbeiten von offenkundiger Mittelmäßigkeit als Kunst durch, ja sie werden sogar von Museen und Galerien angenommen, als seien sie in irgendeiner Weise von bleibendem Wert. Wie aber ein Wortsalat aus lauter bizarren Wörtern oder ein paar wohlklingende Reime noch kein Gedicht ergeben, wenn ihnen der Sinn fehlt, genauso wenig entsteht aus einigen harmonischen Farben (oder farblichen Dissonanzen) ein Bild, wenn der Künstler weder etwas mitzuteilen noch ein inneres Erlebnis zum Ausdruck zu bringen hat. Schließlich ist Kunst eine Form von Kommunikation, und wenn wir etwas kommunizieren möchten, müssen wir uns in einer Formen- oder Klangsprache ausdrücken, die dazu angetan ist, dem Betrachter beziehungsweise Hörer etwas zu vermitteln. Falls wir dagegen bloß unsere privaten Fantasien oder Gefühle zum Ausdruck bringen wollen, jedoch gar nicht den Wunsch haben, etwas mitzuteilen, oder diese Dinge kein den Menschen gemeinsames Erlebnis betreffen, warum präsentieren wir unser Werk dann überhaupt der Öffentlichkeit und erwarten eine Resonanz?

Aber kommen wir wieder auf das Problem der Multidimensionalität unserer Welt beziehungsweise unserer Erfahrungswelt zurück: Wenn wir über die vierte Dimension nachdenken oder diesbezüglich ein unsicheres Gefühl haben (angesichts der befremdlichen Erkenntnis, dass Zeit mehr zu sein scheint als bloße »Uhrzeit« und wir bereits im Begriff der Zeit eine große Zahl von Kategorien unterscheiden können), können wir nur sagen, dass Zeit eine bestimmte Form von Bewegung ist. Und da wir die im dreidimensionalen Raum gegebenen Möglichkeiten der Bewegung bereits ausgeschöpft haben, bleibt nur noch *eine* weitere Form der Bewegung übrig. Anstelle der Bewegung im äußeren Raum, oder vom Zentrum unseres Bewusstseins nach außen, gibt es die Bewegung in umgekehrter Richtung, von außen zur Mitte hin. Dies erschließt eine Dimension, in der Zeit wieder zu Raum wird, zu innerem Raum.

In diesem inneren Raum werden nicht nur die Dinge aus der Vergangenheit bewahrt, sondern hier besteht auch die Möglichkeit, Vergangenes in die Gegenwart zu heben, in ihm die Saat der Zukunft zu erkennen und so auf diese lenkend Einfluss zu nehmen. Wie bei den im äußeren Raum anzutreffenden Gegenständen unterscheiden wir auch bei Objekten der Vergangenheit zwischen Nahem und Fernem, und wir bewegen uns zwischen Oberfläche und Tiefe. Je weiter wir dabei in die Tiefe vordringen, desto umfassender wird unsere Sicht, weil wir dann das ganze Universum zur Grundlage haben: Unser Zentrum ist die allen Dingen und allen Welten gemeinsame Grundlage, in der das Leben und das Bewusstsein wurzeln.

Unter dem Eindruck, dass wir an der Schwelle zu etwas Neuem stehen, ohne zu wissen, wo uns dies hinführen wird, versucht die Menschheit heute, den äußeren Weltraum zu erobern. Ich frage mich, ob unser Bemühen nicht in die falsche Richtung geht, ob uns hier nicht ein methodologischer Fehler unterläuft. Denn dasjenige, wonach wir in der äußeren Realität suchen, liegt verborgen im inneren Raum unseres Tiefenbewusstseins, in dem in Wahrheit aller Raum beschlossen ist. Könnte es nicht so sein, dass wir vielleicht unseren uneingestandenen Wunsch, unser aus innerer Notwendigkeit aufsteigendes Verlangen, die unermesslichen Möglichkeiten jenes inneren Raumes zu erforschen, nach außen projizieren und uns infolgedessen in einen unendlichen »Weltraum« hinausstürzen, in dem wir, natürlich, nie an einem letzten Ziel ankommen oder

ein Zentrum finden können? So aber verlieren wir uns einfach in der Unendlichkeit. Nichts Wirkliches wird auf diesem Weg je erreicht werden können.
So wird der Augenblick kommen, in dem die Menschheit eine neue Richtung einschlagen wird, und dieser Augenblick ist, so scheint mir, vielleicht nicht mehr allzu fern. Denn wir werden sehen, dass es unmöglich ist, den äußeren Raum zu erobern, und daher gehalten sein, uns dem inneren Raum zuzuwenden, in dem alles, wonach wir in der äußeren Welt suchen, bereits vorhanden ist.
In der Beschreibung seines Erleuchtungsprozesses verfolgt der Buddha seinen äonenlangen Entwicklungsweg zurück bis zum kosmischen Ursprung des Universums – in allen Phasen des Entstehens und Vergehens, des Erblühens und Dahinwelkens, in Schönheit und Schrecken, in gewaltigen Evolutionen und Revolutionen, die aufeinanderfolgen wie Systole und Diastole, oder wie die göttlichen Atemzüge des anfang- und endlosen Lebens, gekrönt von jenem zeitlosen Moment der »Konvergenz«, der kosmischen Integration, in dem die Ströme aller Zeiten im Ozean allumfassender Gegenwart zusammenfließen.
Aus genau solch einer Erfahrung erwuchs die Lehre des Buddha vom »Mittleren Weg«. Diese leugnet weder den Wert der Individualität, der Selbstverantwortung und der freien Willensentscheidung mit all den Konsequenzen, die eine Handlung nach sich zieht, noch die potenzielle Universalität des menschlichen Wesens und die Solidarität allen Lebens.
Aufgrund der Einsicht in die Universalität des eigenen Ursprungs und aufgrund der Ausrichtung ihrer Seelenkräfte auf das Zentrum neigen Menschen aus dem Osten (Inder vor allem) dazu, die Bedeutung der Individualität zu vergessen oder zu verleugnen, um den schmerzlichen

Konsequenzen der Selbstverantwortung und den damit verbundenen Problemen zu entgehen. Menschen aus dem Westen hingegen neigen dazu, ihre Individualität überzubewerten und darüber die Universalität ihres Ursprungs zu vergessen, die allein diese Individualität mit Bedeutung erfüllen kann. Beide Extreme sind einseitig und trügerisch. Das erste Extrem führt zum Rückfall in einen Zustand der Unbewusstheit (wodurch man natürlich allem Leid aus dem Weg geht, aber auch den eigentlichen Sinn des Daseins verfehlt), was bereits in dem alten indischen Ideal eines tiefschlafähnlichen Zustands der Leidfreiheit (*turīya*) und in der allgemeinen »Tiefschlafspekulation« seinen Ausdruck findet. Das zweite Extrem führt zum Anhaften an materiellen Dingen, zu einer Identifikation mit dem Körper und schließlich zu Tod und Zerstörung.

Der Buddha hat der Lehre vom »Tiefschlaf« offenbar als Erster das Ideal des Erwachens entgegengesetzt: das vollkommene Erwachen des Bewusstseins im individuellen Leben (und nicht als nebulöses, ausschließlich negatives Nirvāna). Von diesem Zustand des Erwachens hat er freilich nicht nur gesprochen, vielmehr hat er ihn vorgelebt, ihn durch den eigenen Werdegang lebendig verkörpert. Darum hat er die Notwendigkeit und die Bedeutung der Wiedergeburt anerkannt, das heißt, die Kontinuität des Bewusstseins bis zu seiner vollen Entfaltung und Reifung durch Verwirklichung seiner höchsten Intensität und Ganzheit im individuellen Erleben der Universalität.

Die gewaltige Distanz und Spannung zwischen Individuellem und Universellem, Augenblicklichem und Ewigem, innerster Sammlung und allumfassender Schauung werden in jener geistigen Form überbrückt, die sich, wie Goethe sagt, im Leben entwickelt und, sobald sie hervorgebracht und zur bewussten Realität geworden ist, durch keine Macht der Welt mehr zerstört werden kann. In der Meditation des tibetischen Buddhismus, in der – durch die Visualisierung – das angestrebte schöpferische Symbol geistig Gestalt annimmt, besteht die Bedeutung der inneren Schauung so gesehen darin, anstelle einer totgeborenen, nicht realisierbaren intellektuellen Abstraktion die Inspiration aus einem unmittelbaren Erlebnis zu gewinnen.

Das Prinzip der wirkungsmächtigen Form ist die Kraft, die sich bereits auf der materiell-organischen Stufe biologischer Entwicklung beobachten lässt: ein sinnvolles, Ordnung stiftendes Prinzip, das aus dem elementaren, noch ungestalteten Material einen sich selbst erhaltenden und für den eigenen Fortbestand sorgenden Organismus erschafft. Es handelt sich, mit anderen Worten, um ein schöpferisches Prinzip, dem, ungeachtet der ständig sich wandelnden Bestandteile des von ihm hervorgebrachten Organismus, ein angeborener Impuls, ein formgebender und -erhaltender Drang innewohnt, der sich immer wieder aufs Neue verkörpert, bis es ihm gelingt, eine Form zu erschaffen, die derart vollkommen ist, dass es sich seiner selbst bewusst wird.

Um uns dies zu veranschaulichen, könnten wir uns die wunderbare Fähigkeit des menschlichen Körpers in Erinnerung rufen, sich höchst unvereinbare Arten von Materie, seien es anorganische oder organische Substanzen, anzuverwandeln und sie in genau jenen Körper und Geist zu transformieren, der für die individuelle Persönlichkeit charakteristisch ist. Ganz so als gäbe es eine zentrale, wenn auch unbewusste Kraft, die mit diesen unterschiedlichen Substanzen umgeht wie mit Bausteinen, um eine den geistigen und physischen Bedingungen gemäß vorbestimmte Form aufzubauen.

Dasselbe Prinzip sehen wir in allen organischen Lebensformen walten; sie reproduzieren genau den vorherigen Organismus. Der einfachste Organismus reproduziert sich durch Teilung, kennt daher keinen Tod und ist gewissermaßen unsterblich. Für diese Unsterblichkeit bezahlt er allerdings mit fehlendem oder aber sehr begrenztem Bewusstsein. Mit zunehmender Zentralisierung des Bewusstseins stellt sich hingegen der Tod ein. Mit anderen Worten: Der Tod ist das Zeichen einer Höherentwicklung, und sofern er sich als bewusstes Geschehen vollzieht, bietet er eine andere Art von Unsterblichkeit, die dadurch erreicht wird, dass man in eine größere Einheit als die durch den Individuationsprozess geschaffene eintritt. Der Tod bringt Universalität zustande, er beinhaltet die Anerkennung eines größeren, über den Bereich des Individuellen hinausgehenden Lebens.

»Es gibt«, so der renommierte Biologe Edmund W. Sinnott,

> »heutzutage viele weitere Belege dafür, insbesondere aus der Pflanzenwelt, dass jede Zelle eines Organismus das Potenzial in sich trägt, eine Ganzheit hervorzubringen, obgleich dieses Potenzial, sobald die Zelle erst über ihre frühen Entwicklungsstufen hinausgelangt ist, nur selten verwirklicht werden kann. Wenngleich sie nach wie vor über dieses Potenzial verfügt, nimmt sie es nicht in Anspruch, sondern ordnet sich dem von den Zellen in ihrer Gesamtheit gebildeten Entwicklungsmuster unter und nimmt den ihr darin zugemessenen Platz ein. Dieselbe Tendenz, auf eine einzige Ganzheit zuzusteuern, zeigt sich auch auf andere Art und Weise.«[79]

Unser individuelles Bewusstsein ist in der Tat das Sprungbrett zu einer Universalität und Weltoffenheit, die unsere persönlichen Errungenschaften keineswegs zunichte machen, sie vielmehr bereichern und erweitern. Eine Zelle, die sich dem größeren Organismus unterordnet, verliert nicht ihre Individualität, sie wertet diese vielmehr auf, weil sie an den höheren Errungenschaften des Organismus teilhat, indem sie ihrer Funktion nachkommt. Je beharrlicher unser Bewusstsein an der eigenen Individualität festhält und je weniger es die vollständige Ganzheit sieht, von der es ein Teil ist oder die es widerspiegelt, desto realer ist sein Tod. »Beständigkeit und Bestandserhaltung sind Eigenschaften des Leblosen, nicht des Lebendigen. Entsprechend ist psychische Aktivität schöpferisch.«[80]

Kreativität jedoch bedeutet: dem bereits Bekannten oder Erlebten eine neue Dimension hinzufügen. Auf diese Weise verschmelzen wir Veränderung mit Beständigkeit, eine Möglichkeit, die in den hinduistischen Religionen Indiens übersehen wurde, wohingegen sie die Grundlage des Taoismus bildet, aber auch die seines Vorläufers, des I Ging. In Letzterem erscheint Veränderung als Wandlung, als Transformation. Transformation ist eine gesetzmäßig verlaufende Veränderung im Unterschied zu willkürlichem Wechsel, dessen Wirken unvorhersehbar, unvermeidlich und zerstörerisch sein müsste, da er sinnvollen Bestimmungen und unmöglich erreichbaren Zielen gleichermaßen dienlich wäre. Ob ein Ziel erreicht wird oder nicht, spielt hier eine untergeordnete Rolle. Ein Ziel weist die Richtung, darauf kommt es an. Richtung ist im Buddhismus, wie in praktisch allen Lehrsystemen, sei es in der Religion, der Philosophie oder der Wissenschaft, von allergrößter Bedeutung.

Ein richtungsloser Mensch ist ein charakterloses Wesen, denn der Charakter ist dasjenige, was dem Menschen Richtung gibt. Darum beinhalten die Unterweisungen des Buddha eine Lebensführung, bei der es eine bestimmte Richtung einzuschlagen gilt. Wer unerschütterliche Einsicht in das Wesen des Weges gewonnen hat, wird daher ein *sotapan* genannt, »jemand, der sich in den Strom hineinbegeben hat« und sich in *eine* Richtung bewegt, das heißt, jemand, der sein Ziel gefunden hat und sich unaufhaltsam darauf zubewegt. Er mag der Geringste der acht edlen Schüler sein, aber er ist einer der Vollkommenen (oder Heiligen) – einer von denen, die niemals Rückschritte machen oder in die niederen Daseinszustände fallen können. Denn aufgrund seines Vertrauens, seiner Überzeugung, seiner tiefen Einsicht in die Natur der Dinge (*dharma*) steht er in Einklang mit den Gesetzen des Daseins. (Mehr zu diesem Thema finden Sie in meinem Buch *Die psychologische Haltung der frühbuddhistischen Philosophie.*)[81]
Die Voraussetzungen für »das Eintreten in den Strom« (*sotāpanna*), so heißt es, sind daher: Man sollte den Umgang mit verständigen Menschen suchen, Dharma-Unterweisungen hören, sich in Weisheitsbetrachtung vertiefen und in Einklang mit dem Weltgesetz leben. Diese zielgerichtete Qualität ist auch in allen Abläufen der Natur anzutreffen. Darauf verweisen Ausdrücke wie zum Beispiel *bhavanga-sota*, der unterbewusste Strom des Daseins beziehungsweise Werdens, aus dem das Bewusstsein aufsteigt, sobald der unablässig in Fluss befindliche Strom auf Widerstand stößt oder seine Fließbewegung sich verlangsamt. Denn gedankliche Aktivität aller Art versucht dieses Fließen aufzuhalten durch Unterteilung in seine verschiedenen Phasen, durch deren Definition und somit Eingrenzung oder durch ihre zeitliche Trennung.

»Hier ist es notwendig, klar die Beziehung zu sehen zwischen dieser universellen zielorientierten Eigenschaft der Organismen, die der belebten Materie zu eigen ist, und dem Einfluss, den die Umwelt auf die Beschaffenheit der Ziele, die sie zu erreichen suchen, ausübt.«[82] Der Gedanke, die Weiterentwicklung der Lebensformen werde durch eine Art Wettbewerb oder durch das Prinzip: »der Stärkere überlebt« bewirkt und gewährleistet (ein Prinzip, das zu Darwins Lebzeiten sicherlich in der englischen Wirtschaft und Industrie Gültigkeit hatte), mag eine zwar vernünftige und logische, durch die Natur jedoch nicht bestätigte Schlussfolgerung sein. Denn obsolete Lebensformen existieren auch dann noch lange Zeit weiter, wenn sie längst nicht mehr von Nutzen sind oder die Lebensbedingungen sich gewandelt haben.

Das Formprinzip ist so stark, dass jeder Organismus, unabhängig von seiner materiellen Beschaffenheit, seine Form aufrechtzuerhalten sucht. »Die Form ist entscheidend für die Bestandteile, nicht die Bestandteile für die Form«, erklärt Sinnott,[83] und die Form der Ziegelsteine ist nicht entscheidend für den architektonischen Baustil des Hauses, könnten wir hinzufügen. Mit denselben Ziegeln kann man ein Schloss oder eine Hütte bauen, einen Palast oder eine Fabrik. Darum sage ich, die Form ist wichtiger als der Inhalt, weil die Form für den Inhalt entscheidend ist oder für das Material, aus dem sie gestaltet wurde. Ungeformt ist selbst das wertvollste Material nutzlos; und umgekehrt kann noch das gewöhnlichste Material dadurch wertvoll werden, dass es geformt wurde. Aus ganz gewöhnlichem Lehm kann, sofern man ihn in die richtige Form bringt, ein Kunstwerk von unschätzbarem Wert oder ein nützlicher Gebrauchsgegenstand werden.

Wird ein Organismus – durch eine in der Weise erfolgende Zentralisierung und Vereinheitlichung sämtlicher Funktionen und Eigenschaften, dass er eine Ganzheit verkörpert, in der alle seine Teile *einem* Zweck untergeordnet sind – zu einem bewussten Individuum, so wird er in diesem Augenblick zu einem unabhängigen Bewusstseinszentrum und, aufgrund dieser Zentralisierung, zum Sammelpunkt von Kräften, die nicht nur andere Organismen beeinflussen, sondern auch die eigene Kontinuität aufrechterhalten können, bis vollkommene Reife und Erfüllung oder Vollendung erreicht ist. Aus einem dunklen unbewussten Trieb entwickelt sich bewusstes Streben nach individuellem Bewusstsein in seiner größten Intensität. »Die beharrliche Tendenz unter den Lebewesen, in der körperlichen Entwicklung als Norm oder Ziel eine bestimmte Art von organisiertem lebendigem System zu erreichen, und die ebenso beharrliche Ausrichtung, oder Zielorientierung, die das entscheidende Verhaltensmerkmal und somit letztlich die Grundlage aller Geistesaktivität ist, sind im Grunde eines und dasselbe, lediglich zwei Aspekte des in elementarer Weise regulativen Charakters, den alles Leben an den Tag legt.«[84]
Die Transformation von einem unbewussten Drang oder dunklen, rein instinktiv agierenden Trieb zu einem reflektierenden Bewusstsein oder einem klaren (nicht mehr bloß triebbeherrschten) Denken kommt »einer zweiten Kosmogonie« gleich, sagt C. G. Jung. Ein zur Reflexion befähigtes Bewusstsein versetzt den Menschen in die Lage, sich seiner selbst und der Welt, in der er lebt, bewusst zu werden, und gestattet ihm den Schritt aus dem animalisch-kollektiven Bewusstsein ererbter biologischer Instinkte ins Reich der Selbstverantwortlichkeit und Entscheidung als eigenständiges Individuum. Das schöpferische Bewusst-

sein geistiger Schauung setzt sich nicht einfach nur mit einer gegebenen Welt auseinander; durch das Feuer des persönlichen Erlebens versetzt es uns in die Lage, das vorgefundene Material in einen sinnvollen Kosmos umzuwandeln, in dem das Individuelle sich zu einem voll und ganz bewussten Ausdruck des Universellen ausprägt. Dem reflektierenden Bewusstsein kommt dabei ein ebenso maßgeblicher Stellenwert zu wie dem schöpferischen Bewusstsein.

Auf der Stufe der vollständigen Individuation wird das Bewusstsein zum wirkenden, sich selbst perpetuierenden Zentrum. Aber erst auf der Stufe der schöpferischen Schauung wird diejenige Form des Geistes erreicht, die nicht nur eine über die jeweilige Inkarnation hinausgehende Kontinuität gewährleistet, sondern ihr auch Sinn und Richtung gibt. Allein solch ein geformtes und formschöpferisches Bewusstsein bezeichnen wir als »Geist«. Alle Menschen verfügen über die Gabe des Bewusstseins, nicht alle haben jedoch »Geist« und können als geistige Menschen bezeichnet werden. Bewusstsein ist zwar die Vorbedingung und die Grundlage des Geistes, aber nicht identisch mit ihm. Erst wenn das Bewusstsein schöpferisch wird, ist es »Geist« und als solcher zugleich durch die Erfahrung geprägte – und ihrerseits prägende – Form, die wie ein Samenkorn die Fähigkeit zur Transformation und zu lebendigem Wachstum in sich trägt.

Was wir heute in dem Gleichnis des Samenkorns sehen, zeigt erneut, wie ähnliche Bilder und ähnliche archetypische Symbole in allen religiösen Ausdrucksformen wieder auftauchen und uns im Grunde mehr zu sagen vermögen, als eine rein wissenschaftliche oder mathematische Feststellung dies tut, die zwar präziser und objektiver ist, gerade dadurch aber das Wesentliche auslässt, nämlich das inkommensurable Moment des Dynamischen, der für alles Leben charakteristischen Transformation. Diese Eigenschaft haben Geist und Symbol miteinander gemeinsam und darum kann Letzteres dem Bewusstsein als Mittel dienen, um in das Reich des Geistes vorzudringen und schließlich selbst zum lebendigen, unvergänglichen Geist zu werden, der ungeachtet aller Transformationen und Inkarnationen der Ganzheit und der Vollendung entgegenreift.

In meditativer Schauung vollzieht sich die Formung des Geistes, eine Formung, die alle Transformationen überdauert, deren Ablauf und Richtung bestimmt, Vergangenheit und Zukunft überbrückt und sie zu dem zeitlosen Körper einer alles umfassenden Gegenwart macht.

Eine solche Schauung wurde Teilhard de Chardin in der Ordos-Wüste zuteil, in der ihm die Messe zu einem Erlebnis von kosmischen Ausmaßen wurde. Die Schilderung dieser Messe hat mich sofort davon überzeugt, dass Teilhard de Chardin, wie kein Denker vor ihm, die Zukunft der Menschheit und den zur Verwirklichung dieser Zukunft führenden Weg klar vor sich gesehen hat.

Es ist sonderbar, vielleicht aber umso bedeutsamer, dass ihm dieses Erlebnis in der Ordos-Wüste zuteil wurde, im mongolischen Kulturraum, wo noch bis vor Kurzem eine Form des tibetischen Buddhismus vorherrschte. Wir haben es hier mit einem Bewusstseinsbereich zu tun, in dem die eucharistische Idee in einer im Westen kaum bekannten, dennoch dem eucharistischen Christentum so ähnlichen Form lebendig war, dass wir nur darüber staunen können, wie an zwei unterschiedlichen Orten der Welt und unter grundverschiedenen Voraussetzungen eine so gleichartige Idee entstehen konnte. Man hat sogar früher, als die Entwicklungsgeschichte des Buddhismus in

Tibet noch unbekannt war, einmal angenommen, dass hier möglicherweise frühe christliche Einflüsse am Werk waren. Diese Vorstellung wurde bestärkt durch die Eindrücke der ersten Jesuiten, die im Jahr 1750 nach Lhasa kamen. Diese waren überrascht angesichts der Ähnlichkeit gewisser buddhistischer Riten mit den Riten und Ideen der christlichen Eucharistie.

Heutzutage wissen wir aus der Geschichte des Buddhismus, dass das Christentum keinerlei Einfluss auf die Entwicklung des Buddhismus gehabt hat. Die Idee der Transsubstantiation der Materie und die geistige Verwandlung des Menschen und des Wortes im Akt religiöser Hingabe existierte bereits lange, bevor es zum Kontakt mit dem Christentum kam, und war bereits mit einem Ritual verbunden, das jenem des Christentums sehr ähnelte. Dies zeigt nur, dass wir es mit Wirklichkeiten im Bereich des menschlichen Geistes zu tun haben, die zu allen Zeiten und von allen, die in diesen Bereich vordringen, entdeckt und erfahren werden können.

Vielleicht sind Sie mit der mantrischen Formel *Om Mani Padme Hūm* vertraut. Im Allgemeinen wird sie auf sehr oberflächliche Weise als »Tautropfen im Lotos« gedeutet, was ganz poetisch klingt, mit der tatsächlichen Bedeutung, soweit diese sich überhaupt in schlichte Worte fassen lässt, jedoch wenig zu tun hat. Das Mantra bringt zum Ausdruck, dass es das Juwel (*mani*) der göttlichen Realität in dem Lotoskelch (*padma*) des eigenen Herzens zu verwirklichen gilt. Teilhard de Chardin sagt dies auf ähnliche Weise mit fast den gleichen Worten: »Mein Kelch und meine Patene sind die Tiefen einer Seele, die allen Kräften weit geöffnet ist, die in einem Augenblick sich von allen Punkten des Erdballs erheben und zum Geist konvergieren werden.«[85]

Diese wenigen Worten bringen etwas so Wundervolles zum Ausdruck, dass es sich dabei nach meinem Empfinden nur um die Worte eines Menschen handeln kann, der durch ein Erlebnis tiefster Schauung und Geistesklarheit gegangen ist. Wir haben hier eine Definition und ein anschauliches Bild. Das Bewusstsein des Menschen konvergiert zum Geist, wenn alle Kräfte und Eigenschaften des Individuums und seines Umfelds sich der Ganzheit in ihm annähern.

Hier zeigt sich, was überhaupt »Geist« bedeutet. Heutzutage wird von »Geist« und »Geistigem« so viel geredet, dass wir die eigentliche Bedeutung dieses Wortes aus dem Blick verloren haben. »Geist« kann erst da im Bewusstsein entstehen, wo eine schöpferische, alle Faktoren des Daseins und des Bewusstseins verbindende Kraft diese Daseins- und Bewusstseinsfaktoren zu einer Einheit zusammenfasst.

Als etwas ganz Außerordentliches erscheint mir, dass diese Messe über alle gewohnten theologischen Vorstellungen hinaus zu einem Lobgesang des Alls wird und dass in dieser Messe das gesamte Universum, wie es der Zelebrierende erlebt, als Opfer dargebracht wird:

> Alles, was im Laufe dieses Tages in der Welt zunehmen, was abnehmen und auch alles, was sterben wird – siehe, Herr, ich bemühe mich, es in mir zu versammeln, um es Dir darzureichen, siehe, das ist die Materie meines Opfers, des einzigen, das Du begehrst. … Empfange, Herr, diese totale Hostie, die die von Deiner Anziehung bewegte Schöpfung Dir im neuen Sonnenaufgang darbietet.[86]

Er bezeichnet diese Opfergabe als Darbringung der »in meinem Herzen gesammelten Totalität«[87] des irdischen

Bemühens. Vollendeter könnte man es gar nicht ausdrücken.
Nun möchte ich eine dazu parallele Textstelle zitieren, verfasst von einem buddhistischen Autor und Heiligen, der im 7. Jahrhundert unserer Zeitrechnung gelebt hat. Sein Name ist Śantideva und die Textpassage findet sich in seinem berühmten Werk »Der Weg zur Erleuchtung« (*Bodhicaryāvatāra*).[88] Auch er spricht von Opfer und Hingabe und fasst seine Gedanken in diesem schönen Gebet zusammen:

> Um von dem Juwel der Erleuchtung Besitz zu ergreifen, verehre ich die Segensreichen und ihre Lehre, diese makellose Kostbarkeit, wie auch die geistigen Söhne der Erleuchteten, der Ozeane voll heilsamer Qualitäten. Was immer es in dieser Welt an Blumen, Kräutern und Leben spendendem Wasser gibt, an Bergen, angefüllt mit kostbaren Edelsteinen, oder an einsamen Meditationsplätzen im Wald, an Rankengewächsen mit wohlriechenden, farbenprächtigen Blüten, an Bäumen, deren Zweige sich biegen unter der Last köstlicher Früchte, an entzückenden, von Schwanengesang widerhallenden Lotosteichen – kurzum, was auch immer als Opfergabe dienen kann, was in dieser Welt und der unendlichen Weite des Weltraums vorhanden und niemandes Eigentum ist, all das sammle ich in meinem Geist und lege es den Segensreichen und ihren geistigen Söhnen zu Füßen. Verdienst angesammelt habe ich nicht, und darum bin ich arm. Etwas anderes, womit ich ihnen Ehrerbietung erweisen könnte, habe ich nicht. Mögen darum die Erleuchteten, die nur an das Wohl aller Wesen denken, diese Gaben um meinetwillen annehmen.

Wenden wir uns wieder Teilhard de Chardin zu, um zu hören, was er uns weiter zu sagen hat: »Jetzt, Herr, gewinnen durch die Konsekration der Welt der im Universum schwebende Schein und Duft für mich Leib und Gesicht in Dir.«[89] Beim Lesen dieser Worte kommt mir die Erinnerung an ein wunderschönes japanisches Bild in den Sinn, das den kosmischen Buddha Amitābha zeigt, der sich in riesenhafter Gestalt über den Horizont einer weitläufigen Landschaft erhebt. Auch dies wieder eine kosmische Ausgestaltung inneren Erlebens.

Wer diese Dinge bloß als eine Ausdrucksform dichterischer Fantasie ansähe, würde die wahre Bedeutung solcher symbolischer Darstellungen verfehlen, da es hier eigentlich nicht um den Bereich des Dichterischen und Ästhetischen geht, sondern um etwas zutiefst Erlebtes, das in die gesamte Überlieferung östlicher Religiosität eingebunden ist.

Und nun kommt, über das in Śantidevas Zeilen bereits Angesprochene hinausgehend, das letzte und größte Opfer. Nachdem der Betende sich den Erleuchteten von ganzem Herzen geöffnet und sich bereit erklärt hat, als ihr Werkzeug zu fungieren (ähnlich wie der heilige Franziskus, der gesagt hat: »Herr, mach mich zum Werkzeug Deines Friedens«), verzichtet er auf die Früchte seiner Hingabe und seiner guten Werke und gelobt, sich allen Lebewesen zu widmen, statt auf die eigene Befreiung hinzuwirken. Mit anderen Worten: Lieber will er mit seinen Mitlebewesen deren Leid teilen, als sich selbstzufrieden auf den eigenen Errungenschaften auszuruhen. Und so gelobt er: »Welches Verdienst ich auch erworben haben sollte, möge ich dadurch das Leid aller Wesen lindern.«

Teilhard de Chardin spricht, wie wir sehen konnten, von der Darbringung des Bemühens aller Lebewesen – eine genaue Entsprechung zu Śantidevas Gedanken. Weiterhin heißt es bei Teilhard de Chardin:

> Was mein Herz in einem unwahrscheinlichen Verlangen forderte, gibst Du mir großartig: dass nämlich die Geschöpfe nicht nur derart untereinander solidarisch seien, dass keines existieren könnte ohne all die anderen, die es umgeben, dass sie vielmehr derart von ein und demselben wirklichen Zentrum abhängen, dass ein wahrhaftes Leben, dem sie gemeinsam unterworfen sind, ihnen endgültig ihre Konsistenz und ihre Vereinigung gibt.[90]

Hier wird ebenfalls das Verlangen nach Befreiung – oder Erlösung – zum Verlangen nach Erlösung aller Wesen.
Was aber ist dieses Zentrum, von dem alle Wesen abhängen? Wie Sie wissen werden, hat der Buddha die Gottheit niemals definiert. Der Buddha hat, davon war bereits an anderer Stelle die Rede, nach seiner Erleuchtung niemals über Gott gesprochen. Ich deute das so: Wer das Höchste – also Gott, um es in unserer Sprache auszudrücken – erfahren hat, kann darüber nicht mehr sprechen, weil vor dieser Erfahrung notwendigerweise alle Worte versagen. Solange wir zu definieren versuchen, solange dem Wort noch etwas Unterscheidendes anhaftet, nehmen wir etwas weg von dem, was über jeden Begriff hinausgeht und darum nur im Schweigen erfahrbar wird.
Das Schweigen des Buddha war beredter als all unsere Worte. Es war das Schweigen angesichts des letzten, des namenlosen, des unsagbaren Mysteriums; eines Mysteriums, das allen offen steht, dem sich aber nur jeder Einzelne selbst annähern kann. Es ist das Mysterium jenes

Zentrums, das jedem Menschen zu eigen und in dem das gesamte Universum enthalten ist.
Dieses Zentrum ist allumfassendes Tiefenbewusstsein. In ihm ist die Summe aller im anfang- und endlosen Kreislauf des Weltgeschehens gesammelten Erfahrungen und aller Lebensformen gespeichert. Im buddhistischen Sprachgebrauch heißt dieses Zentrum »Schatzkammer des Bewusstseins« oder »Speicherbewusstsein« (*ālaya-vijñāna*).[91]
Es birgt auch die Solidarität aller Wesen in sich und ist der Quell aller schöpferischen Kräfte.
Ohne dieses Zentrum zu erreichen, können wir keine Befreiung finden. Weil aber dieses Zentrum die Solidarität aller Wesen in sich birgt, können wir uns selbst nicht befreien, ohne die gesamte Menschheit, ohne sämtliche Lebewesen an dieser Befreiung teilhaben zu lassen, wie uns das, glaube ich, Christus ja bereits vorgelebt hat. Das Licht Gottes entspräche dem, was wir im Buddhismus als »Erleuchtungsbewusstsein« (*bodhicitta*) bezeichnen, das in der individuellen Bewusstwerdung jenes universellen, in uns gegenwärtigen Zentrums besteht.
Hören wir wieder, was Teilhard de Chardin in diesem Zusammenhang zu sagen hat:

> Beladen mit dem Saft der Welt steige ich auf zum Geist, der mir, in den konkreten Glanz des Universums gekleidet, jenseits aller Eroberung zulächelt. Und in das Geheimnis des göttlichen Fleisches verloren, vermag ich nicht zu sagen, welche dieser beiden Seligkeiten strahlender ist: das Wort gefunden zu haben, um die Materie zu beherrschen, oder die Materie zu besitzen, um das Licht Gottes zu erreichen und zu erfahren. …

> Wenn ich fest daran glaube, dass alles um mich herum der Leib und das Blut des Wortes ist, dann geschieht für mich [und in einem gewissen Sinn für mich allein] die wunderbare »Diaphanie«, die objektiv in der Tiefe allen Tuns und jeden Elements die leuchtende Wärme ein und desselben Lebens durchscheinen lässt.[92]

Was er hier sagt, hat ebenfalls im Buddhismus eine tiefe Entsprechung, zumal im tantrischen Buddhismus des in Tibet vorherrschenden Vajrayāna (des »Diamantfahrzeugs«): »Das Geheimnis des göttlichen Fleisches« findet seine Parallele in dem, was man im buddhistischen Sprachgebrauch als Nirmānakāya bezeichnen würde, als den »Körper der Verwandlung«. Dieser Nirmānakāya ist seinerseits eine Emanation des »Körpers der Inspiration« (Sambhogakāya) und des »universellen Körpers« (Dharmakāya), der in einem tieferen Verständnis unser aller Leib ist.

Die kreative und inspirative Kraft des Sambhogakāya aber ist die Quelle aller mantrischen Wörter. »Das Wort gefunden zu haben« ist gleichbedeutend mit der Entdeckung des mantrischen Weges, durch den wir all des Gewordenen (der Materie) Herr werden und dieses im göttlichen Licht des Ursprungs verwandeln und auflösen.

Das hier angesprochene »Wort« meint freilich nicht das Wort der Alltagssprache, es hat nichts zu tun mit Kybernetik oder mit der Begrifflichkeit eines philologischen Wortverständnisses. Vielmehr hat es mit dem schöpferischen Wort zu tun, das im Johannes-Evangelium – im Sinne der ursprünglichen Bedeutung dieses für das Geistesleben der griechischen Antike zentralen Begriffs – »logos« genannt wird.

Sprechen wir heutzutage von »logos«, so assoziieren wir diesen Begriff mit Operationen des diskursiven Denkens und des Intellekts, wohingegen der »logos«, von dem das Neue Testament spricht, eben (sofern ich es recht verstehe) jenes Wort der Macht ist, das – ich möchte sagen – »unaussprechliche« Wort, das nur im Innern erlebt werden kann. Es drückt sich in Klangsymbolen aus, die wie jedes Symbol unendlich vielfältig und facettenreich sind, auf jeder Ebene des Bewusstseins eine andere Bedeutung erhalten. Darum lässt es sich nicht definieren oder auf *eine* Bedeutung einschränken – kurz, es ist der Urlaut, aus dem alles hervorgeht. Dieses mantrische Wort ist dem Westen weitgehend verloren gegangen, und ich glaube, der Osten könnte dem Westen diesbezüglich weiterhelfen, könnte helfen, den Wert des mantrischen Wortes wiederherzustellen.
Sogar die katholische Liturgie, die bis vor Kurzem noch *eine* Liturgie für die ganze Welt war, wurde nun in verschiedene Landessprachen übersetzt. Ich muss gestehen, dass mich diese Veränderung einigermaßen entsetzt hat. Wie kann man denn so blind und taub geworden sein für die mantrische Bedeutung der Liturgie (in der sich im Verlauf von beinahe zwei Jahrtausenden der Geist des Christentums kristallisiert hat), dass man meint, sie ohne geistigen Verlust durch eine sachlich philologische Übersetzung säkularisieren zu können? Die Einheit der christlichen Kultur hängt in hohem Maß von der Einheit und dem gemeinsamen Gebrauch der sakralen Sprache ab, ähnlich wie Sanskrit die gemeinsame Sprache der Hindus und eines Großteils der Buddhisten ist. Sogar in einem Land wie Tibet, wo Sanskrit normalerweise nicht bekannt ist und die heiligen Schriften des Buddhismus ins Tibetische übersetzt werden mussten,

wurden alle mantrischen Formeln, zumal diejenigen der Liturgie, in ihrer ursprünglichen Sprache, dem Sanskrit, belassen.
Kommen wir noch einmal zurück auf das »Geheimnis des göttlichen Fleisches« oder Körpers. Angesichts dieses tiefgründigen Symbols kommt mir der Gedanke an ein Gedicht von Rainer Maria Rilke mit dem Titel »Buddha in der Glorie«, das in seiner Bildhaftigkeit und Symbolik nicht nur für eine tief empfundene Weltauffassung im Sinne des tantrischen Buddhismus steht, sondern auch eine erstaunliche Übereinstimmung mit Teilhard de Chardins zuvor angesprochenen Gedanken aufweist. Hier der Wortlaut von Rilkes Gedicht:

> Mitte aller Mitten, Kern der Kerne,
> Mandel, die sich einschließt und versüßt, –
> dieses Alles bis an alle Sterne
> ist dein Fruchtfleisch: Sei gegrüßt.
>
> Sieh, du fühlst, wie nichts mehr an dir hängt;
> im Unendlichen ist deine Schale,
> und dort steht der starke Saft und drängt.
> Und von außen hilft ihm ein Gestrahle,
>
> denn ganz oben werden deine Sonnen
> voll und glühend umgedreht.
> Doch in dir ist schon begonnen,
> was die Sonnen übersteht.[93]

Ich weiß nicht, ob Teilhard de Chardin dieses Gedicht kannte. Falls nicht, ist die Koinzidenz seiner Ausdrucksweise desto erstaunlicher, wenn er in der bereits zitierten Passage äußert:

> Beladen mit dem Saft der Welt steige ich auf zum Geist, der mir, in den konkreten Glanz des Universums gekleidet, jenseits aller Eroberung zulächelt. Und in das Geheimnis des göttlichen Fleisches verloren, vermag ich nicht zu sagen, welche dieser beiden Seligkeiten strahlender ist: das Wort gefunden zu haben, um die Materie zu beherrschen, oder die Materie zu besitzen, um das Licht Gottes zu erreichen und zu erfahren.[94]

Sollte Teilhard de Chardin dieses Gedicht nicht gekannt haben, ist dies ein weiterer Beleg für die profunde Parallelität zwischen seiner Weltanschauung und derjenigen des tantrischen Buddhismus, nämlich das Universum, wie Rilke, als das »Fruchtfleisch« jenes Göttlichen in unserer »alle Sonnen überdauernden« innersten Mitte darzustellen. Diese »Mitte aller Mitten« ist nichts anderes als das bereits angesprochene buddhistische *ālaya-vijñāna*, das kosmische beziehungsweise universelle Tiefenbewusstsein, das potenziell in jedem Lebewesen vorhanden ist, jedoch erst ins Licht vollständiger Bewusstheit geholt werden muss, um in und von dem betreffenden Individuum verwirklicht zu werden.
In diesem Licht begibt sich, wie Teilhard de Chardin so schön sagt, »die wunderbare ›Diaphanie‹, die objektiv in der Tiefe allen Tuns und jeden Elements die leuchtende Wärme ein und desselben Lebens durchscheinen lässt«. Die Bewusstwerdung dieser Diaphanie im Vorgang der letztendlichen Erfahrung von Universalität und Ganzheit des Göttlichen hat auch ein anderer Denker unserer Zeit, Jean Gebser, ins Zentrum seiner Philosophie gestellt. In seinem monumentalen Werk *Ursprung und Gegenwart* schreibt er:

> Der ungeteilte, der Ich-freie Mensch, der nicht mehr Teile sieht, sondern das »Sich« realisiert, die geistige Form des Mensch- und Weltseins, nimmt das Ganze wahr, das »vor« allem Ursprung »liegende« Diaphainon, das alles durchscheint.[95]
> Einst waren es nur die Jünger Christi, die Christi Verklärung wahrzunehmen vermochten. Diese einmal im Irdischen vollzogene Diaphanierung der Welt, diese einmalige Manifestation der Kraft des geistigen Prinzips, ist kein Vorgang der Vergangenheit.[96]

Diese Bewusstwerdung des Ganzen wird tatsächlich in den heiligen Schriften des Buddhismus (insbesondere in jenen des Mahāyāna und des Vajrayāna) des Öfteren erwähnt: zum Beispiel in der Verklärung Milarepas, des größten tibetischen Heiligen und Yogis, der im gleichen Jahrhundert gelebt hat wie der heilige Franz von Assisi; ebenso im *Śūrangama-Sūtra* und anderen bekannten Texten.
Noch deutlicher zeigen die Meditationsbeschreibungen der Tantras die Universalisierung des Bewusstseins, die Vergeistigung und die Heiligung der Welt. Im Demchog-Tantra heißt es, man solle sich selbst und alles Sichtbare als göttliches Mandala, jeden Klang als Mantra und jeden im Geist auftauchenden Gedanken als magische Entfaltung der großen göttlichen Weisheit betrachten. Dabei stellt die oder der Meditierende sich selbst im Mittelpunkt des Mandala als göttliche Gestalt jener vollendeten Budhaschaft vor, deren Verwirklichung sie oder er anstrebt. Hiermit verschwinden alle Nebensächlichkeiten. Nichts ist mehr unbedeutend oder willkürlich. Die Dinge der äußeren Welt schließen sich zum geweihten Kreis zusammen, in dessen Zentrum der Körper zum Tempel wird.

Die bloße Tatsache, dass man bewusst ist und über geistige Schöpferkraft verfügt, wird zum unaussprechlichen Wunder. Das Sichtbare wird zum Symbol tieferer Wirklichkeit. Oder wie Goethe sagte: »Alles Vergängliche ist nur ein Gleichnis.« Das Hörbare wird zum Mantra, das Stoffliche zur Manifestation elementarer Kräfte.
Infolge einer ähnlichen Erfahrung segnet Teilhard de Chardin die Materie, da sie die Dimensionen des Göttlichen offenbart und wir ohne sie träge und ohne Wissen um uns selbst und um Gott wären – denn uns würde der notwendige Widerstand fehlen.

> Ich segne dich, Materie, und ich grüße dich, nicht so, wie dich die hohen Herren der Wissenschaft und die Tugendprediger verkürzt oder entstellt beschreiben – eine Zusammenhäufung, so sagen sie, brutaler Kräfte oder niedriger Neigungen –, sondern so, wie du mir heute erscheinst, *in deiner Totalität und in deiner Wahrheit*. …
> Nun entzieht sich diese Seele, deren Wirken an sich stets eine Synthese ist, der wissenschaftlichen Erforschung, deren Hauptanliegen darin besteht, die Dinge in ihre Bestandteile und ihre materiellen Vorstufen zu zergliedern; sie kann nur durch Innenschau und philosophische Reflexion entdeckt werden. …
> Kein anderer Aspekt des Lebens bewegt meine Seele mehr als die Fähigkeit zur Teilhabe an einer Aufgabe, an einer Wirklichkeit, die dauerhafter ist als ich selbst; in diesem Geist und mit diesem Ziel vor Augen versuche ich, mich zu vervollkommnen und die Dinge ein wenig mehr zu meistern. Wenn der Tod über mich kommt, werden diese Dinge, diese

> Ideen, diese Realitäten, die gewichtiger und kostbarer sind als ich, davon unberührt bleiben; außerdem lässt mein Vertrauen auf die Vorsehung mich glauben, dass der Tod im dafür vorgesehenen Augenblick kommen wird, einem Augenblick von geheimnisvoller besonderer Fruchtbarkeit nicht nur für die übernatürliche Bestimmung der Seele, sondern auch für den zukünftigen Fortschritt der Erde.[97]

Um aber die Materie und das Universum in ihrer Totalität zu erleben, müssen wir zur Quelle allen Bewusstseins hinabsteigen, uns in den Urquell göttlichen Seins und Werdens versenken, was nur in der Meditation, der Umkehr unserer Blickrichtung, der Wendung nach innen geschehen kann.

> Ich will, mein Gott, dass durch eine Umkehr der Kräfte, deren Urheber Du allein sein kannst, der Schrecken, der mich angesichts der namenlosen Änderungen ergreift, die sich bereit machen, mein Sein zu erneuern, in eine überströmende Freude umschlägt, *in Dich verwandelt zu werden.*[98]

In ähnlicher Weise ist es das Ziel eines Mahāyāna-Buddhisten, in einen Erleuchteten verwandelt zu werden, zur Vollkommenheit, zur Ganzheit zu gelangen, indem er selbst den Weg des Buddha geht, statt den Buddha lediglich als eine historische Persönlichkeit zu verehren, die vor zweieinhalbtausend Jahren auf dieser Erde gelebt hat. Bemerkenswerterweise spiegelt sich auch dies in Teilhard de Chardins Christus-Auffassung wider, wenn er sagt: »Solange ich in Dir, Jesus, nur den Mann von vor zweitausend Jahren, den erhabenen Sittenlehrer, den Freund, den Bruder zu sehen vermochte oder wagte, ist meine Liebe zaghaft und gehemmt geblieben.«[99]

Der Buddha, dem wir unsere Verehrung erweisen, ist also nicht die historische Persönlichkeit namens Siddhārtha Gautama, sondern die göttlichen Qualitäten, die verborgen in jedem Wesen angelegt sind und in Gautama Shākyamuni wie auch in unzähligen anderen Erleuchteten der Vergangenheit und der Zukunft zutage getreten sind und noch zutage treten werden. Selbst der Buddha der Pāli-Texte scheute sich nicht, nach höchsten Qualitäten wie Liebe, Mitgefühl, anteilnehmender Freude und Gleichmut zu streben, und den Zustand meditativer Versenkung bezeichnete er als ein »Verweilen in Gott« (*brahma-vihāra*) oder als den göttlichen Geisteszustand.

Das Göttliche ist eine lebendige Richtungskraft, die sich im Bereich des Individuellen manifestiert und den Charakter der Persönlichkeit annimmt. Aber sie geht über das individuelle Bewusstsein hinaus, da sie ihren Ursprung im universellen Tiefenbewusstsein hat. Den Charakter der Persönlichkeit nimmt sie an, da sie im menschlichen Bewusstsein verwirklicht wird. Wäre sie lediglich eine abstrakte Idee, hätte sie auf das Leben keinen Einfluss; und falls sie nur eine unbewusste Lebenskraft wäre, würde sie keinen geistigen Wert darstellen – sie hätte keinen formenden Einfluss auf den Geist.

Die richtunggebende Kraft, die unserem Bewusstsein und der gesamten Entwicklung organischen Lebens zugrunde liegt, zählt auch zu den Grundgedanken Teilhard de Chardins. Aufgrund dessen strebt alles auf ein Ziel zu, den Punkt Omega oder, wie im Fall des Buddhismus, den Zustand der Erleuchtung und Ganzheit.

Diese Ausgerichtetheit oder auf ein bestimmtes Ziel sich hinbewegende Bewusstheit unterscheidet sich, wie wir zu

Beginn dieser Abhandlung aufgezeigt haben, fundamental von Darwins Evolutionstheorie und den Auffassungen der mehr oder minder darwinistisch geprägten, auf das Kausalitätsgesetz sich stützenden Naturwissenschaften. Andererseits tritt für sie dort, wo aufgrund der unerklärlichen Überschneidung von kausal untereinander unverbundenen Geschehnisabfolgen, deren Zusammentreffen mit einer unbekannten, unsere Begriffe von »Zeit« und »Kausalität« zur Sinnlosigkeit verurteilenden inneren Struktur des gesamten Weltorganismus zu tun hat, ein neuer Faktor in Erscheinung, für den die materialistische Wissenschaft des 19. und 20. Jahrhunderts keinen besseren Ausdruck finden konnte als das Wort »Zufall«. Damit werden die Geschehnisse, das Weltgeschehen insgesamt, mehr oder weniger als sinnlos abgetan, weil daraufhin selbst die hier und da vorhandenen Inseln kausaler Gesetzmäßigkeit ein Produkt des Zufalls sind.
Bei Sinnott heißt es dazu in *The Biology of the Spirit*:

> Der härteste Schlag, den Darwin dem Glauben versetzt hat, war nicht der Nachweis, dass der Mensch von den Tieren abstammte, sondern die Annahme, der gesamte Evolutionsprozess hänge letztlich von zufällig zustande kommenden Variationen ab. Ein lebender Organismus ist jedoch keine Schöpfung des Zufalls, sondern ein wohlgeordnetes System. Er nimmt ungeordnete Substanz in sich auf, versetzt sie in eine Ordnung und verleiht ihr eine Ausrichtung. Um im unbelebten Universum Sinn und Zweck zu erkennen, braucht es vielleicht das Auge eines Gläubigen, das Leben aber bewegt sich offensichtlich auf Ziele zu. ... Schon die bloße Existenz geistiger Qualitäten im Menschen legt den Gedanken nahe, diese

> seien Manifestationen von etwas Ähnlichem im äußeren Universum.[100]

Darwins Zufallstheorie ist sicherlich der schwächste Punkt in seiner ansonsten so genialen Idee. »Zufall« hat im Englischen allerdings eine Doppelbedeutung. Denn das englische Wort »*chance*« bedeutet nicht nur »zufälliges Geschehen«, sondern auch »Gelegenheit«! Zur Nutzung einer Gelegenheit bedarf es jedoch eines zielgerichteten Impulses, einer schöpferischen Idee, eines urteilenden Geistes oder einer stetigen Form- und Richtungstendenz. Diese Tendenz ist offenbar allem Leben zu eigen; es ist die Tendenz beziehungsweise der Impuls zur möglichst vollkommenen Entfaltung all der Möglichkeiten, die einer bestimmten Lebensform innewohnen. Da aber jede Lebensform auf einer anfanglosen Vergangenheit beruht und somit das Universum in seiner Gesamtheit zur Grundlage hat, kann das vollkommenste Ziel aller Entfaltung nur die Verwirklichung und Bewusstwerdung der universellen Ganzheit sein.
Entwicklung besteht daher nicht in einem Fortschreiten ad infinitum (und beinhaltet auch nicht die Vorstellung, dass notwendigerweise eine spätere Entwicklungsstufe besser ist als eine vorherige), sondern in einem Vorgang der Entfaltung immanent angelegter Eigenschaften wie etwa im Fall des vom Samen zur Blüte führenden Wachstumsprozesses einer Pflanze, in dessen Verlauf sich jede Phase durch eine ihr eigentümliche Schönheit auszeichnet und ihre eigene Berechtigung hat. In einem bewussten Wesen schlummert das vorhandene Potenzial zunächst im Dunkel des Tiefenbewusstseins, bis es geweckt und zur bewusst erlebten Wirklichkeit wird. Im Menschen wird das Universum sich seiner selbst bewusst. Diese Be-

wusstwerdung könnte man theologisch als das Erwachen des Individuums zum Göttlichen bezeichnen, als das Erwachen des Individuellen zu seiner Universalität.
Noch ein paar Worte über die Richtungskraft. Wohin orientieren oder richten wir uns? Wie bereits angesprochen, versuchen wir, aus den drei Dimensionen des euklidischen Raumes (dem »Außen« unserer Vorstellung) in eine neue Dimension vorzudringen. Und da wir außen keine neue Dimension vorfinden, bleibt uns nur *eine* Möglichkeit: im Bestreben nach Verwirklichung des inneren Zentrums in umgekehrter Richtung zu suchen.
Die westliche Psychologie hat inzwischen ebenfalls entdeckt, dass das menschliche Bewusstsein mehr umfasst, als wir gewöhnlich meinen – mehr als unseren Intellekt, unser Denken und so weiter. Unglücklicherweise haben moderne Denker jedoch das allumfassende Tiefenbewusstsein zum »Unbewussten« degradiert – und es damit zum Widersacher aller Vernunft und zur dunklen Quelle aller unkontrollierbaren Triebe erklärt – und sich umso mehr mit dem Oberflächenbewusstsein des Intellekts befasst. Diesem Ansatz geht es nur noch um die flüchtigen Interessen unserer momentanen Existenz und so verliert er die Verbindung zur lebendigen Tiefe, der Mitte aller Mitten, dem Quell aller göttlichen Kräfte.
Besonders verheerend waren die Auswirkungen auf die Kunst, sei es in der Dichtung, der Malerei, der Bildhauerei oder der Musik. Ein Großteil der Dichtung entbehrt des Sinns, und die Malerei ist entweder ein Zufallsprodukt oder ein willkürliches Durcheinander von Farben ohne angemessene Gestaltungsgrundlage, zeichnerische Kenntnisse oder ein psychologisches Verständnis. Durch hochtrabende, rätselhafte Bezeichnungen beinhaltende Titel und ästhetische oder philosophische Erklärungen lässt

sich das Publikum täuschen, obwohl in dem Künstler gar nichts nach Ausdruck verlangte, als er vor der Leinwand saß, sondern er sich nur von zufällig zustande kommenden Farbwirkungen und Formen leiten ließ. Je weniger verständlich, desto besser – der Künstler kann sich zur Rechtfertigung seiner Kreation ja stets auf das »Unbewusste« oder ähnlich geheimnisvolle Kräfte berufen. Entsprechendes gilt für die Bildhauerei und die Musik, wenngleich dort ein höheres Maß an technischem Wissen erforderlich ist und somit weniger dem Zufall überlassen bleibt.

Ein ähnlicher Mangel an Orientierung und ein daraus sich ergebendes Unbehagen ist in der modernen Psychiatrie zu finden. Bei all dem Verdienst, das C. G. Jung sich um die Erforschung des Tiefenbewusstseins erworben hat (wofür wir ihm nicht dankbar genug sein können), hat er es leider nicht gewagt, sich von Freuds negativer Formulierung zu lösen, den Schritt hin zu einer positiven Wertung des Tiefenbewusstseins zu vollziehen und sich aus der zwiespältigen Situation zu befreien, in die ihn die Beibehaltung einseitiger Freud'scher Grundbegriffe gebracht hat. Obwohl ich auf dieses Hindernis in der modernen Psychologie schon häufig hingewiesen habe (so auch bei Vorträgen im Züricher Jung-Institut), möchte ich nochmals darauf zu sprechen kommen, zumal in Zusammenhang mit Teilhard de Chardins Weltanschauung.

Kritische Stimmen waren bereits aus unterschiedlichen Lagern zu vernehmen. Hier will ich nur wenige Beispiele anführen, um deutlich zu machen, dass durchaus ein Bewusstsein dafür entsteht, wie umstritten dieser Ansatz der modernen Psychologie ist. Zum Beispiel sagt der Schweizer Psychiater Medard Boss:

> Schon lange ist es kein Geheimnis mehr, dass der ehrwürdige Stammbegriff der neuzeitlichen Psychologie, »das Unbewusste«, eine recht unkritische und dunkle Vorstellung ist. Obendrein objektifizieren wir durch diesen Begriff ganz unbedacht und von vornherein ein wesentliches Teilphänomen des Menschenwesens zu einem vagen, Es-haften, dämonisch-anonymen, schichthaften Ding und geben eine bloß gedankliche, hypostasierte Konstruktion für einen wirklich vorhandenen Gegenstand aus.[101]

Auf ähnlich kritische Weise äußert sich Jean Gebser, wenn er schreibt:

> Die heutige psychologische Terminologie, die im Gegensatz zum Bewusstsein ein »Unbewusstes« postuliert, macht sich damit einer Verfälschung urgegebener psycho-somatischer Tatbestände schuldig. Diese Terminologie und die durch sie falsch strukturierten Phänomene sind ein Schulbeispiel für die Fehlschlüsse, welche einem radikal angewandten Dualismus entspringen. Es gibt kein sogenanntes Unbewusstsein. Es gibt nur verschiedene Arten (oder Intensitäten) des Bewusstseins.[102]

Und nun die Aussage eines englischen Denkers, Alan Watts:

> Das moderne Denken leidet unter dem seltsamen Vorurteil, das Bewusstsein sei lediglich ein oberflächlicher Auswuchs der Wirklichkeit und je fundamentaler die Macht, das Prinzip oder die Substanz werde, desto blinder und unbewusster müssten sie sein.[103]

Weiterhin führt Medard Boss aus:

> Die moderne Psychologie des Unbewussten könnte in der Tat das erste schwache Morgengrauen vor dem Erwachen sein und es ist möglich, dass wir in den Werken C. G. Jungs bereits einen Strahl der Sonne erblickt haben. Schon der bloße Gebrauch des Ausdrucks »das Unbewusste« zeigt, wie wenig der westliche Mensch davon weiß, was in Wirklichkeit sein zentrales Bewusstsein ist.[104]

In der Tat bedurfte es eines Teilhard de Chardin, um uns die grundlegende Rolle des Bewusstseins einsichtig zu machen und der Idee von einem bewussten Universum wieder zu ihrem Recht zu verhelfen – der Idee von einem Universum, in dem selbst die sogenannte Materie lediglich eine andere Dimension des Lebendigen ist, eine Dimension, die uns einfach deshalb als Materie erscheint, weil wir Widerstand, Form, Sichtbarkeit und dergleichen als Materie definieren. Worin sonst besteht Materie, wenn nicht in unseren Sinneswahrnehmungen? In Wirklichkeit können wir die »Materie« nicht einmal berühren. Wir können nur Widerstand spüren, Formen sehen, Ertastetes beschreiben, Gerüche wahrnehmen oder unterschiedliche Geschmacksempfindungen registrieren. All das aber ist noch keineswegs »Materie«, sondern bloß eine Anzahl von Sinneseindrücken, aus denen wir den Begriff der Materie konstruieren. Von einem materiellen oder physischen Universum können wir daher nur in einem sehr relativen und auf unsere eng begrenzten Sinneswahrnehmungen bezogenen Sinn sprechen.

Mit dieser Erkenntnis ist bereits ein wesentlicher Unterschied zwischen den Gegebenheiten des inneren und des

äußeren Raumes hinfällig geworden, und nachdem uns der feste Boden der Außenwelt gewissermaßen unter den Füßen weggezogen worden ist, dürfen wir uns umso zuversichtlicher der inneren, uns so viel näheren Welt zuwenden. Leider betrachtet die heutige Psychologie deren Inhalte nur im Spiegel des Unbewussten, das heißt, in passiv hingenommenen funktionellen Auswirkungen in Gestalt von Träumen und archetypischen Symbolen, welche sie als Äußerungen übermächtiger Triebe ansieht, denen das Individuum ausgeliefert ist.
Die Psychologie der »Triebe« ist das typische Produkt einer dem Kausalitätsprinzip huldigenden Wissenschaft. Dieses mag im Bereich der Mechanik seine Berechtigung haben, führt aber im Reich des Seelischen nicht recht weiter. Selbst aus biologischer Sicht ist die Theorie von den unbewussten Trieben ins Wanken geraten, wie die folgenden Anmerkungen von Edmund Sinnott deutlich machen:

> Vor dem Hintergrund unserer Alltagserfahrung erscheint die Vorstellung, solche inneren Triebe hätten das Kommando über uns, ziemlich unrealistisch und gekünstelt. Welchen Sinn macht das, so fragen wir uns, bei Menschen, deren Leben dem Streben nach Erkenntnis, der ästhetischen Schöpfung oder dem Dienst an ihren Mitmenschen gewidmet ist? Wo lässt diese Vorstellung Raum für Hingabe, eine aufopfernde Haltung und jene nimmermüde Suche nach Wahrheit und menschlicher Vervollkommnung – etwas, wobei der Mensch sich schon immer von seiner besten Seite gezeigt hat? Wie kann sie all denen gerecht werden, die von dem brennenden Wunsch beseelt sind und – nicht willens, sich mit dem Gerin-

> gem abzufinden – die Flamme jenes göttlichen Strebens nach Höherem in sich tragen, das den Menschen über das Tier erhebt? Es sieht nicht danach aus, als würden die Menschen zu den besten Dingen, die sie tun, getrieben werden, vielmehr scheinen sie einem nachdrücklichen inneren Ruf Folge zu leisten, der sie veranlasst, ungeachtet aller Entbehrung, Ungewissheit und Entmutigung auf die Verwirklichung eines hohen Ansinnens hinzuarbeiten. …
> Gegenüber der heute vorherrschenden psychologischen Lehrmeinung hat diese Auffassung den Vorzug, dass sie vorwärts gerichtet ist, auf ein zu erreichendes Ziel hin, statt rückwärts gewandt der Frage nachzugehen, ob die Umstände den Anstoß geben und sich als treibende Kraft erweisen. Somit steht sie in Einklang mit dem Urteil, zu dem wir gelangen, wenn wir von unserer Alltagserfahrung ausgehen.[105]

Das Ziel aber ist die Ganzwerdung, an der das individuelle Bewusstsein des Menschen ebenso teilhat wie sein überindividuelles Tiefenbewusstsein, in der Intuition und Ratio miteinander vereint sind, sodass die Hinwendung zu jener verborgenen Schatzkammer universeller Erfahrung kein blindes, zielloses Ergreifen oder unwillkürliches Ergriffenwerden von unwillkürlich aufwallenden Erfahrungsinhalten ist, sondern ein ganzheitliches Geschehen, in dem unser individuelles Dasein vom gesamten Universum erfüllt ist.
Statt uns damit zufriedenzugeben, bruchstückhafte Eindrücke von unwesentlichen Einzelheiten tiefenbewusster Inhalte in das grelle Licht des Intellekts zu heben und diese einer sie zu Tode sezierenden Analyse zu unterwerfen, sollten wir unseren bewussten Geist nach innen wen-

den, um die potenziellen Kräfte der Tiefe in aktive Kräfte umzuwandeln. Mit anderen Worten: Statt die archetypischen Symbole und Visionen der Tiefe an die Oberfläche des Bewusstseins zu holen und sie begrifflichem Denken oder der Trivialität weltlicher Zwecke und Ziele preiszugeben, sollten wir das Augenmerk unseres individuellen Bewusstseins auf seine universelle Quelle richten, durch die und in der wir zum größeren Leben und zur Synthese des Geistes erwachen.

Der Weg zu diesem Erwachen des Geistes, zur vollkommenen Erleuchtung, ist nicht in Lebensspannen zu messen; er umfasst Weltzeitalter und weltumspannende Perspektiven, wie sie nur ein Gelehrter vom Rang eines Teilhard de Chardin visualisieren und in Worte fassen konnte. Von dieser geistigen Warte aus konnte er sagen:

> Für jene aber, die sehen, wie die Synthese des Geistes auf der Erde sich über ihr kurzes Dasein hinaus verlängert, erweist sich jedes Tun und jedes Ereignis als mit Bedeutung und Verheißungen geladen.[106]

Diese Synthese des Geistes auf der Zeitachse hat ihre Entsprechung auf der Achse räumlicher Ausdehnung – in der Erkenntnis, dass jedes individuelle Bewusstsein nicht in sich selbst abgeschlossen oder abgegrenzt ist, sondern andere, ähnliche Bewusstseinszentren durchdringt und seinerseits von den Auswirkungen anderer Bewusstseinszentren durchdrungen wird. Auf diese Weise werden Raum und Zeit zu Dimensionen des Bewusstseins. Und so hat, sagt Teilhard de Chardin, »die bestürzende Gewalt des Kosmos nichts Erschreckendes mehr, weil die unbestimmten Schichten von Raum und Zeit keineswegs die unbelebte Wüste sind, in der wir uns verloren glaubten, son-

dern sich als der Schoß enthüllen, der die Teilchen eines großen Bewusstseins sammelt, das dabei ist zu emergieren«.[107]
Weiter heißt es bei ihm:

> Dass wir uns nach und nach unserer physischen Beziehungen mit allen Teilen des Universums bewusst werden, stellt ein wirkliches Größerwerden unserer Personalität dar. Diese Bewusstwerdung ist wirklich eine fortschreitende Beseelung der Gesamtheit der jeden von uns umgebenden Dinge. Sie bedeutet, dass in dem Bereich außerhalb unseres Fleisches *unser wirklicher und totaler Leib sich weitergestaltet.*[108]

Dieses Verständnis entspricht genau der bereits angesprochenen tantrischen Idee vom Universum als unserem größeren, unserem geistigen Leib. Solange wir das Universum als etwas Fremdes empfinden, das uns als Objekt gegenübersteht, sind wir Spielball seiner Kräfte und werden hilflos im Kreislauf des Werdens und Vergehens umhergetrieben. Folglich erleben wir das Universum dann als *samsāra.* In dem Augenblick jedoch, in dem wir das Universum als »unseren totalen Leib« erkennen und es geistig durchdringen, durchlaufen wir die große Verwandlung: Wir haben Befreiung erreicht, den Zustand von *nirvāna.*
Der tibetische Buddhismus spricht von den drei Mysterien des Körpers, der Rede und des Geistes. (Mehr zu diesem Thema in meinem Buch *Grundlagen tibetischer Mystik.*) Die Persönlichkeit eines geistig unentwickelten Menschen beschränkt sich auf seine materielle Erscheinungsform, auf seinen physischen Körper. Die Persönlichkeit eines geistig fortgeschrittenen Menschen bleibt

hingegen nicht länger auf die materielle Erscheinungsform beschränkt, sondern umfasst auch die geistigen und seelischen Funktionen, den »Bewusstseinskörper«, der über die Grenzen des physischen Körpers hinausreicht.
Dieser Bewusstseinskörper erweitert sich bei einem im Ideellen lebenden Menschen über den Bereich individueller Interessen und Erfahrungen hinaus in die Freiheit der Universalität und lebendiger Beziehungen – in den Bereich des Schönen, der schöpferischen Gestaltung, des ästhetischen Wohlgefallens und des intuitiven Erlebens. Für den erleuchteten Menschen aber, dessen Bewusstsein das Ganze des Universums umfasst, wird dies Universum zu seinem Leib. Er wird zur Manifestation des universellen Geistes, seine Schauung wird zum Ausdruck höchster Wirklichkeit, seine Rede wird zu mantrischer Macht und heiliger Weisheit. In seiner wahren Natur offenbart sich so das Mysterium von Körper, Rede und Geist – als jene drei Aktivitätsebenen, auf denen sich jegliches geistige Leben abspielt.
Teilhard de Chardin sieht diesen Vorgang der Verwirklichung in der Synthese dieser drei Aktivitätsebenen und in einer Konvergenz aller kosmischen Entwicklungstendenzen auf einen höheren Bewusstseinsbrennpunkt hin. Dieser beinhaltet mehr als die bloße Summe jedweder Erfahrung: ihre volle Integration, ihre höchste Potenz, die letztendliche Dimension des Bewusstseins.

> Wenn wir nun versuchen, den Ort dieses höchsten Zentrums festzulegen und seine Eigenschaften zu analysieren, erkennen wir rasch, dass er weit jenseits und hoch über einem einfachen, perfektionierten menschlichen Kollektiv gesucht werden muss. Um

> fähig zu sein, die in die Welt verlängerten Fasern in sich zu verknüpfen, kann die Spitze des Kegels, in dem wir uns bewegen, nur als ultra-bewusst, ultra-personal, ultra-wirklich aufgefasst werden. Sie muss uns nicht nur mittelbar über das universale Netz der physischen Synthesen erreichen und auf uns wirken, sondern auch und noch mehr unmittelbar von Zentrum zu Zentrum (das heißt von Bewusstsein zu Bewusstsein) dank der Begegnung mit der feinsten Spitze unserer selbst.[109]

Von dieser Warte aus gesehen verstehen wir Teilhard de Chardins tiefe Überzeugung, dass »es das große Anliegen der modernen Menschheit ist, sich einen Weg nach vorne zu bahnen, *indem sie eine Schwelle größeren Bewusstseins durchbricht*. Christen oder Nichtchristen – die von dieser besonderen Überzeugung beseelten Menschen bilden *eine homogene Kategorie*.«[110]
Offenkundig meint Teilhard de Chardin uns alle, ob wir nun Christen sind oder nicht. Jedem Menschen, dem diese große Aufgabe am Herzen liegt, jedem Menschen, der die höchste Verwirklichung des Geistes anstrebt, hat Teilhard de Chardin auf immerdar einen großen Dienst erwiesen.

Kapitel 4

Drogen und Meditation

»Erweiterung« und Desintegration des Bewusstseins oder innere Sammlung und Regeneration?

Wer heutzutage »bewusstseinserweiternde« Drogen als Ersatz oder als Triebfeder für die Meditation empfiehlt, geht recht naiv von der vorgefassten Vorstellung aus, mit einer Erweiterung des Bewusstseins als solcher habe man schon etwas Wertvolles erreicht. Aber die bloße Ausweitung eines verworrenen Bewusstseins, in dem Unterscheidungsvermögen, inneres Gleichgewicht und Verständnis noch nicht entfaltet sind, stellt keine Veränderung zum Besseren dar, und sie wird auch nicht zur Erreichung beziehungsweise Verwirklichung einer höheren Bewusstseinsdimension führen. Im Gegenteil wird sie eine umso schlimmere Verwirrung, zunehmende geistige Verschleierung und eine zur Unterscheidung unfähige Verstrickung in belanglose Eindrücke und Emotionen zur Folge haben. Statt den Geist ohne Sinn und Verstand – also ohne das Verständnis- und Unterscheidungsvermögen entwickelt zu haben – zu erweitern, werden verständige Menschen sich daher lieber an den Rat der großen geistigen Vorbilder und Religionsstifter der Menschheit halten. Und der besagt, dass man sich geistig sammeln und auf eine Stärkung der Geistesqualitäten hinwirken sollte.

Das wichtigste Hilfsmittel für die sogenannte Bewusstseinserweiterung ist LSD. Diese Substanz einzunehmen, statt zu meditieren, propagieren aber bezeichnenderweise nur solche Leute, die in wirklicher Meditation weder über eigene Erfahrung noch über eine entsprechende Qualifikation verfügen. Niemals haben sie eine ernsthafte, auf jahrtausendelanger Erfahrung und Erkundung der menschlichen Seele beruhende Geistesschulung (*sādhana*) jener Art durchlaufen, wie sie von vielen großen spirituellen Traditionen der Menschheit weitergegeben und gelehrt wird.

Beim Meditationsprozess, mit anderen Worten, bei der allmählich sich vollziehenden Integration, geht es uns nicht um eine »Erweiterung«, sondern, wie Jean Gebser, einer der scharfsinnigsten Denker unserer Zeit, zu Recht erklärt, um eine »Intensivierung« des Bewusstseins:

> Der Fehler, der heute gemacht wird und der seinen Anlass in der quantitativ betonten rationalen Haltung hat, besteht darin, dass man meint, dem materiellen Mehr müsse ein bewusstseinsmäßiges Mehr gegenübergestellt werden. Dieses Mehr betrifft jedoch nur das spiegelnde Wissen, das quantitativen Charakter hat. Allein aus diesem Grunde mussten wir betonen, dass wir nicht in den Fehler verfallen dürfen, eine Bewusstseins-Erweiterung anzustreben, sondern dass es auf eine Bewusstseins-Intensivierung ankommt. Eine bloße Bewusstseins-Erweiterung führt genauso in den Untergang wie die materielle Quantifizierung, wie sie bis zu einem gewissen Grade bereits Ungestalt angenommen hat.[111]

Um zu begreifen, wohin dieser Atomisierungsprozess hinführt, brauchen wir uns nur die Gemälde und Zeichnungen der sogenannten psychedelischen oder der von ihr beeinflussten modernen Kunst anzusehen, die aus Tausenden von Bruchstücken zusammengesetzt zu sein scheinen, so als werde die Welt in einem zerbrochenen Spiegel reflektiert, der sie in ein Chaos aus unverbundenen Einzelteilen aufgesplittert wiedergibt.

Der Hauptunterschied zwischen den durch LSD hervorgerufenen Bewusstseinszuständen und denjenigen der Meditation – und dies ist keine bloße Theorie, sondern hier spreche ich aus eigener Erfahrung – ist aber ein anderer: LSD beraubt uns jeder Kontrolle, sodass wir von den eigenen Emotionen hilflos hin und her geworfen, von Halluzinationen beziehungsweise den Hervorbringungen einer chaotischen Imagination getäuscht werden und unsere Aufmerksamkeit von Tausenden fragmentarischer Vorstellungsinhalte und Sinneseindrücke zersplittert und verwirrt wird. Im Unterschied dazu ist Meditation ein schöpferischer Vorgang, der das Chaos ungebändigter Gefühle, Gedanken, unkontrollierter Willensäußerungen und widerstreitender innerer Kräfte in einen sinnvollen »Kosmos« (ein harmonisiertes »Uni-versum«) verwandelt, in dem alle seelischen Fähigkeiten in der Tiefe unseres Bewusstseins zentriert und integriert sind.

Erst die Schaffung dieses inneren Zentrums macht uns zu bewussten Geisteswesen und erhebt uns über die blinden Triebe unserer animalischen Natur, die uns an das Chaos von *samsāra* (die Welt der Irrungen und Wirrungen) fesselt. Demgegenüber führt LSD uns vom Zentrum fort in eine immer weiter sich zersplitternde Vielheit beziehungsloser, ständig sich wandelnder Projektionen unterbewusster Gedankeninhalte, die zwar im Augenblick unsere Aufmerksamkeit fesseln, uns aber gewissermaßen zu völlig passiven Zuschauern eines psychischen Filmstreifens machen. Je länger wir uns seiner Betrachtung hingeben,

desto sicherer wird er alle kreativen Impulse und alle eigenen Anstrengungen, diese zu verwirklichen, ersticken.
In dem Zusammenhang ist es gut, sich Goethes bekannten Ausspruch in Erinnerung zu rufen: »Was du ererbt von deinen Vätern hast, erwirb es, um es zu besitzen.«[112]
In einem weiter gefassten Sinn ist das »Erbe der Väter« hier das Erbe unserer eigenen Vergangenheit und letztlich des gesamten Universums, aus dem wir hervorgegangen sind. Oder, wie es im Zen-Buddhismus heißt: Es ist »unser ursprüngliches Gesicht, das wir hatten, bevor unsere Eltern geboren waren«.
Dieses »ursprüngliche Gesicht« ist freilich weit davon entfernt, das Gesicht unserer bereits vollendeten oder immanenten Buddhaschaft zu sein, mag es auch all die Möglichkeiten eines erleuchteten Geistes schon in sich tragen. Vielmehr würde ich es definieren als die Reflexion des universellen Tiefenbewusstseins, des »Speicherbewusstseins« (*ālaya-vijñāna*) im buddhistischen Sprachgebrauch, in dem die angesammelten Erfahrungen sämtlicher Daseinsformen, die Erfahrungen einer anfanglosen Vergangenheit, enthalten sind – alle nur möglichen Lebenszustände, von den niedrigsten bis zu den höchsten Bewusstseinsstufen (oder von den primitivsten bis zu den allumfassenden Dimensionen des Bewusstseins), von den blinden Auswüchsen tierischer oder dämonischer Triebe und grausamer Leidenschaften bis hin zu den heilsamen Aktivitäten göttlicher oder erleuchteter Wesen, in denen die unbewussten Kräfte und blinden Leidenschaften zu kristallklarem Wissen, zu Liebe und Mitgefühl sublimiert werden.
Dieses *ālaya-vijñāna* mit der »Buddha-Natur« gleichzusetzen und zu glauben, durch bloßes Unterdrücken oder Ausschalten unserer Gedanken und Bestrebungen, unserer Willensäußerungen und unseres Urteilsvermögens –

kurz, unserer gesamten Individualität und unserer intellektuellen Fähigkeiten – könnten wir die Erleuchtung eines Buddha erreichen, ist ein naiver Glaube und eine ungerechtfertigte Hypothese, die sich nicht auf Erfahrung stützt und zur gesamten, sich um die Sublimierung, Harmonisierung und Integrierung aller menschlichen Eigenschaften und Fähigkeiten bemühenden buddhistischen Überlieferung in Widerspruch steht. Denn für diese ist eigene Anstrengung (*vīrya* und *vyayama*) ebenso wichtig wie konsequente religiöse Praxis (*sādhana*), schöpferische Entfaltung geistiger Qualitäten (*bhāvanā*), unterscheidendes Denken (*dharmavicaya*), weise Einsicht und klares Wissen (*prajñā*), ungeteilte Aufmerksamkeit und Erinnerung (*smrti*), zielbewusstes Streben (*samyak samkalpa*), bewusst ausgerichtete meditative Sammlung (*ekāgrata*), liebevolles Wohlwollen und Mitgefühl für alle Wesen (*maitrī* und *karunā*) und Vertrauen auf die erleuchteten Weisheitslehrer der Menschheit.

Weder durch passives »Sitzen« noch durch das Bemühen, menschliche Gefühle und Gedanken zu unterdrücken, kann man Erleuchtung erreichen; ebenso wenig lässt sie sich durch ein verzweifeltes Ringen um die Lösung eines paradoxen Problems (*kōan*) erzwingen. Weder in einer starren Einengung noch in einer durch künstliche Mittel hervorgerufenen »Erweiterung« des Bewusstseins wird man den Schlüssel zur Erleuchtung finden.

Die Verengung des geistigen Gesichtsfeldes auf nur einen einzigen Punkt, einen einzigen Gegenstand, Begriff oder Gedankengang unter Ausschluss aller anderen Gedanken oder Sinneseindrücke – was der Ausschließlichkeit eines perspektivischen Standpunktes entspricht, der lediglich eine einseitige, perspektivisch verkürzte Gegenstandsbetrachtung ermöglicht – hält uns davon ab, die organische

Beziehung des Gegenstandes zu seinem Hintergrund wie auch zu uns selbst zu betrachten. Diese Art von Konzentration, wie sie, basierend auf strikten Gesetzen der Logik, im wissenschaftlich-diskursiven Denken geübt wird, ist ebenso wenig geeignet, zur Erleuchtung zu führen, wie die zur Unterscheidung unfähige Bewusstseinserweiterung eines ungeschulten, unerfahrenen Menschen, der weder über die Kenntnisse noch über das Urteilsvermögen verfügt, die man bräuchte, um die Phänomene dieses erweiterten Bewusstsein verstehen und sie sich zunutze machen zu können. Die betreffende Person befindet sich in der gleichen Lage wie ein wissenschaftlich ungeschulter und auf die Raumfahrt nicht vorbereiteter Mensch, den man mit einer Rakete oder einem Raumschiff ins Weltall schickt. Zwar würde er die gleichen Phänomene erleben wie ein Astronaut, trotzdem wäre er oder sie nach der Rückkehr auf die Erde kaum klüger als vor dem Start, denn das Gesehene und Erlebte würde keinen Sinn ergeben, sondern nur Verwirrung, Bestürzung und Angst heraufbeschwören.

Selbst wenn die durch Drogen hervorgerufenen Erlebnisse denjenigen in der Meditation oder mystischen Visionen ähnlich wären (wofür es nicht den geringsten Beleg gibt, weil diejenigen, die sich der Drogen bedienen, von wirklicher Meditation keine Kenntnis haben), würde sich dem geistig Ungeschulten deren tieferer Sinn nicht erschließen. Denn er vermag die Sprache der geistigen Symbole und die Phänomene nicht zu deuten, kann keine sinnvollen Beziehungen zwischen sich selbst (als dem Beobachter) und den beobachteten Phänomenen – mit anderen Worten, zwischen dem universellen Tiefenbewusstsein und dem individuellen (peripheren) Oberflächenbewusstsein – herstellen, weil er den Weg, der von der Peripherie, dem

normalen Wachbewusstsein, zum Tiefenbewusstsein, zur inneren Mitte führt, übersprungen hat.
Diesen im Vorgang der meditativen Versenkung Schritt für Schritt von unserem Oberflächenbewusstsein in die Tiefe unseres Geistes führenden Weg zurückzulegen und die damit verbundenen Erfahrungen zu durchlaufen ist von allergrößter Wichtigkeit, weil dabei all unsere Fähigkeiten des Denkens, des Fühlens und der Intuition in Anspruch genommen und stimuliert werden. Wer glaubt, sich auf bloße Intuition verlassen zu können, ohne zunächst auf der Ebene der Alltagserfahrung die Grundfunktionen des Intellekts zu beherrschen, vermag den Unterschied zwischen Wahrheit und Selbsttäuschung nicht herauszufinden.
Die bloße »Erweiterung« des Bewusstseins bleibt daher wertlos, sofern wir nicht unsere innere Mitte gefunden haben, in der alle geistig-seelischen Fähigkeiten integriert sind und von der aus letztlich all unsere Erfahrungen beurteilt und Entscheidungen getroffen werden. Diese innere Mitte liegt zwischen den Polen des individuell-peripheren Intellektualbewusstseins und des überindividuellen Tiefenbewusstseins, in welchem wir am größeren Leben des Universums teilhaben. Wenn diese Mitte vollkommen intakt ist, ergibt sich daraus der Gesamteindruck eines offenkundigen Einklangs des äußeren mit dem inneren Leben. Innen und Außen existieren nicht gegeneinander, sondern füreinander.

> Jede Verfehlung des im Grunde Gemeinten tritt als Störung des Gleichgewichts zwischen zwei Polen in Erscheinung, so als Übergewicht des »Himmels« über die »Erde« oder der »Erde« über den »Himmel«; des Ich über die Welt oder der Welt über das Ich; der

> Form über das innewohnende Leben oder des Lebens über die bewahrende Form.
> So nun, wie das Verfehlen der rechten Mitte immer eine Störung des lebendigen Ganzen bedeutet, so auch bedeutet die rechte Mitte offenbar nichts anderes als eine Verfassung, in der das *Ganze sich im Spannungsverhältnis der Pole* lebendig bewahrt.[113]

Die Tendenz zur Zentrierung ist nicht nur eine biologische und psychologische Notwendigkeit, sondern ein den ganzen Kosmos durchwaltendes Bewegungsgesetz – gleichgültig, ob es sich um Spiralnebel oder Sonnensysteme, um Planeten oder Elektronen handelt. Jeder Bewegung wohnt eine Tendenz inne, sich als die einzig mögliche Form von Stabilität innerhalb der unendlichen Bewegung alles Lebendigen ihren eigenen Mittelpunkt oder ihre eigene Achse zu schaffen.
Wo das Leben aber sich seiner selbst bewusst wird, da findet eine neue, subtilere Zentrierung in einem Bewusstsein statt, das sich einen eigenen Brennpunkt schafft, der sich wie auf einer unendlichen Achse aus ferner Vergangenheit auf eine (wie uns scheint) ebenso ferne Zukunft zubewegt, oder richtiger: der sich auf eine (für uns) unablässig in Wandlung begriffene Gegenwart zubewegt.
Das universelle Tiefenbewusstsein ist uns allen gemeinsam, doch vom Individuum hängt es ab, was sie oder er daraus macht, daraus gewinnt oder destilliert und an die Oberfläche bringt. Wie das Wasser des Ozeans alle Substanzen als Lösung – in einem aufgelösten Zustand – enthält, ebenso beinhaltet das universelle Tiefenbewusstsein als Potenzial alle seelischen Eigenschaften. Aus Meereswasser können wir Gold gewinnen oder aber gewöhnliches Kochsalz, je nach dem Grad der (chemischen) Kon-

zentration und der angewandten Methode. In ähnlicher Weise lassen sich dem universellen Tiefenbewusstsein entweder göttliche oder dämonische, dem Leben förderliche oder es zerstörende Kräfte, Kräfte der Dunkelheit oder des Lichts abgewinnen.

Wer in die Tiefen dieses universellen Bewusstseins hinabsteigt, ohne die innere Mitte gefunden zu haben, wird von ihm verschlungen werden oder dem eigenen Untergang entgegentreiben wie ein steuerloses Schiff, das sich in der Unermesslichkeit des Ozeans verliert. Allein dem Wissenden enthüllt die Tiefe ihre reichen Schätze. Wissen und Weisheit aber gründen auf geduldiger Beobachtung der Gesetzmäßigkeit allen Daseins im Spiegel des zur Ruhe gekommenen Geistes, in dem die inneren Beziehungen aller Dinge offenbar werden und unser intuitives Wahrnehmungsvermögen zur Verwirklichung gelangt.

Findet die Intuition hingegen keinen klaren Ausdruck in unserem Denken, kann sie keinen wirksamen Einfluss auf unser Leben nehmen. Vielmehr verliert sie sich dann im Nebel unbestimmter Gefühle, traumgleicher Vorstellungen und Fantasien, da keine Kraft wirksam werden kann, sofern sie ungeformt, das heißt, sofern sie nicht gesammelt und zielgerichtet ist. Lediglich auf der intellektuellen Ebene entfaltete Gedanken und Erkenntnisinhalte müssen andererseits anhand unmittelbarer Lebenserfahrung verifiziert werden, damit aus ihnen lebendige und gelebte Wirklichkeit hervorgehen kann. Nur dann wird ihnen die Kraft innewohnen, unser Leben zu verwandeln und uns in unserem innersten Wesen zu beeinflussen.

Wer nur an den eigenen Gedanken klebt, bleibt in ihnen gefangen, so wie ein nur in unbestimmten Formen der Intuition lebender Mensch zum Gefangenen seiner von Augenblick zu Augenblick sich verändernden Stimmungen und Eindrücke wird. Wer hingegen die Fähigkeit zu klarem Denken mit jener Intuition in Einklang zu bringen vermag, macht aus beidem das Beste. Solch ein Mensch wird sich an der Freiheit der Intuition erfreuen und sich zugleich deren Resultate zunutze machen können für die Schaffung eines geistigen Universums, einer Weltanschauung – eines stets in Wachstum begriffenen Gebäudes von erhabener Schönheit und Transparenz. Von dem strahlenden Juwel der Erleuchtung gekrönt wird dieses Gebäude schließlich seine Vollendung finden.

Kapitel 5
Meditation

Der Osten hat die ewige Wiederkehr derselben Bedingungen und ähnlicher Ereignisse entdeckt. Der Westen hat den Wert der Einzigartigkeit jedes Ereignisses und jeder existenziellen Situation entdeckt. Der Osten hielt seinen Blick auf den kosmischen Hintergrund gerichtet, der Westen auf den individuellen Vordergrund. Das vollständige Bild aber vereint Vordergrund und Hintergrund, indem es beide zu höherer Einheit verschmilzt. Der vollständige Mensch – der Mensch, der heil, oder ganz, geworden ist (und darum »heilig«) – vereint das Universelle mit dem Individuellen, die Einzigartigkeit des Augenblicks mit der Ewigkeit der zyklischen Wiederkehr von Konstellationen und existenziellen Situationen.

Im Wissen um die Unsterblichkeit hat der Osten das irdische Leben vernachlässigt. Im Wissen um die Einzigartigkeit und den Wert des gegenwärtigen Augenblicks hat der Westen das Unsterbliche vernachlässigt. Nur in den tiefsten Aspekten des Vajrayāna (der mystischen Schule des tibetischen Buddhismus) wie auch im I Ging (dem ältesten chinesischen Weisheitsbuch) wurde der Versuch unternommen, den Vordergrund mit dem Hintergrund, das Augenblickliche mit dem Ewigen und die Einzigartigkeit jeder Situation mit den ewig sich wiederholenden Konstellationen universeller Kräfte zu verbinden.

Nur wer in voller Kenntnis und Anerkennung des eigenen westlichen Erbes das Erbe des Ostens durchdringt und in sich aufnimmt, kann zu den höchsten Werten beider Welten Zugang gewinnen und ihnen gerecht werden. Ost und West sind die beiden Hälften unseres menschlichen Bewusstseins, vergleichbar mit den beiden Polen eines Magneten, die einander bedingen und untrennbar zusammengehören. Nur wenn ein Mensch diese Tatsache anerkennt, kann er ein vollständiges menschliches Wesen werden. »Im Menschen«, schreibt Leo Baeck, »wird sich das Leben seiner selbst bewusst, und damit entwickelt es sich zu einer Aufgabe und zur Freiheit, sodass es stets neu empfangen kann, stets einen neuen Anfang machen kann, sodass es seinen Ursprung und sein Erbe wiedergewinnt und wiedergeboren werden kann.«

Das menschliche Dasein schwebt zwischen den Polen »Himmel« und »Erde«. Es gilt, die Weite des Himmels in uns zu wahren, zugleich aber die Erde nicht zu vergessen, die uns trägt. Erde und Himmel sind die Symbole des Endlichen und des Unendlichen, an denen wir gleichermaßen teilhaben. Zwischen diesen beiden Polen unseres Daseins zu wählen oder den einen zugunsten des anderen aufzugeben ist nicht unsere Aufgabe – vielmehr ihre wechselseitige Abhängigkeit anzuerkennen und sie zutiefst in unser Dasein zu integrieren. Unsere Problemstellung ist daher nicht diejenige eines »Entweder-oder«, sondern die eines »Sowohl-als-auch«, denn der Mensch ist die Mitte zwischen Himmel und Erde, in ihm begegnen Himmel und Erde einander.

Aus diesem Grund hat der Buddha die menschliche Geburt als die bestmögliche gepriesen, weil sich uns ausschließlich in der menschlichen Existenzform die Gelegenheit bietet, den Mittleren Weg zu verwirklichen, der

Himmel und Erde vereint und der allein unser Dasein mit Sinn erfüllen kann, indem er uns vom Anhaften an dem einen oder anderen Extrem befreit. Dasein bedeutet Beschränkung, doch Beschränkung in diesem Sinn ist nicht gleichbedeutend mit Enge und Unwissenheit, sondern sie besteht darin, sinnvolle Form zu erschaffen, sich auf Wesentliches zu konzentrieren, auf alles Unwesentliche oder Überflüssige zu verzichten, unsere Wünsche und Begierden aufzugeben oder sie einzuschränken – eine Einschränkung, aus der größere Freiheit erwächst. Der Weiseste ist derjenige, der mit wenigen Worten viel zu sagen versteht. Und wer das tiefste Erlebnis in einfachster Form ausdrücken kann, ist der größte Künstler. Darum heißt es: »In der Beschränkung zeigt sich der Meister.«

Mit anderen Worten, das Endliche verleiht dem Unendlichen Sinn, denn das Unendliche kann sich nur im Endlichen ausdrücken. Auch umgekehrt gilt, wo das Endliche um seiner selbst willen am Dasein hängt, ohne das Unendliche zu reflektieren, wird es sinnlos und trägt das Saatkorn des Todes in sich.

Einzigartigkeit in Zeit und Ausdruck, darin liegt die Kostbarkeit der Form. Kostbar ist sie, weil sie vergänglich ist wie eine Blume, die erblüht und dahinwelkt, doch dessen ungeachtet den ewigen Charakter aller Blumen und allen Lebens zum Ausdruck bringt. Hier, in der Kostbarkeit des Augenblicks, ist die zeitlose Ewigkeit gegenwärtig. In der Kostbarkeit der individuellen Form offenbart sich das Unendliche.

Deshalb hielt der Buddha schweigend eine Blume empor, als der fromme Pilger Subhadra wissen wollte, worin die Quintessenz seiner Lehre bestehe. Die Blume, die sich dem Licht des Himmels öffnet und zugleich in der Erde wurzelt, gehört zu den tiefgründigsten Symbolen des

Ostens. Die Dunkelheit der Erde und das Licht des Himmels, die Kräfte der Tiefe, in denen die Erfahrungen einer anfanglosen Vergangenheit, die Erfahrungen von Äonen individueller Lebensformen aufgespeichert sind, und die kosmischen Kräfte der überindividuellen, universellen Gesetze sind in der Blüte vereinigt. Sie ist das Sinnbild der geistigen Entfaltung zu bewusster Form.

Der Buddha – wie alle Erleuchteten – wird auf einem Lotosthron sitzend dargestellt. Der Lotos ist der Prototyp aller Mandalas, aller zentralisierten Systeme eines geistigen Universums komplexer Beziehungen, aller Chakras oder psychischen Zentren, in denen das Chaos unbewusster Kräfte in einen sinnvollen Kosmos verwandelt wird und in dem das individuelle Dasein seine Erfüllung in der letztlichen Verwirklichung der Erleuchtung findet, dem Zustand der Ganzheit (dem Zustand des vollkommenen Heilseins, den wir »heilig« nennen).

Sinn und Zweck buddhistischer Meditation ist es daher nicht, lediglich in den »unerschaffenen« Zustand zurückzusinken, in einen Zustand vollkommener Ruhe mit völlig leerem Geist. Meditation beinhaltet weder ein Zurückgehen in das »Unbewusste« noch eine Erforschung der Vergangenheit, sondern einen Transformationsprozess, in dem wir zur vollständigen Bewusstwerdung der Gegenwart wie auch der unendlichen Kräfte und Möglichkeiten, die dem Geist innewohnen, erwachen, um Meister des eigenen Geschickes zu werden, indem wir diejenigen Eigenschaften pflegen und entfalten, die zur Verwirklichung unserer zeitlosen Natur – zur Erleuchtung – führen. Meditation besteht also nicht in einer kontemplativen Betrachtung von Vergangenem, das wir ohnehin nicht mehr ändern und auf das wir keinerlei Einfluss mehr nehmen können. Vielmehr dient sie dazu, die Samen für die letztendliche Befreiung zu säen und schon *jetzt* im Sinnbild unserer höchsten Ideale die Körper künftiger Vollkommenheit zu erschaffen.

Dazu reicht es nicht, lediglich unser Leben zu »spiritualisieren«. Wir benötigen eine »Materialisierung« unseres Geistes. Um des Geistes willen auf die Materie herabzublicken ist um keinen Deut besser, als die Materie für die einzige Wirklichkeit zu halten. Die materielle Welt, so hat Novalis einst gesagt, sei nichts anderes als die in einen Zustand des Geheimnisses erhobene Innenwelt.[114] Wenn wir die Welt in dieser Weise mit den Augen eines Poeten – das heißt, mit den Augen des Geistes – sehen, werden wir entdecken, dass selbst das einfachste materielle Objekt, ja, alles *Geformte*, Symbol einer höheren Wirklichkeit ist und zu universellen und individuellen Kräften in einer tieferen Beziehung steht, als wir je ahnten. Und da diese Kräfte dieselben sind wie jene, die unser Bewusstsein ausmachen, unser inneres Leben oder dasjenige, was wir unsere Seele nennen, handelt es sich bei den Worten des Dichters Novalis keineswegs um poetische Übertreibung, sondern um tiefgründige Wahrheit.

Wir haben uns daran gewöhnt, das Wort »Materie« mit Assoziationen von etwas Niederem und Wertlosem zu besetzen, ganz in Gegensatz zu dem, was wir »geistig« nennen. Aufgrund dieser einseitigen »Spiritualität« haben wir uns selbst der Mittel und Möglichkeiten beraubt, zum Kern der Wirklichkeit vorzudringen und unser Leben, unsere individuelle Existenz in dieser materiellen Welt mit Sinn zu erfüllen. Die profunde Einheit aus innerer und äußerer Welt haben wir auseinandergerissen, indem wir die eine als »spirituell« oder »geistig« deklariert haben, die andere dagegen als bloß »materiell« und letzten Endes »illusorisch«.

Die besondere Aufgabe der Meditation besteht in der Wiedervereinigung der inneren mit der äußeren Welt, anstatt die eine um der anderen willen zu verleugnen. Meditation bedeutet nicht, vor der Welt zu fliehen. Vielmehr ist sie ein Mittel, um tieferen Einblick in eben diese Welt zu erhalten, ungehindert durch Vorurteile oder vertraute Gewohnheitsmuster, die uns blind machen gegenüber den Wundern und tiefen Mysterien ringsum.

In der Philosophie wie in der Religion werden Begriffe wie Einheit, Universalität, Unendlichkeit, Grenzenlosigkeit, Formlosigkeit, Leerheit, Unveränderlichkeit, Zeitlosigkeit, Ewigkeit und ähnliche Abstraktionen, die einseitig und rein begrifflicher Natur sind, zum höchsten Gut erklärt und so behandelt, als seien sie das Gütesiegel intellektueller Geistigkeit. Entsprechend war man bemüht, sie nach Möglichkeit vollständig von ihrem jeweiligen Gegenpol zu trennen: von Verschiedenheit, Individualität, Form, Materialität, Bewegung in Zeit und Raum, Veränderung, Wachstum, Transformation und Ähnlichem mehr. Ihnen wurde, als Eigenschaften einer niederen Ordnung und als Negation »höchster Wirklichkeit«, geringer Wert beigemessen oder man lehnte sie schlichtweg ab. Welch ein Musterbeispiel für bloßes Wortdenken und für eine Wortklauberei mit den Mitteln der Logik. Solch ein Denken ist ebenso weit entfernt von wahrer Einsicht in die Wirklichkeit – oder sagen wir, in die Natur der Wirklichkeit, die viele Dimensionen haben kann – wie der Versuch, den positiven vom negativen Pol eines elektrischen Felds oder eines Magnetfelds zu trennen. Ein magnetisiertes Stück Stahl können wir durchbrechen, so oft wir wollen, dennoch werden wir niemals imstande sein, den positiven vom negativen Pol zu trennen. Stets wird jedes Teilstück beide Pole aufweisen. Denn Polarität ist ein

Aspekt der Einheit: keine willkürliche Dualität, sondern einem untrennbaren Ganzen zugehörig.
Unsere abstrakten Denker wollen jedoch eine Einheit ohne Verschiedenheit haben, Unendlichkeit ohne etwas Endliches, Ewigkeit ohne Veränderung, ohne Wandel, Universalität ohne Individualität, Leerheit ohne Form, Substanz ohne Qualität, Energie ohne Materie, Geist ohne Körper. Sie sehen nicht ein, dass Einheit ohne Verschiedenheit, dass Unendlichkeit ohne Endliches sinnlos ist, dass Universalität nur im Individuum erlebbar wird und das Individuum seinen Sinn und Wert nur aus der Erkenntnis seines individuellen Hintergrundes und der wechselseitigen Bedingtheit seines Daseins schöpft. Universalität und Individualität schließen sich, mit anderen Worten, nicht gegenseitig aus, sind keine unvereinbaren Gegensätze, sondern die untrennbaren Pole oder Aspekte derselben Wirklichkeit.
Keinesfalls wird Universalität dadurch für uns erreichbar, dass wir unsere Individualität zerstören oder negieren. Ebenso wenig aber ist Individualität gleichbedeutend mit Egozentrik. Wir alle sind Individuen, doch nicht notwendigerweise Egoisten. Durch Überwindung unseres Ich verlieren wir nicht unsere Individualität, ganz im Gegenteil, wir bereichern und erweitern sie, die dadurch Ausdruck eines größeren Lebens, eines Mehr an Universalität wird. Solange die Illusion eines dauerhaften, unveränderlichen, eigenständigen Ich vorhanden ist, stehen wir in Gegensatz zur eigentlichen Natur des Lebens. Denn Leben bedeutet Bewegung, Veränderung, Wachstum, Verwandlung, Entfaltung und Integration in immer bedeutsamere, immer sinnerfülltere Formen gegenseitiger Beziehung. Indem wir die Welt aus dem Blickwinkel unseres begrenzten, kleinen Ich, unserer kurzlebigen Wünsche und Be-

gierden sehen, entstellen wir sie nicht nur, sondern wir machen sie zu einem Gefängnis, das uns von unseren Mitwesen und von den Quellen wahren Lebens abschottet. In dem Augenblick hingegen, in dem wir wahrhaft selbst-los werden, allem Machthunger, aller Besitzgier, allen Gelüsten entsagen, reißen wir die Mauern des von uns selbst geschaffenen Gefängnisses nieder und werden uns der Größe und der Unbegrenztheit unseres wahren Wesens bewusst. Denn dieses beinhaltet die unendlich vielen Formen und dem Leben innewohnenden Möglichkeiten sowie die bewussten Wahrnehmungen, in denen jede Form jeweils einer momentanen Konstellation von Kräften und Aspekten im immerwährenden Strom des Lebens entspricht. Die Tatsache, dass keine Form und kein Lebensaspekt eine selbstgenügsam für sich bestehende und unveränderliche Einheit ist, sondern nur in Beziehung zu anderem – oder anderen – und letztendlich zur Gesamtheit des Existierenden besteht, kommt in dem buddhistischen Terminus *śūnyatā* zum Ausdruck, der wörtlich »Leerheit« bedeutet – leer von Selbstnatur, von Beständigkeit, von dauerhafter Substanz.

Ohne ein Bewusstsein für den entgegengesetzten Pol, das heißt ohne die Vorstellung von Form, kann man diese Leerheit jedoch nicht begreifen und verwirklichen. Ebenso wenig kann die Funktion der Form ohne Leerheit gedacht oder wahrgenommen werden. (Von der »Funktion« der Form spreche ich deshalb, weil Form nichts Statisches ist.) Und wie Objekte nur im Raum existieren können und Raum nur unter Einbeziehung von Objekten (oder in Bezug auf ein »Subjekt«) vorgestellt werden kann, so bedingen und durchdringen Form und Leerheit einander. Sie koexistieren, existieren untrennbar voneinander. Darum hat man *śūnyatā* treffend auch als die »erfüllte Leere«

umschrieben, als die alles beinhaltende und alles hervorbringende Leere.
Im tiefsten metaphysischen Sinn ist *śūnyatā* der Urgrund, der allzeit gegenwärtige Ausgangspunkt aller Schöpfung, das Prinzip unbegrenzter Potenzialität. Dieses kann nur in Augenblicken vollständiger, unbedingter Freiheit erfahren werden – in Momenten spontaner Einsicht, intuitiven Schauens, in denen wir dem Netz von Ursache und Wirkung enthoben sind und mit der Empfindung reinen Daseins konfrontiert werden.
Auf intellektueller Ebene ist *śūnyatā* die Relativität aller Dinge und Zustände, da kein Ding unabhängig in sich selbst besteht, sondern nur in Bezug auf andere, und letztlich in Bezug auf das gesamte Universum. Diese Beziehung ist mehr als nur eine kausale Raum-Zeit-Beziehung; sie beruht auf einem gemeinsamen Urgrund und einer gleichzeitigen Gegenwart aller Daseinsfaktoren, obwohl für den Augenblick einige Faktoren Vorrang vor anderen haben mögen. *Śūnyatā* ist demnach nicht mit »Nichtsheit« zu übersetzen, sondern eher mit »Nicht-Etwasheit« oder »Nicht-Dinglichkeit«, obwohl es der Anfang und das Ende aller Dinge ist.
Wenn wir uns *śūnyatā* als Erfahrung zugänglich machen wollen und nicht allein als den bloßen Begriff der Relativität (so nützlich ein solcher Begriff mit Blick auf das philosophische Verständnis auch sein mag), müssen wir in der Meditation bewusst durch den Prozess von Schöpfung und Auflösung, von Werden, Vergehen und Wiedereinschmelzung gehen. Wir müssen *erleben*, dass Form Leerheit ist und Leerheit Form, indem wir bewusst Form erschaffen, bis sie in aller Klarheit und Deutlichkeit vor dem inneren Auge steht und mit Leben und Bedeutung erfüllt ist, um sie anschließend Stück für Stück wieder

einzuschmelzen in *śūnyatā*, in die Leere des allumfassenden Raumes. Das ist der zweifache Vorgang der Meditation; sie besteht nicht nur in der Umkehrung des schöpferischen Prozesses oder in der Negation jeglicher Form, sondern beinhaltet Formschöpfung wie auch Formauflösung. Denn *śūnyatā* kann für uns niemals zu einer lebendigen Erfahrung werden, solange wir in unserer inneren Wahrnehmung nicht beide Pole ihrer inkommensurablen Natur erfasst haben.

Um *śūnyatā* im tiefsten Sinn zu verstehen, muss man, wie D. T. Suzuki zu Recht sagt, »im Zentrum des Seins sitzen und von dieser Nabe aus die Dinge betrachten«. Um zu dieser Nabe des Daseins zu gelangen, in das Zentrum unserer Existenz, bedarf es einer Umkehrung unserer geistigen Perspektive – des Blicks nach innen. Diese innere Umkehr in der Tiefe unseres Bewusstseins wird *parāvritti* genannt und ist der Hauptzweck aller Meditation. So lange haben wir jetzt von innen nach außen geblickt, unsere Aufmerksamkeit auf die selbst geschaffenen Objekte unserer Sinneswahrnehmung und unserer geistigen Aktivitäten verteilt und zerstreut. Nun kehren wir die Blickrichtung um, gehen den Weg, auf dem wir gekommen sind, zurück und lösen dabei die Knoten, durch die wir uns an unser gegenwärtiges menschliches Dasein gebunden haben.

Im Śūrangama-Sūtra hat der Buddha diesen Vorgang sehr anschaulich erklärt, indem er einen Knoten in einen Seidenschal machte und, während er ihn emporhielt, seinen Lieblingsschüler Ānanda fragte: »Was ist das?«[115] – Ānanda antwortete: »Ein Seidentuch, in das du einen Knoten gemacht hast.« Daraufhin knotete der Buddha einen zweiten Knoten, einen dritten Knoten, und so weiter, bis er auf diese Weise sechs Knoten gemacht hatte.

Jedes Mal fragte er Ānanda, was er sähe. Und jedes Mal gab Ānanda dieselbe Antwort.
Da sprach der Buddha: »Als ich den ersten Knoten geknüpft habe, nanntest du ihn einen Knoten. Als ich den zweiten, den dritten und alle folgenden geknüpft habe, war deine Antwort weiterhin dieselbe.« Ānanda begriff nicht, worauf der Buddha hinauswollte, geriet in Verwirrung und rief aus: »Ob du einen einzigen oder hundert Knoten machst, sie bleiben immer Knoten, obwohl das Tuch aus verschiedenfarbigen Seidenfäden besteht und diese zu einem einzigen Stück Stoff verwoben worden sind.«
Das treffe durchaus zu, räumte der Buddha ein. Allerdings wies er Ānanda darauf hin, dass es einen weiteren wichtigen Punkt gebe: Obgleich das Gewebe eine Einheit bilde und jeder Knoten ein Knoten sei, bestehe zwischen ihnen dennoch ein Unterschied – in Bezug auf die Reihenfolge, in der er die Knoten geknüpft habe.
Um diesen subtilen, aber wichtigen Unterschied anschaulich zu machen, fragte der Buddha, wie diese Knoten zu lösen seien. Zugleich begann er an den Knoten herumzuzupfen, und zwar so, dass sie nicht lockerer, sondern fester wurden. Schließlich äußerte Ānanda: »Zuerst würde ich versuchen, herauszufinden, in welcher Weise die Knoten geknüpft wurden.«
»Du hast recht, Ānanda!«, rief der Buddha aus. »Wenn du einen Knoten lösen willst, musst du zunächst herausfinden, wie er geknüpft wurde. Denn wer den Ursprung der Dinge kennt, der kennt auch ihre Auflösung. Doch lass mich dich etwas anderes fragen: Können alle Knoten gleichzeitig gelöst werden?«
»Nein, erhabener Herr. Da die Knoten einer nach dem anderen in einer bestimmten Reihenfolge geknüpft wor-

den sind, können wir sie nur dann lösen, wenn wir die umgekehrte Reihenfolge einhalten.«

Nun erklärte der Buddha, die sechs Knoten entsprächen den sechs Sinnesorganen, durch die wir in Kontakt mit der Außenwelt treten.

In ähnlicher Weise muss die Meditation auf der Stufe unseres gegenwärtigen Daseinszustandes ansetzen, und dessen offenkundigste Manifestation ist unser Körper. Statt uns in Glaubensinhalte und Meinungen, in Theorien und Dogmen, geistige Ideen und hochtrabende Hypothesen verstricken zu lassen, gilt es die Knoten von Körper und Geist zu lösen. Wir sollten zusehen, dass sich die Anspannung und der Belastungsdruck lösen oder dass sie zumindest abnehmen, um letztlich einem Zustand völliger Ausgeglichenheit und Harmonie Raum zu geben. Damit solch eine Ausgeglichenheit entstehen kann, muss unser Körper aber zentriert werden, entspannt und unangestrengt in sich selbst ruhen. Nur wenn der Körper zentriert ist und all seine Funktionen zur Ruhe gekommen sind, kann auch der Geist zentriert werden und in einen Zustand der Sammlung gelangen. Damit ist die erste Voraussetzung für die Meditation gegeben. Geistige Sammlung sollte keine intellektuelle Anstrengung bedeuten, wie wir sie zur Lösung eines Problems aufwenden. Eher sollte es so sein, dass der Geist in seinem eigenen »Gravitationszentrum« ruht. Dieses bekundet sich als Interesse, als Interesse an dem Meditationsgegenstand, der dieses Interesse aktiviert.

»Interesse« bedeutet ein Darinsein (*inter-esse*) – es bedeutet also, den Gegenstand der Betrachtung nicht nur von außen zu betrachten, sondern uns mit ihm zu identifizieren. Das allerdings ist nur möglich, wenn der Gegenstand unserer Meditation uns inspiriert. Denn womit können wir uns wirklich identifizieren? Sicherlich nicht mit einer abstrakten Idee, einem bloßen Begriff, einem moralischen Prinzip oder einer philosophischen These. Wohl aber mit einem im Menschen verkörperten Ideal, dessen Verwirklichung menschenmöglich ist. Hier kommt die Vorstellung von dem vollendeten Menschen, dem vollkommen Erleuchteten, dem Buddha zum Tragen (oder, wie wir auch sagen könnten, das Modell des vollständigen Menschen). Aus diesem Grund sind am Anfang des Meditationsweges ein Element der Hingabe, des Vertrauens auf die im Menschen angelegten höheren Qualitäten (oder seine göttliche Natur) und der Wunsch, sein Leben einem hohen Ideal zu weihen, die entscheidenden Kräfte, die uns dazu bringen, das letztendliche Ziel zu verwirklichen. Wer glaubt, Meditation könne ohne solches Vertrauen praktiziert werden, gibt sich einer rein intellektuellen Akrobatik hin – so wird der betreffende Mensch nie in das Reich des Geistes vordringen.

Hingabe räumt das größte Meditationshindernis aus dem Weg, das Ich, und öffnet uns einem größeren Leben, während Inspiration uns motiviert, unser Ziel zu verwirklichen. Eine Meditationspraxis ohne verständliches und überzeugendes Ziel kann nicht zum Erfolg führen. Deshalb ist es wichtig, zunächst unser Ziel festzulegen und uns von seinem Wert wie auch von seiner Erreichbarkeit zu überzeugen. Es gilt also als Erstes einen geistigen Hintergrund, ein geistiges Klima, zu schaffen. Anschließend können wir mit der eigentlichen Meditationspraxis beginnen. Ohne diesen Hintergrund, ohne die Kraft der inneren Überzeugung (beziehungsweise des Vertrauens), wird Meditation zu einer langweiligen Pflichtübung. Dann müssen wir uns zur Meditation zwingen, statt von ihr angezogen zu werden. Diese Anziehung ist psychologisch von größter Bedeutung, denn sie entspricht dem natürlichen und daher spontanen Verhalten des bewussten organischen Lebens.

> Das Verhalten eines Organismus ergibt sich aus der Anziehung, die etwas auf ihn ausübt, es ergibt sich daraus, dass es ihn nach etwas verlangt. Demgegenüber sieht sich die orthodoxe, auf der Physiologie und den exakten Naturwissenschaften gründende Psychologie gezwungen, das Verhalten als eine Folge von Reiz und Trieb aufzufassen. (Zum Beispiel Hunger, Sexualtrieb, Furcht, Ehrgeiz und dergleichen.) Diese stellt man sich als das Ergebnis einer Verkettung physikalischer Ursachen vor, die im Wesentlichen jenen gleichen, die eine Maschine antreiben. … Das aber erklärt nicht den genau auf ein Ziel ausgerichteten Charakter des Verhaltens. Ein Trieb kann zwar, ähnlich dem Kraftstoff eines Autos, einen Organismus in Bewegung versetzen. Ohne eine Lenkvorrichtung wird das Auto jedoch auf kein Ziel zusteuern, sondern richtungslos herumkurven. …
> Der Unterschied zwischen den gegensätzlichen Begriffen »Trieb« und »Ziel«, zwischen »getrieben sein« und »angezogen werden«, scheint mir mehr zu sein als bloß ein Wortspiel. Er beinhaltet zwei grundverschiedene Auffassungen bezüglich der Grundlage aller organischen Aktivität. Unsere Denkweise ist derart mechanisch geprägt, dass der Begriff des Triebs für uns der natürlichere zu sein scheint. Tatsächlich bildet jedoch die Vorstellung, von etwas angezogen zu werden, die Art und Weise, wie wir unsere Motive erfahren, genauer ab.[116]

Meditation sollte nicht eine jener Aufgaben sein, zu denen wir uns »mit zusammengebissenen Zähnen und geballten Fäusten« durchringen, sondern etwas, das uns anzieht, weil es uns mit Freude und Inspiration erfüllt. Solange wir uns dazu zwingen müssen, sind wir noch nicht wirklich so weit, zu meditieren. Denn anstatt zu meditieren, tun wir dann unserer wahren Natur Gewalt an. Statt uns zu entspannen, statt loszulassen, halten wir weiter an unserem Ich, an unserer Willenskraft fest. Auf diese Weise wird Meditation zu einem von Ehrgeiz bestimmten Unterfangen, geht es bei ihr um das persönliche Erfolgserlebnis und ein erhöhtes Selbstwertgefühl.

Meditation gleicht jedoch der Liebe, sie kann weder erzwungen noch durch angestrengtes Bemühen errungen werden. Wenn es mir gestattet ist, Martin Bubers treffende Aussage über die Philosophie zu paraphrasieren, indem ich »Philosophie« durch »Meditation« ersetze, würde ich die Quintessenz der Meditation wie folgt in Worte fassen: »Wahre Meditation ist die Meditation eines Liebenden. Wer auf diese Weise Meditation praktiziert, dem wird die verborgene Bedeutung aller Dinge enthüllt, das Gesetz der Dinge, das noch niemand anderem zuvor enthüllt wurde und das nicht ist wie etwas, das außerhalb unserer selbst lebt, sondern als wäre es unser innerster Geist, der Sinn all unseres Daseins und Schicksals, von allen schmerzlichen und erhabenen Gedanken. Alles dies würde ihm plötzlich offenbar.«

Erfüllung findet die Liebe zwar erst im Einswerden mit der Person oder Sache, der sie gilt. Dennoch muss uns zunächst – das ist die unerlässliche Voraussetzung, ohne die Liebe nicht entstehen kann – diese Person oder Sache derart inspirieren, dass wir uns schließlich mit ihr identifizieren können. Entsprechendes gilt für die Meditation:

Damit wir mit dem Herzen bei der Sache sind, muss uns ihr Ziel wie auch das Objekt, das ihr als Ausgangspunkt dient, ebenso sehr inspirieren. Denn Meditation ist keineswegs bloß ein Zustand der Besinnung oder Tagträumerei, vielmehr beinhaltet sie ein ausgerichtetes Bewusstsein, ein klares und unmittelbares Gewahrsein, das ohne Objekt nicht bestehen kann. Bewusstsein ohne Objekt, so etwas existiert nicht.

Bewusst zu sein bedeutet, etwas wahrzunehmen. Menschen, die behaupten, mit »leerem Geist« zu meditieren, gaukeln sich selbst etwas vor. Vielleicht verfallen sie in Tagträumereien oder schlafen ein, doch das ist keine Meditation. Bewusstsein ist eine dynamische Kraft, dauernd in Bewegung: ein nicht abreißender Strom, den man ebenso wenig wie einen Fluss aufhalten kann. Und selbst wenn wir dies könnten, wäre im gleichen Moment kein Fluss mehr vorhanden, denn die Natur eines Flusses besteht in der Fließbewegung. Obgleich wir jedoch einen Fluss nicht aufhalten können, vermögen wir ihn zu regulieren, indem wir sein Wasser in die gewünschte Richtung leiten. Und wie einen Fluss können wir auch den Geist, den wir nicht aufhalten und dessen Bewusstseinsaktivität wir nicht zum Stillstand bringen können, in eine Richtung lenken. Das bedeutet: Meditation ist gerichtetes Bewusstsein.

Die Notwendigkeit, das Bewusstsein auszurichten, besteht gleichermaßen für diejenigen, die kein unmittelbares Meditationsobjekt wählen – denn auch sie wechseln, indem sie sich nach innen wenden, auf jeden Fall ihre Bewusstseinsrichtung. Das Ergebnis ist ein für den Augenblick oder für eine Weile sich einstellendes Empfinden inneren Friedens. Denn indem wir das Bewusstsein nach innen wenden, es gewissermaßen auf sich selbst richten, verlangsamen wir seinen Fluss wie bei einem eingedämmten Wasserlauf, der einen ruhigen See bildet, bis das Wasser überfließt und wieder in Bewegung gerät. Diese Beruhigung des Geistes, die wir als »den Geist in sich selbst ruhen lassen« bezeichnen können, ist der erste Schritt der Meditation. Das Bewusstsein beruhigt sich erst einmal und verweilt in stiller Betrachtung. In diesem Zustand wird der Inhalt unseres Bewusstseins auf seiner Oberfläche reflektiert, sodass wir ihn wie ein Zuschauer betrachten und beobachten können.

Das allein genügt aber noch nicht. Außerdem können wir diesen Zustand nicht für längere Zeit aufrechterhalten. Denn so wie fließendes Wasser, sobald man es eindämmt, nach einiger Zeit in verschiedene Richtung überfließt, beginnt auch unser Geist, sofern wir ihn nicht in eine vorgegebene Richtung leiten, sich hierhin und dahin zu bewegen. Durch bloßes Beobachten unserer hin- und herschweifenden Gedanken, Gefühle und Vorstellungsbilder können wir zwar einen gewissen Einblick in die Funktionen unseres Bewusstseins erhalten, mehr jedoch nicht. Hier indes, und ebenso bei der Beobachtung der Traumzustände, bleibt die moderne Psychologie stehen, sobald sie die so beobachteten Bewusstseinsinhalte analysiert und gedeutet hat. Auf der intellektuellen Analyse beruhende Deutungen von Vorstellungsbildern und archetypischen Symbolen sind aber ebenso unbefriedigend wie eine Beschreibung von Musik mit Worten oder die Beschreibung von Farben einem Blinden gegenüber.

Die Wortsprache (auf der unsere intellektuelle Aktivität beruht) und die Symbolsprache (in deren Kombination aus sichtbaren, hörbaren und emotionalen Ausdrucksformen unser Tiefenbewusstsein sich ausdrückt) sind zwei ganz unterschiedliche Medien des Ausdrucks und der bewussten Wahrnehmung. Das eine beruht auf mehr oder minder fest umrissenen eindimensionalen Begriffen mit einer zweidimensionalen Logik (entweder – oder), das andere auf mehr oder weniger fließenden multidimensionalen Symbolen mit einer entsprechend multidimensionalen Logik. Der Bereich der Schauung und der Bereich des Denkens können teilweise ineinander übergreifen, durchaus, sie sind jedoch niemals deckungsgleich. Die höhere Dimension enthält die niedere, aber nicht umgekehrt.

Meditation muss darum über das Wortdenken, über das Denken in Begriffen hinausgehen; sie muss das ganze menschliche Wesen mit einbeziehen, nicht nur seinen Intellekt, sondern auch sein Empfinden, seine Visionen, seine emotionale und intuitive Auffassungsgabe. Diejenigen Menschen hingegen, die sich nur allzu bereitwillig ihres Intellekts entledigen möchten (im Allgemeinen sind es solche, die eigentlich nie einen solchen hatten), befinden sich in einem nicht minder großen Irrtum als diejenigen, die jegliche Emotion zu umgehen versuchen (im Allgemeinen jene, die Angst haben, sich den eigenen Emotionen zu stellen).

Nur wo Herz und Hirn Hand in Hand gehen, kann wirkliche Intuition sich regen. Die Sprache der Intuition jedoch ist diejenige des Symbols, das sich in Form innerer Schauung darstellt. An die Stelle der kausalen, zeitlichen Bedingungen unterworfenen Beziehung der verschiedenen Aspekte eines multidimensionalen Gegenstandes oder Prozesses (die im Denkprozess nur einer nach dem anderen, also im zeitlichen Nacheinander, erfasst werden können) tritt in dieser Schauung – in Entsprechung zu der Ebene, auf der sie erlebt wurde – ein gleichzeitiges Gewahrwerden aller wesentlichen Aspekte des betreffenden Symbols.

Solch ein Symbol ist die Gestalt des Buddha als Repräsentant des ganz gewordenen, des vollkommenen menschlichen Wesens, und dieses Symbol ist nicht nur sichtbar, sondern in der Meditation und in anderen Formen buddhistischer Praxis auch körperlich und geistig erfahrbar. Der Meditierende kann sich in seinem innersten Wesen mit dem Buddha identifizieren, selbst wenn er bis zur endgültigen Verwirklichung dieses Zustandes noch einen langen Weg vor sich hat.

Bei kontemplativer Betrachtung einer Buddha-Statue wird selbst ein Mensch, dem die Lehren des Buddha gänzlich unbekannt sind, zu dem Schluss gelangen, dass dies in der Tat die vollendete Darstellung des vergeistigten Menschen ist, der keineswegs den festen Grund der Wirklichkeit unter seinen Füßen verliert, der seine Körperlichkeit akzeptiert und sie veredelt, ohne an ihr zu haften oder von ihr abhängig zu sein, und der mit sich und der Welt in Frieden lebt. Welche Heiterkeit und Glückseligkeit spiegeln sich in seinem Antlitz; welcher Gleichmut und welche Ruhe in jedem seiner Glieder; welch tiefe Stille und Harmonie! Eine Harmonie, die geradezu ansteckend wirkt, auf den Betrachter überströmt und ihn von Grund auf erfasst! Kein Wunsch ist mehr vorhanden, kein Wollen, keine Rastlosigkeit, keine Unsicherheit, kein Jagen nach äußeren Dingen, keine Abhängigkeit von irgendetwas. Nur höchste Glückseligkeit – mit einem Wort: Ganzheit, Heilsein, Vollendung!

Wer dieses Bild vor seinem geistigen Auge entstehen und es lebendig werden lassen kann, oder mehr noch, wer es in sich selbst erleben kann, wie es die großen Meditationsmeister taten, und wie sie es in wortloser Hingabe und vollkommener Selbstlosigkeit nach wie vor tun – ein solcher Mensch hat den ersten entscheidenden Schritt zur inneren Verwandlung und Befreiung vollzogen, denn er hat zu der inneren Haltung gefunden, aus der heraus

das Wissen um das Ewige im Menschen geboren wurde und immer wieder neu geboren wird.
Dieses Bild des vollendeten oder vollkommenen menschlichen Wesens, das sich aus den Jahrtausenden meditativer Erfahrung herauskristallisiert hat, gibt nicht einen willkürlich herausgegriffenen Augenblick aus dem Werdegang eines Buddha wieder, sondern alles, was seine geistige Aktivität ausmacht – deren Quintessenz: etwas, das für alle Zeiten und für alle Menschen gültig ist, etwas, das die wahre Natur des Menschen zum Ausdruck bringt. Wir mögen außerstande sein, diese letztendliche Natur des Menschen zu definieren oder sie uns in ihrer ganzen Fülle und Universalität vorzustellen. Aber wir können uns bis zu einem gewissen Grad ein menschliches Wesen vorstellen, welches all die zur Verwirklichung dieses erhabenen Zustands führenden Qualitäten verkörpert. Und da unser Streben ein uns verständliches, greifbares, konkretes Ziel braucht, das imstande ist, uns mit Mut und Gewissheit zu erfüllen, kann es nichts Geeigneteres geben als die im Bildnis des Buddha dargestellte Gestalt des vollendeten Menschen. Indem wir körperlich und geistig die Meditationshaltung einnehmen, dabei unseren Körper und zugleich den Geist von allen äußeren Objekten abziehen und in seiner eigenen Mitte ruhen lassen, verwandeln wir den eigenen Körper zum lebendigen Symbol der Buddha-Gestalt und bereiten so den Weg für die Erfahrung der endgültigen Verwirklichung.

* * *

Meditation im buddhistischen Sinn würde man am besten definieren als das »Überwinden der äußeren Wahrnehmung zugunsten einer inneren«. Mit diesen Worten definiert Heinrich Zimmer »Yoga«. Wenn wir unseren Körper in seiner äußeren materiellen Form oder Erscheinung betrachten, befassen wir uns mit einem Objekt unter anderen Objekten der äußeren Welt. Wir können ihn in Stücke zerteilen, sezieren, analysieren, ihn in seine chemischen oder molekularen Bestandteile zerlegen, ihn unter mechanischen Gesichtspunkten betrachten oder wir können die elektrischen Impulse messen, durch die eine Körperfunktion in Gang gesetzt wird. Von solch einer wissenschaftlich geprägten Perspektive aus können wir vollständig auf Distanz gehen zum eigenen Körper, uns geistig für unabhängig erklären und jegliche Verantwortung für unsere körperliche Existenz zurückweisen.

Werden wir hingegen dieses Körpers *innerlich* gewahr, haben wir es nicht mehr einfach nur mit einem materiellen Objekt zu tun, einem Ding unter vielen anderen. Vielmehr begegnen wir nun einem lebendigen Organismus, und dieser, so lehrt der Buddha, ist ein Produkt unseres Geistes – das heißt, jener Grundtendenzen unseres Bewusstseins, die wir uns im Verlauf einer über Äonen sich erstreckenden Entwicklung als bewusste Wesen zu eigen gemacht und aufrechterhalten beziehungsweise im gegenwärtigen Dasein durch unsere sprachlichen, körperlichen und gedanklichen Handlungen modifiziert haben.

Mit anderen Worten: Unser Körper ist eine Form materialisierten Bewusstseins. Da das Bewusstsein jedoch eine anfanglose Vergangenheit hat, ist es notwendigerweise eine Kondensation all der universellen Gesetzmäßigkeiten und Kräfte, die im Prozess seiner Individualisierung fokalisiert wurden, also im »Brennpunkt« dieses Bewusstseins wirksam geworden sind. Und es hat sie durch zahllose Inkarnationen mit sich geschleppt, dabei stets der Linie des ihm innewohnenden Impulses folgend – hin zu einem unablässig größer werdenden Gewahrsein und zur Entfaltung jener Eigenschaften, Kräfte oder Erfahrungen, die sich in unserem Tiefenbewusstsein angesammelt haben.

Dieses Sich-Ansammeln des Bewusstseins in der Zeit kann man auch im Raum nachverfolgen. Es erstreckt sich von Zeiten, in denen träge Zellmassen sich auf dem trocknenden Urschlamm bewegten, hin zu Zeiten, in denen Reptilien sich von den Zweigen der Bäume nährten und kleine Säugetiere durch das Blattwerk einen Blick auf sie warfen, bis hin zu Proust in seinem feinmaschigen, schmerzlichen Gespinst. So kann in diesem gegenwärtigen Augenblick der Zeit auch ich Bewusstsein erspüren, wie es sich von dem kristallinen Virus, das die Tomatenpflanzen befällt, über Fische, Reptilien und Säugetiere bis zu dem Geist des Menschen erstreckt. In der Tat ist es offenbar nur eine bequeme Konvention, dass man bei den frühesten Lebensformen in der Zeit oder den einfachsten im Raum einfach aufhört. Gewiss muss Bewusstsein bis zu den Felsen zurückverfolgt werden, die bereits hier waren, als das Leben seinen Anfang nahm, und daher zum Treffpunkt der frühesten und simpelsten Ausgangsformen allen Lebens in Zeit und Raum geworden sind. Warum aber sollten wir es bei diesem Planeten bewenden lassen? Selbst wenn sich nirgendwo sonst etwas entwickelt haben sollte, das der Psyche und dem Intellekt des Menschen gleicht, ist es in einem unteilbaren Universum notwendig, zu glauben, dass das Prinzip des Bewusstseins sich überallhin erstrecken muss. Auch jetzt stelle ich mir vor, dass ich spüren kann, wie all die Partikel des Universums mein Bewusstsein nähren, so wie mein Bewusstsein an sämtliche Partikel des Universums Information weitergibt.[117]

Die Tatsache, dass dieses Bewusstsein eine lebendige Kraft und kein stagnierender Zustand ist, macht deutlich, dass keine dauerhafte körperliche Form das Wesen dieses Bewusstseins repräsentieren beziehungsweise ihm gerecht werden kann. Gerade im Wandel – besser gesagt, in der Befähigung zu unablässiger Transformation – kommt der dynamische Charakter des Geistes auf vortreffliche Weise zum Ausdruck. Sofern wir diesen Wandel aus der Warte einer voreingenommenen, auf Wahrung des Besitzstands bedachten Geistesverfassung betrachten, sehen wir in ihm lediglich eine negative Eigenschaft, statt die positive Seite des Vorgangs zu erkennen, bei dem es sich weder um willkürliche noch um sinnlose Vernichtung handelt, sondern um einen unablässigen Transformationsprozess gemäß jener Gesetzmäßigkeit, die dem lebendigen Geist in uns zu eigen ist.
Der große Sufi-Meister, Dichter und Philosoph Rumi hat über dieses Gesetz der unaufhörlichen Umformung und Wandlung folgende Zeilen geschrieben:

Ich starb als Stein und wurde eine Pflanze,
starb als Pflanze und wurde ein empfindendes Wesen,
starb als Tier und wurde Mensch.
Wann wurde ich je weniger durch mein Sterben?[118]

Menschen, die den Körper um seiner Vergänglichkeit willen verachten, beweisen dadurch nur mangelnde Reife. Für sie wird der Körper zum Gefängnis, während er für diejenigen, die den Körper als eine Schöpfung und den sichtbaren Ausdruck jener Kräfte ansehen, die unser innerstes Wesen ausmachen, zum Tempel des Geistes wird. Ein Tempel spiegelt jedoch durch seine Struktur, durch seine bauliche Gestaltung, den ihm innewohnenden Geist wider. Ein Tempel, der einen universellen Geist beherbergt, muss also selbst das Universum darstellen. Genau für diese Auffassung stehen die Tantras. Die Funktionen unseres Körpers entsprechen den Funktionen und Gesetzen des Universums, die sich langsam entfalten und in uns der Bewusstheit zustreben. Je klarer uns dieser Vorgang wird, desto größer wird die Harmonie und das Zusammenwirken zwischen Körper und Geist, zwischen Innen und Außen, bis wir schließlich ihre essenzielle Einheit begreifen und verwirklichen. In diesem Augenblick wissen wir, dass das Universum selbst unser wahrer Körper ist und wir nicht auf die Rahmenbedingungen unserer gegenwärtigen Körperlichkeit beschränkt sind, in der unser universeller Körper auf der zeitlichen, dreidimensionalen Ebene seinen Ausdruck sucht.

Die offenkundigste und lebenswichtigste Funktion unseres psychosomatischen Organismus ist die Funktion des Atmens. Wie lebensnotwendig sie ist, können wir aus der Tatsache ersehen, dass wir ohne Nahrung für einige Wochen, ohne etwas zu trinken einige Tage, ohne Atemluft jedoch kaum länger als für ein paar Momente überleben können. Sogar ohne Bewusstsein können wir auskommen – wie im Tiefschlaf, unter Narkose oder in einem Zustand der Katalepsie –, auf das Atmen aber können wir, solange wir leben, nicht verzichten. Die Atmung ist demnach die allersubtilste Funktion unseres Organismus, eine Funktion, die sich bewusst wie auch unbewusst, willentlich wie unwillentlich vollziehen kann; ganz in Gegensatz zu den meisten anderen organischen Funktionen, beispielsweise dem Schlagen des Herzens, dem Zirkulieren des Blutes, dem Energiefluss innerhalb des Nervensystems, den Verdauungsfunktionen, der Assimilation, der Ausscheidung, und so weiter.

Das Atmen ist die einzige Vitalfunktion, die ungeachtet der Unabhängigkeit von unserem normalen Bewusstsein, ungeachtet des selbstregulierenden und sich selbst aufrechterhaltenden unterbewussten Charakters zu einer bewusst gesteuerten, dem Geist zugänglichen Funktion erhoben werden kann. Aufgrund dieser Doppelnatur kann der Atem zum Mittler zwischen Geist und Körper gemacht werden, zum Mittel unserer bewussten Teilhabe an den lebenswichtigsten und universalsten Funktionen unseres psychosomatischen Organismus. Das Atmen ist daher das Bindeglied zwischen bewussten und unbewussten, grobmateriellen und feinstofflichen, willensgesteuert oder automatisch ablaufenden Funktionen. Daher ist es der vollkommenste Ausdruck der Natur allen Lebens.

Diejenigen Übungen, die zu den tieferen Meditationszuständen führen, beginnen daher mit dem Beobachten und Erleben des Atmens, das auf diese Weise von einer automatischen, einer nicht willentlich gesteuerten in eine bewusste Funktion und schließlich in einen Vermittler geistiger Kräfte verwandelt wird. Als solcher, als Vermittler, wurde er im alten Sanskrit *prāna* genannt, ein Ausdruck, der gleichermaßen auf die physischen, die psychischen und die geistigen Aspekte des Atmens Bezug nimmt. Ähnlich verhält es sich mit unserem Wort »Inspiration«, das ebenso im Sinn von Einatmen wie zur Bezeichnung des unmittelbaren geistigen Gewahrwerdens und Erlebens gebraucht werden kann, oder bei dem griechischen Wort *pneuma*, das »Geist« bedeuten kann, aber auch »Luft«.

Die Menschen des Altertums verfügten offenbar über tiefe Einsicht in die Natur des Atems und behandelten ihn

nicht einfach nur als eine physische Funktion, sondern als Vermittler kosmischer Energie. Falls wir versuchen, dieser Funktion ohne eine tiefer gehende Kenntnis ihrer Gesetzmäßigkeiten und ihrer weitreichenden Auswirkungen unseren Willen aufzuzwingen, laufen wir Gefahr, unserer Gesundheit irreparablen Schaden zuzufügen. Bemühen wir uns hingegen um ein bewusstes Zusammenwirken mit dieser Funktion, indem wir ihr nicht unseren Willen (unsere selbstischen Absichten, unser Macht- und Dominanzstreben) aufnötigen, sondern sie nur mit Bewusstheit und ungeteilter Aufmerksamkeit (*smrti*) erfüllen, dann wird die Atemfunktion nicht bloß von einem physischen Vorgang auf die Ebene geistigen Erlebens erhoben, sondern der gesamte Körper wird von Lebensenergie durchdrungen, uns in seiner Ganzheit bewusst und so in ein Werkzeug des Geistes verwandelt werden. Statt zu analysieren und zu sezieren, statt das Bewusstsein lediglich äußeren Bewegungen oder sekundären Funktionen unseres Geistes zuzuwenden, führen wir so eine Integration von Körper und Geist herbei, in der jede einzelne Teilfunktion ihre Bedeutung nur aus dem Bezug zum Ganzen gewinnt. Somit werden wir wieder ganz, heil und vollständig. Ein bloßes Gewahrwerden untergeordneter Funktionen, losgelöst von dem Beziehungsgeflecht, in das sie notwendigerweise eingebunden sind, ist hingegen völlig wertlos.
Wenn wir die Atemfunktion also vor einem Hintergrund betrachten, der weit mehr umfasst als unseren augenblicklichen individuellen Organismus, erkennen wir, dass die Atmung nicht nur Bindeglied zwischen den bewussten und den unbewussten Funktionen unseres Körpers ist, sondern zugleich zwei Welten miteinander verbindet: die innere mit der äußeren Welt, das Individuum mit dem Universum. Aus diesem Grund wurde die upanischadi-

sche Idee des *ātman*, des universellen Prinzips im Menschen, mit dem dynamischen *prāna* gleichgesetzt, dem Lebenshauch, der Lebenskraft, die uns durchströmt, sodass der Mensch an dem größeren Leben teilhat, in dem das Individuum und das Universum eins sind. Aus dem gleichen Grund musste der Buddha die überkommene Terminologie umkehren, als die Idee des *ātman* eine Phase der Stagnation erreicht, sich zu einem abstrakten Begriff verfestigt hatte und mit einer unveränderlichen, dauerhaften, unsterblichen Seele assoziiert wurde, die für einen gewöhnlichen Menschen von einem glorifizierten Ich nicht mehr zu unterscheiden war. Daher hat der Buddha an die Stelle des *ātman* den *anātma-vāda* gesetzt, die Lehre von der Ichlosigkeit, und so den dynamischen Charakter des Lebens wiederhergestellt, ohne dadurch das Unsterbliche im Menschen zu leugnen. Tatsächlich hat er die Universalität des Menschen wiederhergestellt – nicht als abstraktes Prinzip, sondern als etwas, das verwirklicht werden kann, indem wir die Beschränkungen durch unsere Ich-Illusion überwinden.

Eins der wirkungsvollsten Mittel, dies zu erreichen, ist die Übung der in einigen der wichtigsten Pāli-Texte (wie Majjhima-Nikāya und Dīgha-Nikāya) beschriebenen *ānāpānasati*: die Kontemplation und das bewusste Erleben des Atmungsprozesses. Das Pāli-Wort *pāna* entspricht dem Sanskrit-Wort *prāna*, und *sati* ist bedeutungsgleich mit dem Sanskrit-Wort *smrti* (Aufmerksamkeit, Erinnerung, Vergegenwärtigung). Wörtlich bedeutet *ānāpānasati* also: »Aufmerksamkeit beim Vorgang des Ein- und Ausatmens«. Der Text beschreibt in einfachen Worten, wie der Meditierende, nachdem er sich an einen abgeschiedenen Platz zurückgezogen und die traditionelle Meditationsstellung mit überkreuzten Beinen eingenommen hat, bewusst der Atmung gewahr wird: »Indem er lang einatmet, weiß er: ›Ich atme lang ein.‹ Indem er lang ausatmet, weiß er: ›Ich atme lang aus.‹ Indem er kurz einatmet, weiß er: ›Ich atme kurz ein.‹ Indem er kurz ausatmet, weiß er: ›Ich atme kurz aus.‹« Und so weiter. Seine Beobachtungen fasst der Meditierende selbstverständlich nicht in Worte, sondern er ist einfach jeder Atmungsphase vollständig gewahr – ohne sich im Geist einzumischen, zwanglos, ohne der natürlichen Körperfunktion in irgendeiner Weise Gewalt anzutun. Dergestalt wird nicht nur das Atmen als solches bewusst, sondern zugleich die Organe, durch die der Atem strömt.

Bestünde diese Übung lediglich in intellektueller Beobachtung und Analyse des Atmungsprozesses, so wäre sie in dieser Phase mehr oder weniger an ihrem Endpunkt angelangt. Die Übung bezweckt jedoch das genaue Gegenteil. Denn sie will eine Synthese herbeiführen: Der Körper soll als Ganzheit erlebt und letzten Endes soll eine Synthese von Körper und Geist erreicht werden. Im Text heißt es daher weiter: »Den ganzen Körper erlebend (*sabba-kāya*) will ich einatmen – den ganzen Körper erlebend will ich ausatmen.«

Der nächste Schritt ist die Beruhigung aller Körperfunktionen durch die bewusste Atemrhythmik. Aus diesem Zustand eines vollkommenen geistig-physischen Gleichgewichts und der davon herrührenden inneren Harmonie erwachsen eine Heiterkeit und ein Glücksgefühl, die den gesamten Körper mit einer Empfindung höchsten Wohlbehagens erfüllen, in etwa vergleichbar mit der erfrischenden Kühle einer Quelle, die das ganze Wasser eines Bergsees durchdringt.

Die Atmung wird so zu einem Vehikel geistiger Erfahrung, zum Mittler zwischen Körper und Geist. Hier erfolgt der erste Schritt zur Transformation des Körpers: Aus einem mehr oder minder passiv und unbewusst funktionierenden physischen Organismus wird ein Fahrzeug oder ein Werkzeug eines in vollendeter Weise entwickelten und erleuchteten Geistes, wie er sich im strahlenden und vollkommenen Körper des Buddha darstellt.

Die nächsten Schritte sind den Geistesfunktionen gewidmet, ihrer Einbeziehung in den Atmungsprozess: Was auch immer Gegenstand unseres umfassender werdenden Gewahrseins ist (dies können Empfindungen, Emotionen, Gedanken, Wahrnehmungen usw. sein), wird so mit den Funktionen der Atmung assoziiert, in sie hineinprojiziert, in ihnen erlebt, von ihnen getragen, sodass es letztlich eins wird mit dem universellen Atmungskörper. Das ist ein Prozess, der sich nicht erklären, sondern nur erleben lässt. Daher können ihn auch nur diejenigen verstehen, die über praktische Meditationserfahrung verfügen. Diese wiederum kann jeder erwerben, der die Geduld aufbringt, Schritt für Schritt, Stufe für Stufe voranzugehen, und dabei wird jede Stufe ganz von allein den Zugang zur nächsthöheren eröffnen, je nachdem, wie die geistige Entwicklung des Meditierenden verläuft und welches Niveau sie erreicht hat.

Aus diesem Grund sind alle östlichen *sādhanas* (meditativen Übungen) recht allgemein formuliert und dienen lediglich als Wegmarkierungen, von denen die individuelle Erfahrung unberührt bleibt. Dieses geringe Maß an Spezifizierung mag als Mangel oder Nachteil der Sādhana-Texte erscheinen, ist in Wirklichkeit aber nur eine kluge Vorsichtsmaßnahme, um der Gefahr entgegenzuwirken, dass man die Erfahrungen anderer Menschen nachzuerleben – zu imitieren – versucht, statt eigene Erfahrungen zu sammeln. Meditation ist, trotz gewisser allgemeiner Gegebenheiten der menschlichen Psyche, eine ganz und gar individuelle Angelegenheit. Ebenso wenig wie ein Arzt all seinen Patienten dasselbe Medikament verschreiben kann, ist für jeden, der Meditation praktizieren will, dieselbe *sādhana* geeignet.

Nichtsdestoweniger beruhen bestimmte Übungsformen auf so universellen Prinzipien, dass – ähnlich den allgemeinen Regeln für den Erhalt der körperlichen Gesundheit – jeder normale Mensch sie anwenden kann. Die Praxis von *ānāpānasati* ist die wichtigste dieser Übungen, und der Buddha hat sie daher als besten Ausgangspunkt für jede Art von schöpferischer Meditation (*bhāvanā*) empfohlen. Unter den vierzig in den frühen Pāli-Texten aufgelisteten Meditationsobjekten ist *ānāpānasati* eines der wenigen, das zum tiefsten Stadium der Versenkung (*appanā samādhi*) führt.

Aber auch die Beschreibung dieser Übung kann nur den Rahmen für die Meditation abstecken. Ihn zu füllen bleibt dem Erleben des Meditierenden überlassen. Obgleich ein Sonnenuntergang – als faktisches Geschehnis – für jeden Beobachter der gleiche ist, findet man keine zwei Menschen, die dieses Geschehnis in der gleichen Weise erleben. Dementsprechend sollte keine Beschreibung einer persönlichen Meditationserfahrung als nachzuahmendes Meditationsmodell angesehen werden, sondern nur als ein Beispiel, als Andeutung der in dieser Art von *sādhana* vorhandenen Möglichkeiten. Sie kann uns eine ähnlich inspirierende Anregung geben wie ein Gedicht oder sonstige von anderen Menschen geschaffene Kunstwerke, die uns ermutigen, den eigenen schöpferischen Impulsen in eine vergleichbare Richtung zu folgen, ohne dass wir versuchen, irgendetwas nachzuahmen oder die Spontaneität unseres Geistes dadurch zu hemmen, dass wir sie in eine vorgegebene Form zwängen.

In dieser Hinsicht unterscheidet sich *ānāpānasati* von *prāna-yama* (das viele Yoga-Lehrer, die im Allgemeinen in der hinduistischen Tradition stehen, im Westen verbreitet haben). Denn *ānāpānasati* unternimmt keineswegs den Versuch, den Atmungsprozess zu kontrollieren (*yama*), etwa in der Weise, dass wir der Atmung unseren Willen aufzuerlegen versuchen, was lediglich unserem Ich schmeicheln beziehungsweise es in seinen Machtansprüchen bestärken würde, statt diese zu überwinden. Vielmehr soll *ānāpānasati* uns dazu verhelfen, diesen lebensnotwendigen Atmungsprozess von Grund auf wahrzunehmen, indem wir uns bewusst mit seinem Rhythmus und seinen tiefgreifenden und weitreichenden Auswirkungen identifizieren. Indem wir uns auf seinen Rhythmus einlassen, statt uns darin einzumischen, erleben wir die innerste Wesensbeschaffenheit des Lebens. Denn was in uns und durch uns atmet, ist der Rhythmus des Universums. Anstatt zu denken, wir seien selbst die treibende Kraft, der Urheber dieser Bewegung (»*Ich* atme ein, *ich* atme aus«), sollten wir uns von der Empfindung leiten lassen: »Das Universum atmet mich ein, es durchströmt mich. Nicht *ich* atme, das Universum atmet durch mich.«

Indem wir diesen Rhythmus erfahren, empfangen wir bei jedem Einatmen die vitalen Kräfte (*prāna*) des Universums mit unserem ganzen Wesen und nehmen sie bereitwillig in uns auf. Bei jedem Ausatmen geben wir uns dem Universum ganz hin. So wird für uns nachvollziehbar, dass das Leben ein unaufhörlicher Prozess des Gebens und Nehmens, des Empfangens und Loslassens, der Anverwandlung und der Entäußerung ist: ein unablässiger Austausch und eine umfassende Wechselbeziehung aller individuellen und universellen Kräfte. Was immer wir empfangen, müssen wir unweigerlich zurückgeben, und was immer wir zurückzuhalten, für uns selbst zu behalten versuchen, trägt den Keim des Todes in sich und wird letztlich Tod und Zerstörung über uns bringen. Darum heißt es: »Wer sein Leben zu erhalten versucht, wird es verlieren.«

Bei dem Versuch, die Luft, die wir eingeatmet haben, zurückzuhalten, würden wir ersticken. Ebenso würde die zu uns genommene Nahrung, falls wir sie bei uns zu behalten versuchten, sich in Gift für uns verwandeln. Die Tatsache, dass es eine unumgängliche Notwendigkeit für uns ist, etwas anzunehmen und in uns aufzunehmen, das uns an sich nicht gehört, sollte uns unsere Abhängigkeit von etwas, das größer ist als wir, vor Augen führen und uns Bescheidenheit lehren. Denn nur wer bescheiden ist, hat wirklich eine Chance, von dem Empfangenen Gebrauch zu machen. Empfangenes wieder aufzugeben und fortzugeben macht uns andererseits selbstlos und stärkt unsere Fähigkeit zur Entsagung. Solche Entsagung sollte hier freilich nicht als Akt der Askese betrachtet werden, vielmehr als ein Mittel der Selbstbefreiung, der Befreiung von überflüssigem Besitz, Begehrlichkeit und fruchtlosem Ehrgeiz – der Befreiung von dem, womit wir uns nur unnötig belasten und unser Leben für uns selbst zum Gefängnis machen. Echte Entsagung sollte daher nicht mit einer Empfindung von Reue oder Kummer einhergehen. Jeder echte Verzicht sollte ein Grund zur Freude für uns sein, eine in sich selbst zutiefst befriedigende Handlung – so wie das Gefühl von Befreiung und Befriedigung, das wir bei jedem Ausatmen erleben.

Verzicht, so meinen manche Menschen, sei unter allen Umständen eine der vorzüglichsten Eigenschaften des menschlichen Geistes: eine von allen mehr oder weniger asketischen oder auf ein Jenseits ausgerichteten Religio-

nen vertretene Ansicht. Aber weder die Anerkennung der Welt noch Weltentsagung sind an sich schon von Wert. Menschen, die stolz der Welt entsagen, weil sie nicht willens sind, sie offenherzig und mit offenem Geist so zu akzeptieren, wie sie ist, gehen den Weg der Selbstzerstörung und des geistigen Todes. Gleiches gilt für diejenigen, die nur nehmen wollen, ohne das, was sie der Welt und ihren Mitwesen schuldig sind, zurückzugeben.
Der Vorgang des Atmens könnte uns also, wenn wir ihn richtig verstehen und in seinem ganzen Bedeutungsgehalt erleben, mehr lehren als alle Philosophie der Welt. Indem wir diesen Vorgang in das Licht des Bewusstseins heben, werden wir nicht nur der grundlegenden Funktionen allen Lebens gewahr, sondern wir haben zugleich eine Gelegenheit, Zugang zu gewinnen zu den formenden Kräften des Unterbewussten, sodass eine Integration aller körperlichen und geistigen Eigenschaften möglich wird:

> Die im Verborgenen waltende Natur gewinnt ihre volle Bedeutung für die Höherentwicklung des Menschen erst im Prozess der Bewusstwerdung dessen, was ihr geheimnisvolles Wirken bedeutet. Der Mensch reift und vollendet sich nur in der Bewusstseinserweiterung zum ganzen Vollzug der großen Gesetze, die alle nicht bewusste Natur einfach darlebt. Dabei handelt es sich aber um eine besondere Art der Bewusstwerdung. …
> Es gilt des sich im Atem bekundenden Lebens und seiner rhythmischen Ordnungen nicht *gegenständlich* bewusst zu werden, sondern sich seiner als einer lebendigen Bewegung *inne* zu werden, die einen selbst mit ausmacht, die man also selbst als ein Atmender ist.

> Das *Innewerden* des in uns waltenden Lebens ist etwas grundsätzlich anderes als das gegenständliche Bemerken, Fixieren und Begreifen. In diesem Bemerken und Begreifen hält der Begreifende sich dem Wahrgenommenen gegenüber im Abstand. Im Innewerden aber bleibt das Erlebte mit dem Erlebenden eins und verwandelt ihn, indem es ihn ergreift.[119]

Solange wir das Atmen als eine rein physische Funktion ansehen, die nur darin besteht, unsere Lungen mit Luft zu füllen, die wir wieder ausstoßen, nachdem wir den darin enthaltenen Sauerstoff absorbiert haben, sind wir weit davon entfernt, wirklich zu verstehen, was *prāna* bedeutet. Der Atem, von dem die alten Texte sprechen, ist mehr als nur Luft oder Sauerstoff. Er ist Ausdruck eines dynamischen Erlebnisses jener vitalen Kraft, die mit jedem Einatmen geweckt wird. Diese beschränkt sich nicht darauf, unsere Lungen zu füllen, sondern sie geht von dort aus in unseren Blutstrom über, verwandelt sich in immer feinere Formen von Energie, die durch das verschlungene und weit verzweigte System unserer Nerven weitergeleitet wird und so durch den gesamten Körper wandert bis hinab in die entferntesten Gliedmaßen – bis wir spüren können, dass sie selbst in unseren Finger- und Zehenspitzen angekommen ist und so eine neue Art von Körperbewusstsein schafft.

Prāna ist also nicht nur dauernder Verwandlung unterworfen, sondern auch imstande, von unterschiedlichen Medien Gebrauch zu machen und dabei ununterbrochen weiterzuströmen. Ebenso wie elektrischer Strom durch verschiedenartige Substanzen fließen kann, gleichgültig, ob sie fest, flüssig oder gasförmig sind, und ebenso, wie er selbst durch leeren Raum in Form von Radiowellen sich fortbewegen kann, sofern die Spannung oder Frequenz hoch genug ist, so kann der Strom psychischer Kraft den Atem, das Blut oder die Nerven als leitende Substanzen nutzen. Zugleich kann er sich auch außerhalb dieser Medien bewegen und wirksam werden, indem er von den Brennpunkten konzentrierter Nervenenergie beziehungsweise von den Bewusstseinszentren (*cakras*) ausstrahlt, wenn diese hinlänglich angeregt und stimuliert werden durch bewusstes Gewahrsein des umfassenden psychosomatischen Ebenbildes, das unser Körper darstellt. Dies kann durch die traditionelle Meditationshaltung erreicht werden. In ihr erlangt der Körper nicht nur ein Maximum an Zentriertheit, sondern er ruht auch in seinem eigenen Schwerpunkt, ohne eine äußere Stütze zu benötigen. Beispielhaft vor Augen geführt wird uns dies anhand der bekannten Darstellungen des Buddha im Lotossitz (*padmāsana*), durch den ein geschlossener Strömungskreis vitaler und psychischer Energie hergestellt wird. Die Strömung fließt hier durch zwei miteinander verbundene, durch die oberen und unteren Gliedmaßen gebildete Kreise, die sich in den zusammengelegten, auf den nach oben gewendeten Fußsohlen ruhenden Händen berühren, und zwar vor dem Plexus solaris, dem Nabelzentrum (*manipūra-cakra*).

Welch große Bedeutung dieser Körperhaltung – dieser Art des Sitzens (*āsana*) und der Haltung der Hände (*mudrā*), die hier (als *dhyāna-mudrā*) den meditativen Zustand kennzeichnet – zukommt, wird deutlich, wenn wir uns anschauen, wie die Kraftströme, die durch den oberen und den unteren Stromkreis verlaufen (der obere wird vom Hals, dem Brustkorb, den Armen und Händen gebildet, der untere vom Unterleib sowie den überkreuzten und ineinander verschränkten Beinen), in den Händen ihren Berührungspunkt haben. So verbinden sie sich miteinander zu einer Endlosströmungssequenz in Gestalt der Ziffer 8 (die, in eine horizontale Position gedreht, zum Zeichen für Unendlichkeit wird). Die Tatsache, dass die Hände, in denen der obere und der untere Kreislauf ineinander übergehen, vor dem lebenswichtigen Nabelzentrum ruhen, macht sie zum Brennpunkt der Bewusstseinskräfte. Von hier aus strahlen diese Kräfte in immer weiter und umfassender werdenden Kreisen oder spiralförmig verlaufenden Bewegungen nach allen Seiten hin aus, bis der umgebende Raum – der bis dahin lediglich eine intellektuelle Vorstellung war – verwandelt worden ist: in von Bewusstsein erfüllten Raum, in bewussten Raum.

Diese Bewegung erstreckt sich nicht nur horizontal, sondern ebenso nach oben und nach unten. Und das hat Konsequenzen: Was zuvor noch als fester Boden erschien, wird jetzt als leerer Raum empfunden – als immateriell und nicht greifbar, wie die Luft, die den Körper umgibt. Daraus resultiert ein Gefühl der Levitation, des Schwebens im leeren Raum, als hätte der Meditierende jegliches Gefühl von Schwere abgelegt, und auch all die Gegenstände, die ihn umgeben, scheinen ihre materielle Beschaffenheit verloren zu haben. Sie werden auf eine eigentümliche Weise wahrgenommen: nicht einzeln, nicht eins nach dem anderen, sondern gleichzeitig; denn an die Stelle eines fokalen, eines auf einen bestimmten Blickpunkt scharf eingestellten Bewusstseins ist ein breit gestreutes, sich auf alles erstreckendes Gewahrsein getreten. Es haftet nicht an der Oberfläche der Dinge, sondern durchdringt sie.

Die Bewusstwerdung des umgebenden Raumes ist also zugleich ein Transformationsprozess des Bewusstseins im Raum: eine schöpferische Entfaltung des bewussten Raumes, die mehr ist als ein intellektuelles oder visuelles Gewahrwerden der Dreidimensionalität. Die Tatsache, dass dies nicht vom Kopf, den wir gemeinhin als Sitz des Bewusstseins ansehen, ausgeht, sondern von der Nabelregion, in der die Hände ineinander ruhen, zeigt, wie wichtig dieses Zentrum in Zusammenhang mit einer anderen Art von Raumerlebnis ist, das seine Wurzeln in einem – verglichen mit dem Bereich des Intellekts – tieferen Bereich des bewussten oder unterbewussten Wahrnehmens hat. Eine leise Ahnung von dieser Erfahrung kann uns durch jenes seltsame Gefühl vermittelt werden, das uns in der Gegend des Solarplexus erfasst, wenn wir plötzlich mit dem leeren Raum konfrontiert sind, der sich am Rand eines Abgrunds vor uns auftut.

Da unser Körper im Embryonalstadium vom Nabelzentrum aus ernährt wurde und von dort aus sein Wachstum entfaltet (sich in den Raum hinaus ausgedehnt) hat, lässt sich gut nachvollziehen, weshalb dieses Zentrum als lebenswichtig und im Grunde als sein wichtigstes Zentrum überhaupt angesehen wurde. In China und Japan hält man es geradezu für den Sitz der Seele. Die Japaner nennen es *hara* und betrachten es als den Hauptsitz des Lebens (eines größeren, nicht nur dem Individuum zugehörigen Lebens). »Wie sich beim Baum die Krone nur im Maße ihrer Verwurzelung lebendig entfaltet, so hängt auch die lebensgemäße Entfaltung des Geistes an der Treue zu seinen Wurzeln, d. h. an der ununterbrochenen Fühlung des Menschen zur ursprünglichen Einheit des Lebens, aus der auch das menschliche Leben hervorgeht.«[120]

Wenn Meditation also der Entwicklung des menschlichen Geistes und der Vollendung seiner psychosomatischen Natur dienen soll, muss sie zu den Wurzeln des Lebens hinabsteigen, ehe sie sich zu den Höhen des Geistes erheben kann.

Kapitel 6

Ein neuer Blick auf das I Ging

Die tiefgründige Bedeutung des I Ging hat inzwischen auf der ganzen Welt Beachtung und Anerkennung gefunden, selbst im China unserer Tage, obwohl dort Konfutse und die religiösen Anschauungen anderer großer geistiger Führer und Denker im Allgemeinen auf Ablehnung stoßen. Diese Anerkennung mag darauf zurückzuführen sein, dass dem I Ging keinerlei Glaube oder Aberglaube zugrunde liegt und es auch an keine Mythologie gebunden ist. Vielmehr gibt es Erfahrungstatsachen und psychologische Erkenntnisse wieder, die für die gesamte Menschheit gelten: für Menschen aller Völker und ohne Ansehen ihrer Religionszugehörigkeit. Erst jetzt, nach fünftausend Jahren, beginnen wir die universelle Gültigkeit dieses Textes zu erkennen.

Das I Ging ist philologisch und philosophisch, biologisch und psychologisch, metaphysisch und historisch untersucht worden. *Unsere* Fragen an das Buch aber lauten: Auf welcher Grundstruktur basiert es? Durch welche Weltanschauung wurde es geformt? Und auf welcher Konzeption hat es ursprünglich beruht?

Das I Ging, so stellen wir fest, macht von Ausdrucksmitteln Gebrauch, die dem volkstümlichen Symbolismus seiner Zeit entsprechen. Wir haben allerdings bisher noch kaum eine Bemühung unternommen, diese Symbolik in die Sprache unserer Zeit zu übersetzen. Da wir uns aber

über die Symbolik nicht im Klaren sind, bleibt unser Verständnis des Buches mindestens nebulös, wenn nicht diese mangelnde Klarheit sogar zum Anlass für gravierende Missverständnisse wird.
Das I Ging mag auch heute noch für die meisten Leser nur ein Wahrsagebuch sein, dessen Orakelsprüche ebenso dunkel und mysteriös erscheinen wie die der Pythia von Delphi. Doch bevor es in ein bloßes Orakelbuch umgeformt wurde, hatte es ein klares System und eine klare Struktur, die eine tiefgründige Weltschau zum Ausdruck brachten. Und ihr gilt unser Interesse, unbeschadet der Tatsache, dass das I Ging Möglichkeiten unserer Zukunft enthüllen könnte. Ich betone »Möglichkeiten«, denn dieses Buch wurde nicht mit der Absicht geschrieben, unser Schicksal vorauszusagen und unseren freien Willen in Frage zu stellen, sondern es will uns helfen, den Weg von der Gegenwart in die Zukunft zu entdecken, und zwar auf der Basis allgemeingültiger Gesetze. Diese Gesetze bestimmen nicht unsere Zukunft, liefern uns aber wertvolle Anhaltspunkte, die beständig genug sind, um dem Kurs unseres Handelns eine Richtung zu geben.
Wenn wir wissen, dass Feuer brennt, werden wir uns hüten, unsere Hände hineinzuhalten. Andererseits vermag dasselbe Feuer, das uns verletzen kann, uns in vielerlei Hinsicht nützlich zu sein, wenn wir seine Natur verstehen und respektieren. So ist es mit allen Dingen in dieser Welt: Je mehr wir sie respektieren und je besser wir sie verstehen, umso mehr werden sie unser Leben erleichtern. Und so heißt es im *Schuo Gua* (»Besprechung der Zeichen«): »Wasser und Feuer ergänzen einander.«[121]
In seiner Einleitung schreibt Richard Wilhelm:

> Nachdem das Buch der Wandlungen [I Ging] aber seinen Ruhm als Wahrsagungs- und Zauberbuch unter Tsin Schi Huang bestätigt hatte, machte sich während der Tsin- und Handynastie die ganze Schule der Zauberer (Fang Schi) darüber her. ... Dem großen und weisen Gelehrten Wang Bi war es vorbehalten, mit diesem Wust aufzuräumen. Er schrieb über den Sinn des Buchs der Wandlungen als Weisheitsbuch und nicht als Orakelbuch.[122]

Mögen im *Schuo Gua* auch Bestandteile aus späteren Zeiten enthalten sein, so beruht es doch in erster Linie auf einer weit älteren Überlieferung als die anderen »neun Flügel« (die besonders hoch geschätzten chinesischen Kommentare zum I Ging werden traditionell als die »zehn Flügel« bezeichnet). Diese ältere Überlieferung zeigt die wesentlichen Konzeptionen auf: die ursprüngliche Weltanschauung, aus der das »Buch der Wandlungen« (I Ging) erwuchs. Gemäß dieser Tradition hat »der Mensch teil an den Formen des ›Himmels‹ und der ›Erde‹«. »Indem er ›Himmel‹ und ›Erde‹ (dem Universum wie auch den Bedingungen seiner irdischen Natur) ähnlich wird, kommt er nicht in Widerspruch mit ihnen.« An anderer Stelle in den »neun Flügeln« heißt es: »Weisheit erhebt uns, Sittlichkeit [oder Ethik] macht demütig. Erhabenheit gleicht dem ›Himmel‹. Demut folgt dem Beispiel der ›Erde‹.« Diese wenigen Worte enthalten die gesamte Lebensphilosophie. In gleicher Weise haben die acht in den acht Guas verwendeten Bilder oder Symbole (Himmel, Erde, Donner, Wind, Feuer, Wasser, See/Nebel, Berg), mögen sie auch aus der Natur entlehnt sein, eine viel weiter reichende Bedeutung. Weder wäre es angemessen, diese Symbole in einem buchstäblichen Sinn aufzufassen, noch ihnen nur *eine* begriffliche Bedeutung zuzusprechen. Ebenso wenig dürfen wir uns darauf beschränken, lediglich zu erforschen, welche Bedeutung die alten Chinesen diesen Symbolen beigemessen haben, sondern wir müssen herausfinden, inwieweit diese Bedeutungen auf unsere heutigen Lebensbedingungen anwendbar sind.

Denn das Buch der Wandlungen nimmt für sich in Anspruch, die menschliche Daseinssituation ganz allgemein darzustellen, nicht bloß ein bestimmtes Zeitalter oder eine bestimmte Situation. Im Unterschied zur Bibel beschreibt es nicht die Geschichte und die religiösen Glaubensvorstellungen eines bestimmten Stammes, sondern es befasst sich mit der allgemeinen menschlichen Situation, und darin liegt seine Bedeutung.

»Die *Wandlungen*«, heißt es in einem anderen chinesischen Text, »sind ein Buch, weit und groß, in dem alles vollständig enthalten ist: Das Tao des Himmels ist darin, das Tao der Erde und das Tao des Menschen. Es fasst diese drei grundlegenden Kräfte zusammen und verdoppelt sie.« Darum haben wir sechs Linien, die nichts anderes sind als die Wege der drei Grundkräfte. »Indem der Mensch dadurch dem Himmel und der Erde ähnlich wird, kommt er nicht in Widerspruch mit ihnen. ... Er freut sich des Himmels und kennt das Schicksal. Darum ist er frei von Sorgen. Er ist zufrieden mit seiner Lage und ist echt in seinem Mitgefühl. Darum vermag er Liebe zu üben.«[123]

Die acht Symbole (Trigramme), auf denen die 64 Hexagramme des I Ging beruhen, bezeichnen keine festen Zustände oder Umstände, sondern repräsentieren Prinzipien, die sich unter wechselnden Bedingungen unablässig wandeln. Sie stehen für augenblickliche, übergangshafte Gegebenheiten, die auf einen gemeinsamen Nenner ge-

bracht werden können, weil sie immer wieder in derselben Form auftreten. Wir können sie aus dem Blickwinkel der Physiologie, Morphologie, Psychologie, Philosophie, Metaphysik, Biologie usw. betrachten.
Die letzten fünf dieser Prinzipien sind in der Tat als »Elemente« eingestuft worden. Gleichwohl bezeichnen auch sie lediglich übergangshafte Zustände, mit deren Hilfe wir bestimmte regelmäßig wiederkehrende Bedingungen unserer Erfahrungswelt klassifizieren können.
Bevor wir jedoch von diesen Symbolen Gebrauch machen können, müssen wir sie zunächst einmal definieren, soweit Symbole sich überhaupt definieren lassen. Das heißt, wir müssen uns darüber klar werden, auf welcher Ebene wir diese Symbole anwenden.
So macht es beispielsweise keinen Sinn, ein Symbol in einem ausschließlich materiellen Sinn oder in einem ganz konkreten Verständnis zu verwenden und es dann mit einem anderen Symbol zu vergleichen oder zu kombinieren, das wir in einem rein geistigen oder psychologischen Sinn auffassen. Wenn es zum Beispiel heißt: »Es ist vorteilhaft, das große Wasser zu überqueren«, bedeutet das nicht unbedingt, dass wir eine Reise übers Meer unternehmen sollen. Vielmehr gilt es, unsere Situation umfassend zu verändern, einen neuen Anfang zu wagen oder zu einer von Grund auf gewandelten Einstellung zu gelangen. Wir sollten, mit anderen Worten, sozusagen ein neues Leben beginnen.
Wenn es heißt, jemand sei »in eine gelbe Kuhhaut eingenäht«, kann das bedeuten, dass die betreffende Person von Vorurteilen und konventionellen Vorstellungen beherrscht und dadurch gehemmt ist. Die Farbe »Gelb« verweist auf das Element »Erde« beziehungsweise darauf, dass uns das Verharren in den Bindungen der Konvention blockieren kann.

Jede Farbe repräsentiert hier eine spezifische Eigenschaft, weder hat sie beschreibenden Charakter, noch dient sie der bloßen Ausschmückung. Entweder steht sie in Verbindung zu einem bestimmten »Element«, zu einer Emotion oder zu bestimmten physischen oder psychischen Eigenschaften. Weiß etwa bezieht sich auf fehlende Emotionalität, auf reflektierendes Denken, Intellektualität usw.; Blau auf innere Tiefe oder auch auf unergründliche Emotionen; Rot auf launisches Verhalten, emotionale Wärme, ungestümes Temperament, auf das Überwiegen von Gefühl gegenüber dem Denken, auf unersättliche Gier oder selbstische Liebe usw. Grün kann mit Sensibilität zu tun haben, aber auch mit Kreativität und Lebensfreude, ebenso mit übertriebener Empfindlichkeit usw. Gelb steht im Allgemeinen für eine ausgeglichene Natur, für Kompromiss, für Gerechtigkeit und Geduld, aber auch für Gleichgültigkeit.

Betrachten wir nun die Guas unter dem Gesichtspunkt ihrer linearen Struktur oder der ihnen entsprechenden Trigramme, so erhalten wir vier Gruppierungen unterschiedlicher Polaritätsgrade:

a a a	b b a	a b a	b a a
b b b	a a b	b a b	a b b
1. universal	2. organisch	3. elementar	4. anorganisch

Die erste Gruppe beziehungsweise das erste Paar polarer Gegensätze nenne ich »universal«, weil hier die allgemeinen Prinzipien von Aktivität und Passivität in ihrer reinsten (unmodifizierten) Form enthalten sind: drei ungebrochene, ungeteilte Linien und drei gebrochene, geteilte Linien.

Die zweite Gruppe habe ich als »organisch« bezeichnet, weil sie die Merkmale eines lebendigen Organismus aufweist: Impuls, Durchdringung und Assimilation – mit anderen Worten, den *élan vital* in seinem schöpferischen und empfänglichen (transformierenden) Aspekt.

Das dritte Paar kann insofern »elementar« genannt werden, als es so elementare Kräfte wie »Feuer« und »Wasser«, »Hitze« und »Kälte« beinhaltet, die im Bereich des Organischen wie auch des Anorganischen anzutreffen sind.

Die vierte Gruppe habe ich »anorganisch« genannt, weil sie in gewisser Weise das Verhalten der Materie widerspiegelt – Trägheit und Verflüchtigung: Der »Berg« und die aus dem »See« aufsteigenden Nebelschwaden (beziehungsweise das Spiegelbild des Berges auf der Wasseroberfläche des Sees) ergeben ein Bild friedlicher, scheinbar statischer Wechselbeziehungen, das in Kontrast zu den anderen Paaren sich ergänzender Gegensätze steht, insbesondere zu dem zweiten, das man anstelle von »organisch« auch als »dynamisch« bezeichnen könnte.

Die in jedem der Trigrammpaare bestehende Polarität wiederholt sich somit auch im größeren Maßstab. Das Organische und das Anorganische bilden ein zusammengehöriges Paar, oder eine Gruppe. Gleiches gilt für das Universale und das Elementare. Dies wird nicht nur auf der Ebene der Interpretation deutlich, sondern auch anhand der ihnen eigenen Struktur. Denn die Trigramme der universalen und der elementaren Gruppe sind symmetrisch (aaa bbb, aba bab), die der anderen beiden Gruppen hingegen nicht (bba aab, baa abb), und das bedeutet, dass in den beiden letztgenannten Gruppen die qualitative Polarität nicht die einzig mögliche ist. Eine zweite Art von Polarität gründet sich auf der Umkehrung der Linien, durch die eine Spiegelsymmetrie mit zwei spiegelbildlichen Seiten entsteht: aab-baa oder bba-abb.

Die Hexagramme setzen sich also aus Kräften und Formen zusammen, die nicht nur das menschliche, sondern auch alle anderen Arten von Leben beeinflussen. Sie beruhen auf den Wechselbeziehungen zwischen den beiden das Hexagramm bildenden Trigrammen, und aus diesen Wechselbeziehungen wird ersichtlich, ob sich beispielsweise eine schöpferische oder eine destruktive Wirkung ergibt, ob sie neutral sind oder Stagnation signalisieren.
Da das I Ging auf Wandlung basiert, auf gesetzmäßig verlaufender Veränderung, kann die Bedeutung der Fähigkeit zur Veränderung, des Transformationsvermögens, gar nicht genug hervorgehoben werden. Sämtliche Bewusstseinszustände, Lebensbedingungen, Aggregatzustände oder sonstigen materiellen Gegebenheiten sind nur Phänomene im Übergang, vorübergehende Stadien eines Transformationsprozesses, und als solche in Bewegung, in Veränderung begriffen. Daher gibt es nicht nur in bestimmten Hexagrammen »bewegte« oder veränderliche Liniensymbole, sondern jedem Symbol kommt eine Eigenbewegung zu, die über seinen Wert in Verbindung mit anderen Linien entscheidet. Wichtig ist dabei nicht nur, ob die durch das Trigramm symbolisierte Bewegung aufwärts- oder abwärtsgerichtet ist, sondern ob diese Bewegung parallel verläuft zu derjenigen des zum gleichen Hexagramm gehörenden Trigramms, ob sie dessen Bewegung verstärkt, sie ausgleicht, sie durchdringt, in eine divergierende Richtung verläuft oder ihr entgegenwirkt.
Die Zeichen sind als solche weder Glücks- noch Unglückszeichen, weder fördernd noch hemmend. Dies werden sie erst durch die Verbindung mit anderen – inneren oder äußeren – Zeichen. Aufgrund der Bewegtheit und der dadurch bedingten Momenthaftigkeit dieser Zeichen sind Voraussagen verständlicherweise sehr schwierig. Denn

selbst wenn zukünftige Ereignisse vorbestimmt oder vorhersehbar wären, würden nichtsdestoweniger verschiedenartige Menschen unterschiedlich auf sie reagieren, und das Eintreffen der Voraussage würde entscheidend davon abhängen, ob die betreffende Person nach wie vor die gleiche Geisteshaltung und das gleiche bewusste Verhalten an den Tag legen würde. Nur bei zwei feststehenden Bewegungen lässt sich das Resultat voraussagen.

Der genetische Code ist ein gutes Beispiel, das uns zeigt, dass offensichtlich so entgegengesetzte Kräfte wie etwa männliche und weibliche Eigenschaften einander ergänzen, zusammenwirken und unendlich viele neue Verbindungen und Variationen hervorbringen können. Darüber hinaus veranschaulicht er überzeugend und für jedermann ersichtlich, dass zwischen Dualismus und Polarität ein himmelweiter Unterschied besteht. Jahrhundertelang haben wir dies nicht erkannt und uns in den Schlingen reiner Abstraktion verfangen. Bestärkt durch logische Schlussfolgerungen, die den Nachweis für die Richtigkeit unserer hochtrabenden philosophischen Konstruktionen und metaphysischen Spekulationen zu erbringen schienen, hielten wir an religiösen Dogmen selbst dann noch fest, wenn sie für die Gegenwart und für die tatsächlichen Überzeugungen eines Großteils der Menschheit bereits belanglos geworden waren.

Unsere Achtung vor den Errungenschaften der Vergangenheit oder vor der Lebensführung früherer Generationen hindert uns häufig daran, die gegenwärtige Wirklichkeit – unsere Wirklichkeit – mit ungeteilter Bewusstheit und voller Wertschätzung zu erleben. Vieler schöner Illusionen sind wir beraubt worden, das stimmt. Wenn wir aber unsere Augen öffnen, werden wir unermesslich viele Dinge erblicken, die selbst die romantischsten Fantasien der Vergangenheit in den Schatten stellen. Solch eine landschaftliche Schönheit der Natur wie zum Beispiel diejenige der Alpen, des Himalaya oder der Anden können wir heutzutage ganz selbstverständlich genießen. Noch vor wenigen Jahrhunderten hat man dagegen dieselben Gebirgslandschaften mit unverhohlenem Schrecken betrachtet.

Vielleicht ist ja der Mond, der frühere Generationen zu Empfindungen voll poetischer Erhabenheit inspiriert hat, für die heutige Generation nur noch eine aus Staub und Asche bestehende Kraterlandschaft, ein toter Himmelskörper, der die Erde umkreist. Und dennoch, was uns heute womöglich enttäuscht, weil es dem nicht gerecht wird, woran wir einst geglaubt haben, kann uns trotzdem wieder mit Staunen vor dem Wunderbaren erfüllen, sofern wir uns von den alten Vorurteilen frei zu machen vermögen.

Eines unserer größten Vorurteile besteht nach wie vor darin, uns selbst in Gegensatz zu der uns umgebenden Welt zu sehen und aufgrund dessen zu glauben beziehungsweise uns zu wünschen, der Welt entweder entfliehen oder sie beherrschen zu können. Beides ist das Resultat eines tief verwurzelten Dualismus, der die Welt in »Ich« und »Nicht-Ich« aufspaltet. Der Natur aber liegt, wie wir nicht nur anhand des genetischen Codes gesehen haben, sondern auch in all den anderen Naturgesetzlichkeiten, die uns genötigt haben, die eigene Einstellung zu unserer Umwelt zu korrigieren, kein Dualismus zugrunde, sondern Polarität.

Der Unterschied zwischen Dualismus und Polarität besteht, wie wir gar nicht oft genug wiederholen können, in der Tatsache, dass der Dualismus lediglich unauflösliche Gegensätze zu erkennen vermeint. Diese Sicht der Dinge fragmentiert die Welt in miteinander unvereinbare Bestandteile, und sie veranlasst Menschen zu einseitigen Bewertungen und Entscheidungen. Polarität hingegen erwächst aus einer höheren, ihr übergeordneten Einheit, und zur Polarität gehört der Begriff einer umfassenden organischen Ganzheit. Die jeweiligen Pole ergänzen einander und sind so unauflöslich miteinander verbunden wie der positive und der negative Pol eines Magneten, die sich wechselseitig bedingen und unter keinen Umständen voneinander getrennt werden können. Der Irrtum des Dualismus besteht in dem Versuch, nur eine Seite des Lebens anzuerkennen: entweder nur das, was unseren Wünschen und Idealen entspricht, oder aber das, was unserem Anhaften an momentan gegebenen Bedingungen, an unserem illusorischen Selbst und an allem, was mit ihm identifiziert wird, entgegenkommt.

Das macht verständlich, weshalb der Begriff der »Beständigkeit« mit »Dauer« oder »Kontinuität« gleichgesetzt wird. Im Buch der Wandlungen aber heißt es: »Die Dauer ist ein Zustand, dessen Bewegung sich nicht durch Hemmungen aufreibt. Sie ist nicht ein Ruhezustand [im Sinn von Bewegungslosigkeit]; denn bloßer Stillstand ist Rückgang. Dauer ist vielmehr eine in sich geschlossene und darum stets sich erneuernde, nach festen Gesetzen sich vollziehende Bewegung eines organisierten, in sich fest geschlossenen Ganzen.«[124] In diesem Satz ist die zentrale Idee des I Ging in eine unübertrefflich kurze Formulierung gefasst, die auch die moderne Wissenschaft akzeptieren kann.

Aber ein weiteres Mal müssen wir darauf hinweisen, dass Gesetz nicht mit Determinismus gleichzusetzen, sondern ein regulatives Prinzip ist, ohne welches jegliche Freiheit unmöglich wäre. Ebenso, wie wir nicht über eine Eisflä-

che laufen können, wenn keinerlei Reibung vorhanden ist, benötigen wir für unser – physisches wie auch geistiges – Weiterkommen Widerstand.
Im geistigen Leben dürfen wir uns nicht ausschließlich auf unsere Intuition verlassen, sondern müssen ihm eine Struktur geben, sei es in Form von Symbolen, von Logik oder von Mathematik. Solch eine Struktur ist nichts Endgültiges. Sobald sie ihren Zweck erfüllt hat, können wir sie beiseite lassen. Diejenigen Menschen aber, die vor diesem Zeitpunkt auf sie verzichten, sind Träumer, die in ihrem Traum sich selbst verlieren werden. Wenn wir zur Wirklichkeit unseres Lebens, zur Wirklichkeit unseres Erlebens, erwachen wollen, kommen wir nicht umhin, von der Vernunft ebenso Gebrauch zu machen wie von der Imagination.

Kapitel 7

Fragen und Antworten

Das Seminar »Menschliche Dimensionen« im Juni 1975

Lama Govinda: Da wir heute ein Darshan haben, einen Tag, an dem wir einfach füreinander gegenwärtig sind, überlasse ich euch die Entscheidung, worüber wir sprechen wollen. Ich werde keine Vorlesung halten. Euch ist es freigestellt, ein Thema, eine Frage, ein Problem anzusprechen; und über die Dinge, die euch interessieren, werden wir miteinander reden. Ohne etwas über euch und eure Interessen zu erfahren, weiß ich nicht, auf welche Themen wir am besten eingehen sollten. Fasst das Gespräch daher bitte als eine Art Gedankenaustausch im Dienst einer wechselseitigen Verständigung auf. Das halte ich für besser, als einfach über irgendein abstraktes Thema zu reden. Lasst mich also bitte wissen, worüber ihr sprechen möchtet.

Frage: Ich möchte eine Frage zu den Mantras stellen. Und zwar wüsste ich gern, ob es irgendwann einmal amerikanische Mantras geben wird, oder ob es immer so sein wird, dass die Rezitation auf Sanskrit oder Japanisch erfolgen muss?

Lama Govinda: Eine sehr gute Frage, finde ich, eine Frage, mit der wir uns unbedingt einmal befassen sollten, denn seit unserer Rückkehr nach Amerika stelle ich fest, dass sehr viel über Mantras und das Rezitieren von Mantras gesprochen wird. Doch bis jetzt habe ich noch niemanden gefunden, der wirklich weiß, worin die Bedeutung eines Mantras besteht. Ich weiß, es kommt vor, dass jemand den Menschen einfach ein Mantra gibt und sie anschließend sich selbst überlässt – etwa in dem Sinn: »Nun macht damit, was ihr wollt.« Da liegt allerdings ein Missverständnis vor, ein schwerwiegendes Missverständnis. Denn einerseits ist ein Mantra nicht einfach irgendetwas, nicht irgendeine Belanglosigkeit. Andererseits haben wir es mit verschiedenartigen Mantras zu tun. Zum Beispiel gibt es ganz grundlegende archetypische Mantras, archetypische Wortsymbole.

Um das verstehen zu können, müssen wir die Bedeutung des Wortes »Mantra« kennen. Es bedeutet: »Instrument des Geistes« oder »Werkzeug des Geistes«. Um mit einem Werkzeug etwas anfangen zu können, müssen wir wissen, wie man es sinnvoll einsetzt. Bekämet ihr ein euch unbekanntes Werkzeug in die Hand gedrückt, wüsstet ihr nicht, wie ihr es handhaben solltet. Und so muss man bei einem Mantra, wie bei jedem Werkzeug, zuallererst einmal wissen, wie man angemessen damit umgeht.

Darüber hinaus hat man das Mantra in Indien nur verwendet, um eine Einweihung abschließend mit einer Art Siegel zu versehen. Nie wurde es anders verwendet. Das Mantra bildet daher den Abschluss, den relativen Schlusspunkt, einer bestimmten geistigen Entwicklung. Es steht nicht am Anfang, vielmehr ist es ein Teil dessen, was an einem bestimmten Punkt eine Einweihung abschließt; und anschließend beginnt etwas Neues. Einen letzten Endpunkt gibt es in der Hinsicht eigentlich nicht, dies ist lediglich der Abschluss einer Schulung, eines Ausbildungsabschnitts: Hiermit wird die Vorbereitung auf die eigentliche Arbeit abgeschlossen.

Ein Mantra ohne Einweihung ist daher im Grunde kein Mantra, sondern bloß ein Spielzeug, eine Art Entspannungshilfe. Aber ein Mantra ist mehr als nur ein Mittel zu unserer Entspannung. Der tatsächlichen Durchführung einer Einweihung, diese Idee steht dahinter, sollte unbedingt eine Schulung vorausgehen, denn zunächst einmal muss ein gewisses Maß an Kenntnissen vorhanden sein. Erst nachdem man sich bis zu dieser Stufe vorgearbeitet hat, bekräftigt das Mantra als Abschluss der Vorbereitung wie ein Siegel all das, was man bis dahin erlebt beziehungsweise in sich aufgenommen hat.
Weiterhin besteht ein Unterschied zwischen einem Bīja-Mantra, also einem »Keimsilben-Mantra«, und einem zusammengesetzten Mantra, das bestimmte Symbole enthält. In beiden Fällen haben wir es mit archetypischen Symbolen zu tun. Beim Bīja-Mantra haben wir es aber nicht nur mit etwas Archetypischem zu tun, vielmehr ist dieses ein vorsprachlicher Laut: Anders als bei einem Begriff oder einem Wort handelt es sich hier nicht um eine fest vorgegebene Lautform. Bereits bevor es Sprache gab, haben bestimmte Laute bestimmte Bedeutungen übermittelt. Noch bevor ein Kind sprechen kann, artikuliert es schon einfache vokalische Laute. Der Vokal stellt demnach die Grundlage der Sprache dar. Das indische Alphabet zum Beispiel beginnt nicht mit a b c d e usw. Stattdessen stehen alle Vokale am Anfang. Erst kommen die Vokale, danach sind die Konsonanten an der Reihe. Diese basieren ihrerseits auf dem ersten Vokal, a (AH). »AH« ist der aller Sprache zugrunde liegende Laut. Darum steht das Bīja-Mantra a (AH) für Sprache, Kultur, menschliches Wissen – denn alles, was wir als menschliches Wissen bezeichnen, beruht auf Sprache. Ohne Sprache können wir nicht denken, können wir die Dinge nicht

verstehen. Erst die Sprache konstituiert die spezifisch menschliche Fähigkeit, die Welt, in der wir leben, zu verstehen.

Die vokalischen Laute sind die Urlaute; darüber hinaus kann man von einem Laut sagen, es handele sich um einen tiefen oder um einen hohen Laut. Jeder Laut hat eine bestimmte Schwingung. Und »Schwingung« meine ich hier in einem musikalischen oder physikalischen Sinn: Unter einer schnellen Schwingung versteht man einen aufsteigenden, einen hohen Laut. Wir sprechen automatisch von hohen Lauten oder tiefen Klängen, ohne recht zu wissen, warum. Betrachten wir sie aus einem anderen Blickwinkel, sehen wir jedoch, dass die tiefen Klänge längere Schwingungen, also eine geringere Anzahl von Schwingungen pro Zeiteinheit haben, dass die hohen Klänge hingegen durch kürzere Schwingungen, also durch eine höhere Schwingungsanzahl pro Zeiteinheit gekennzeichnet sind. Und im Rahmen dieser Einstufung in höhere oder tiefere Klänge können wir dann auch einen Zwischenbereich mit mittelhohen Klängen ausmachen. Entsprechend ließe sich zum Beispiel sagen, dass E, ein hohes E, ein aufsteigender Laut und U, ein langes U, ein in die Tiefe reichender, absinkender Laut ist, während *a* (AH) eine mittlere Position zwischen beiden einnimmt. Horizontal hat man demnach Klang, und vertikal hat man Klänge.

Diese Ideen sind grundlegend. Die Vokale allein, das zeigt uns ein Blick ins Sanskrit, ergeben noch kein Mantra. Alle mantrischen Laute sind dort oberhalb des Vokals mit einem kleinen Kreis oder einem kleinen Punkt versehen, was bedeutet, dass der Laut im Bereich der Kehle oder im Sinne eines Nasallauts abgeschlossen wird. Und was geschieht dabei? Zunächst strömt der Laut aus, dann wird

er abgeschlossen, nach innen gewendet, nach innen gerichtet, und er geht von der hörbaren äußeren in eine unhörbare innere Schwingung über. Der zweite Teil, die unhörbare innere Schwingung, ist tatsächlich keine klangliche Schwingung jener Art, wie wir sie mit unseren Ohren vernehmen, sondern eine seelische Schwingung, die bestimmte Zentren unseres Bewusstseins weckt. Das ist die Idee, die dem Bīja-Mantra zugrunde liegt.
Ferner gibt es die sekundäre Form. Bei ihr betrachten wir beispielsweise bestimmte Wörter als Symbolwörter, und bei diesen Symbolen muss es sich wiederum um archetypische Symbole handeln – im Unterschied zu gewöhnlichen und künstlich geschaffenen Symbolen wie denjenigen, die man allenthalben in der Wirtschaft und der Technik findet (und jedes Jahr kommen alle möglichen Abkürzungen hinzu, die dies oder das bedeuten sollen, oder auch solche Embleme oder Markenzeichen wie ein geflügeltes Rad für eine Eisenbahngesellschaft). Solche Symbole wurden willkürlich für einen bestimmten Zweck geschaffen und haben lediglich innerhalb einer bestimmten Gruppe von Menschen oder in einem bestimmten Land eine Bedeutung. Archetypische Symbole sind demgegenüber Symbole, die mit der Struktur unseres Bewusstseins zu tun haben. Darum sind sie universeller als gewöhnliche Worte und übermitteln eine Bedeutung, die sozusagen den tieferen Bereichen unseres Bewusstseins zugehörig ist.
So hat etwa in Indien ein Wort wie *padma*, das »der Lotos« bedeutet, zahlreiche unterschiedliche Bedeutungen. Es bezeichnet nicht nur die gleichnamige Blume, sondern steht auch als Synonym für *chakra*. Der Ausdruck *padma* kann auf alles verweisen, was sich entfaltet. Er beinhaltet die Entfaltung einer geistigen Qualität, bezeichnet das

Zentrum einer Ausstrahlung: das Zentrum des Bewusstseins. Eine weitere Bedeutung ist die eines Reinheitssymbols. In diese Worte hat, weil sie über Tausende Jahre hinweg verwendet worden sind, eine außerordentlich große Vielzahl von symbolischen, so viele Dinge repräsentierenden Bedeutungen Eingang gefunden. Stehen sie in Zusammenhang mit dem Bīja-Mantra, erhalten solche Worte wiederum eine eigene, schärfer umrissene Bedeutung.
Um dies an einem besonders klaren Beispiel aufzuzeigen: Eines der grundlegenden Mantras oder Bīja-Mantras, insbesondere in der buddhistischen Überlieferung, ist OM-A-HŪM. Om hat diese Rundheit – jenen alles einschließenden Charakter, der auch in dem griechischen Buchstaben Omega und in dem kreisrunden römischen Buchstaben O zum Ausdruck kommt. Daher hat dies meines Erachtens überhaupt nichts Willkürliches an sich – vielmehr ist es so, weil diejenigen, denen wir die Entwicklung der Schrift verdanken, diese spezielle Bewegung, die Art von Kreisbewegung, empfunden haben. Im Om haben wir also dieses Sich-Öffnen und Sich-Weiten, das alles Einbeziehende. Beim A (AAAAHHHHH) kommt man in der Mitte an. Und beim HŪM geht man in die Tiefe.
Diese drei Laute stehen in Beziehung zu den drei Bewusstseinszentren. Deren oberstes, das Scheitelzentrum bzw. Kronen-Chakra (*sahasrāra-cakra*), wird keineswegs vollständig mit dem Gehirn gleichgesetzt. Dessen ungeachtet steht das Gehirn physiologisch, so möchte ich es ausdrücken, gewiss in einer Verbindung zu ihm. Hingegen ist das Om, wie ihr sehen konntet, ein universeller und daher an vorderster Stelle vor jedem anderen Mantra verwendeter Klang. Zumal im Buddhismus werdet ihr das Om niemals am Ende finden. Im Hinduismus, wo die Dinge vielleicht nicht so stark systematisiert worden sind, kann

man es bei manchen Mantras dort finden – oder vielleicht auch deshalb, weil es so viele Hindu-Traditionen gibt, in denen Mantras eher dazu dienen, einen Zustand hingebungsvoller Andacht zu kultivieren. Im Buddhismus dagegen dient ein Mantra nicht nur der Andachtsübung, sondern hier steht es wirklich in Verbindung zu einem bestimmten Chakra, zu einem bestimmten Bewusstseinszentrum.

Om ist also der universelle, alles einbeziehende Klang. Es steht an erster Stelle. A (AH) hat die Position in der Mitte inne und verweist auf das sprachliche/gedankliche Zentrum im Menschen. Erst die Sprache ermöglicht, wie ich bereits gesagt habe, unser gesamtes menschliches Bewusstsein, die spezifisch menschliche Beschaffenheit des Bewusstseins, denn sie ist mit dem für den Menschen eigentümlichen Denken verknüpft, lässt dieses erst zu. Das HŪM hat eine Beziehung zum Herzzentrum, und dabei möchte ich wiederum klarstellen, dass dieses Zentrum keineswegs unmittelbar etwas mit jenem Herzen zu tun hat, das für unser Blut als eine Art Pumpstation fungiert. Gemeint ist das Zentrum hier in der Mitte, unser emotionales Zentrum: emotional in einem sehr tief gehenden Sinn. Die Rezitation des Mantras OM-A-HŪM bedeutet also: Das Erlebnis der Universalität muss in das menschliche Zentrum, in das tiefste emotionale Zentrum, hinabgelangen und dort verwirklicht werden. Die Erfahrung der Universalität muss in unserem Herzen wiedergeboren werden.

Würdet ihr hingegen lediglich ein Konzept von Universalität leben, wäre das gleichbedeutend damit, dass ihr in einer Welt lebtet, die mit der menschlichen Welt keine Berührungspunkte hätte. Dabei würde es sich um etwas jenseits oder außerhalb von ihr Befindliches handeln, und

obgleich dieses möglicherweise alles Menschliche beinhalten würde, so würde es uns dennoch nicht in die Lage versetzen, in unserem gegenwärtigen menschlichen Daseinszustand zu jener spezifisch menschlichen Umsetzung zu gelangen, derer es bedarf. Darum kommt es darauf an, die Universalität des OM im Herzzentrum zu verwirklichen. Das findet seinen Ausdruck in dem Mantra HŪM.
Die nächste Frage lautet: »Wie erhalten wir ein zusammengesetztes Mantra?« Ich möchte euch bloß dieses eine Beispiel geben: OM MANI PADME HŪM. Das mittlere Wort zwischen dem OM und dem HŪM, also das A (AH) beim vorangegangenen Mantra, wurde hier durch zwei archetypische Symbole ausgedrückt. Das eine ist PADMA, beziehungsweise in diesem Fall PADME, das andere MANI, was »Juwel« bedeutet. Auch hier symbolisiert »Juwel« wieder, ebenso wie in den meisten anderen Sprachen, mehr als nur den eigentlichen Edelstein: Es steht für alles Kostbare. »Juwel« bringt hier die Kostbarkeit als solche zum Ausdruck, und in diesem Fall meint es das Allerkostbarste für den Menschen – und das Kostbarste, das ihr euch vorstellen könnt, ist für euch gewiss das Göttliche. In unserem Fall würde man vom Buddha als der Verkörperung aller göttlichen Qualitäten eines Menschen sprechen und von PADMA als dem Lotos in unserem Herzen. Das bedeutet: Für uns kommt es darauf an, das Ideal der Buddhaschaft, das Ideal des göttlichen Weisheitsbewusstseins, tief im eigenen Herzen zu verwirklichen.
Mein Buch *Grundlagen tibetischer Mystik* trug ursprünglich den Titel »OM MANI PADME HŪM«, doch dann habe ich festgestellt, dass bereits jemand anderes ein Buch mit genau diesem Titel geschrieben hatte. Darin ging es um eine Expedition zu einem Kloster, und dieser Titel diente lediglich als Sinnbild für etwas Buddhistisches, auf

seine Bedeutung wurde jedoch nicht weiter eingegangen. Jedenfalls musste ich daraufhin für mein Buch einen anderen Titel finden: *Grundlagen tibetischer Mystik* habe ich es schließlich deshalb genannt, weil ich in der Erläuterung zu diesem einen Mantra, für die ich ein ganzes Buch benötigt habe, auf das verwiesen habe, was die Wurzel aller Mantras sein könnte. Es war ein gutes Exempel dafür. Und nun werdet ihr beispielsweise feststellen, dass in den meisten Hindu-Mantras das OM vorkommt, denn es ist für den Buddhismus wie für den Hinduismus grundlegend, wie gesagt ein universelles Symbol, und zu Recht findet es in beiden Religionen Verwendung. Gut möglich, dass es ebenfalls etwas mit dem »Amen« im Christentum zu tun hat, obwohl ich glaube, dass »Amen« wahrscheinlich mehr der Bekräftigung bestimmter Absichten dient. Was es auf Hebräisch bedeutet, weiß ich nicht. Aber es wird, glaube ich, in diesem Sinn verwendet; denn da man es am Schluss eines Gebets spricht, handelt es sich sicherlich um eine Art Bekräftigung und einen Ausdruck der Hingabe.

Sicherlich habt ihr zahlreiche dieser Hindu-Gruppen gehört, die heutzutage Hindu-Mantras rezitieren: »Om Hari Krishna Om«, und so weiter. »Hari« steht hier für Vishnu, und »Krishna« steht für eine Inkarnation von Vishnu, für seinen Avatar. Bei den beiden Worten in der Mitte handelt es sich in diesem Fall also um die verschiedenen Namen, die den jeweiligen hinduistischen Gottheitsbegriff bezeichnen. Aufgrund dessen haben die Menschen beim Rezitieren des Mantras die Empfindung, in der Gegenwart des betreffenden Aspekts Gottes zu verweilen. Vom »Aspekt Gottes« spreche ich deshalb, weil in Indien jede göttliche Eigenschaft in einer speziellen Form verkörpert wird. Wir sprechen von Brahma, Vishnu und Shiva. Befasst man sich mit der höheren Philosophie, der Advaita-Philosophie, begreift man, dass sie unterschiedliche Aspekte jenes Göttlichen sind, das sich eigentlich nicht beschreiben oder erklären lässt, und so spricht man von dem neutralen Brahman, das keine Bezeichnung mehr hat: Man kann ihm nach Belieben einen Namen geben, oder man kann es das Unaussprechliche oder das Unerklärliche nennen. Im Buddhismus haben wir vielleicht eine Entsprechung dazu, eine Entsprechung allerdings, die Ausdruck einer etwas anderen Denkweise ist – zum Beispiel, wenn im Buddhismus von Leerheit die Rede ist, von *śūnyatā*.

Frage: Könnten Sie bitte erklären, was mit »Anhaftung« gemeint ist?

Lama Govinda: Anhaftung! Die Menschen im Allgemeinen, ganz besonders aber die Buddhisten, verwenden das Wort »Anhaftung« in einem sehr negativen Sinn. Dessen ungeachtet habe ich kein Schuldgefühl, wenn ich an Freunden hänge – beziehungsweise anhafte – oder an den vielen anderen Menschen, die man liebt.
So läuft es eigentlich immer: Wir verwenden Worte, und in dem Moment, in dem wir sie verwenden, sitzen wir in der Falle. Kaum ein Wort hat nur eine Bedeutung, und wenn wir wirklich wissen wollen, was »Anhaftung« ist, müssen wir nicht nur das Wort hinterfragen, sondern zugleich fragen, woran man haftet. Das Anhaften bedarf der näheren Bestimmung. Es kann schlecht und es kann gut sein. Wenn man an schlechten Dingen haftet, nun, das ist schlecht. Haftet man hingegen an guten Dingen oder an guten Gefühlen und guten Eigenschaften, dann ist das eine ganz andere Geschichte.

Wir werden sehen, wenn man am Dharma, an der großen universellen Wirklichkeit im Sinne des universalen Gesetzes der Religion, oder an den höchsten Dingen haftet, die wir uns gedanklich vorstellen können, dann ist das kein schlechtes Anhaften. Falls es sich andererseits um ein Anhaften am Begriff des Dharma handelt, an einer bestimmten Formulierung des Dharma, dann entsteht daraus etwas vollkommen anderes, und im Resultat führt das möglicherweise zu Intoleranz oder zu einem eingeschränkten Blickfeld.

Im Buddhismus wird zwischen *karma chanda* und *dharma chanda* unterschieden. Karma chanda bedeutet ein Anhaften an Sinnesobjekten und/oder sinnlicher Liebe. Dharma chanda bedeutet, an den höchsten Bestrebungen zu haften. In beiden Fällen haftet man an. Und da der Buddha sich der Gefahr bewusst war, dass die Menschen sogar Dharma chanda missverstehen könnten, hat er gesagt, als Formulierung und als Lehre – auch in Form seiner Lehre –, gleiche der Dharma einem Floß. Das Floß soll es einem ermöglichen, den Fluss zu überqueren. Sobald man am anderen Ufer ankommt, trägt man das Floß aber nicht auf dem Kopf weiter mit sich herum, sondern lässt es zurück und ist davon befreit.

Ebenso gleicht auch der Einfluss des Buddha einem Floß. Er wird einen über den Fluss tragen, ohne dass man an ihm anhaftet. Diese Einstellung ist, glaube ich, die schönste und freisinnigste, die je einer unserer Religionsstifter gehabt hat. Das wird mir immer wieder aufs Neue vor Augen geführt.

Jemand könnte aber auch sagen: Je mehr du anhaftest – in dem Sinn, dass du deine Mitmenschen liebst –, umso mehr wirst du leiden. Hier muss ich mich fragen: »Ist die Erfahrung von Leid vielleicht ein geringer Preis für das

Privileg, Liebe zu empfinden und andere Menschen zu haben?« Ich würde lieber das Leid auf mich nehmen, das man erlebt, wenn man andere liebt, als überhaupt niemanden zu haben, den ich lieben kann. Die heiligmäßige Art, falls daran tatsächlich etwas heilig ist, von Menschen, die jenen Zustand sogenannter Vollendung erreicht haben, in dem sie von allem, was um sie herum geschieht, unberührt bleiben, lässt mich kalt. Etwas Derartiges würde ich mir ganz gewiss nicht wünschen.

Auch meine ich, dass viele Menschen, die vielleicht in eine Art Verzweiflung geraten, weil sie denken: »Wie kann ich jemals frei werden? Es gibt so vieles, woran ich hafte. Da ist dies, da ist das, und so weiter«, sich fragen sollten, was sie mit anhaften meinen. Wenn sie an Geld haften, wenn sie an Gütern haften, wenn sie an Gegenständen haften, an Orten, an all diesen unterschiedlichen Dingen, die man besitzen kann, dann wird ihr Leben durch das Anhaften in ein Gefängnis verwandelt. Solch ein Anhaften macht den Menschen zum Sklaven.

Wir sollten daher unterscheiden zwischen einem Anhaften, das Besitzgier nach sich zieht, und einem Anhaften, das zum inneren Band zwischen Wesen wird, die einander lieben, sich umeinander kümmern oder auch Mitgefühl miteinander oder füreinander haben. Letzteres finden wir etwa in der Liebe zwischen Eheleuten, zwischen Mutter und Kind, zwischen Freunden usw. – ein Anhaften, das sehr liebevoll ist. Vor dem Habenwollen jedoch, vor dem Besitzergreifenwollen, müssen wir uns hüten. Selbst die Liebe einer Mutter zu ihren Kindern kann zum Ausdruck des Besitzergreifenwollens werden. In dem Augenblick aber, in dem Anhaftung Besitz ergreifen will, wird sie zu etwas Negativem, zu etwas Schädlichem.

Hört euch diese interessante Geschichte an: Nach dem Dahinscheiden des Buddha und dem Übergang in den Zustand von Nirvāna haben, so heißt es, sämtliche Arhats[125] völlig »abgeklärt«, ohne jede Gefühlsregung, dagesessen. Einzig Ānanda, der sehr am Buddha hing, brach in Tränen aus. Die großen Heiligen machten Ānanda hinterher Vorhaltungen, indem sie sagten: »Das Höchste hast du noch nicht erreicht, und so musst du von der Versammlung ausgeschlossen werden.« [In der hier zur Rede stehenden Versammlung sollte dafür Sorge getragen werden, dass auch nach dem Dahinscheiden des Buddha der Dharma weiter Fuß fasst in der Welt.] Diese Geschichte zeigt, wie leicht Menschen immer wieder auf die merkwürdige Vorstellung verfallen, eine völlig unbeteiligte, indifferente Haltung sei eine geradezu heilige Eigenschaft. Nach meinem Dafürhalten verfügte Ānanda wahrscheinlich als Einziger über ein tiefer gehendes Verständnis, und zugleich war er derjenige, der später praktisch alle heiligen Texte aus der Erinnerung wiederzugeben vermochte, weil er der ständige Weggefährte des Buddha gewesen war.

Nichtsdestoweniger wird er in den Schriften oft als der Schüler dargestellt, der nach wie vor alle erdenklichen Fragen stellt. Wie es scheint, war er der lebendigste unter all diesen Menschen im Gefolge des Buddha. Das hat, glaube ich, den Unterschied ausgemacht. Die meisten von ihnen haben gedacht, die Botschaft des Buddha liege hauptsächlich in den Worten, die er sprach. Ānanda dagegen wusste, dass die Gegenwart des Buddha mehr bedeutete als seine Worte. Und das ist nur allzu wahr. Selbst nachdem er körperlich dahingeschieden war, ist er geistig bei ihnen geblieben, bei jedem von ihnen. Ānanda war sicherlich der menschlichste seiner Schüler, und eine Träne von Ānanda ist mir persönlich lieber als all die übrigen Arhats, mögen sie auch hoch verwirklicht gewesen sein.

Frage: Sollten wir über allumfassende Liebe meditieren?

Lama Govinda: Nun, diese Frage betrifft gleichfalls das Thema Meditation. Diese sollte nichts Lebensfremdes sein, Meditation sollte unseren Gefühlen und dem, woran wir im Inneren haften, nicht entrückt sein. Wenn wir versuchen, in unserer Meditation Liebe und Mitgefühl für alle Lebewesen zu entwickeln, ist es viel sinnvoller und zweckdienlicher, dabei die unmittelbaren Beziehungen zu den Wesen unserer Umgebung im Sinn zu haben. Wenn Menschen von »allumfassender Liebe« sprechen, haben sie, befürchte ich, ein hübsches Konzept vor Augen. Liebe besteht jedoch in einer Beziehung, in einer individuellen Beziehung.
Mitgefühl indes können wir haben, das ist etwas ganz anderes. Mitgefühl können wir vielleicht sogar empfinden, ohne eine unmittelbare mitmenschliche Beziehung, eine persönliche Beziehung zu haben, und ebenso können wir, denke ich, zu jedem Menschen eine von Anfang an vollkommen freundliche und wohlwollende Beziehung haben. Das kann man spüren, wie man auch Sympathie spüren kann. Das ist die eine Sache. Aber diese Art von Sympathie bestünde, so möchte ich sagen, in einer gewissen Offenheit, wohingegen Liebe stets eine unmittelbare Beziehung zwischen zwei Menschen beinhaltet. Wenn wir bei den Empfindungen von Liebe als Meditationsgegenstand verweilen wollen, ist es darum meines Erachtens viel ehrlicher, in Gedanken bei den Menschen unserer Umgebung zu verweilen, um auf diese Weise festzustellen, inwieweit wir imstande sind, sie in unsere Liebe mit einzubeziehen.

Zu lieben fällt bestimmten Menschen schwer, andere Menschen hingegen können Liebe leben. Unter Umständen werdet ihr im Verlauf eurer Meditation feststellen, dass ihr diese Liebe bevorzugt bestimmten Menschen zuteil werden lasst, weil sie die gleichen Auffassungen haben wie ihr oder euch Vorteile einbringen. Andererseits gibt es diejenigen Menschen, die von euch vielleicht grundverschieden sind oder sich in eurem Leben als Hindernis erweisen, Menschen, die ihr nicht liebt, möglicherweise sogar hasst. Auch bei dieser Art der Meditation halte ich es daher für wesentlich fruchtbarer, wenn wir uns über die unmittelbaren Beziehungen zu den Menschen, mit denen wir in Berührung kommen, klar werden, diese vor unserem geistigen Auge in Erscheinung treten lassen, anstatt uns in völlig abstrakten Ideen von Universalität und dergleichen zu ergehen.

Frage: Sollen wir über etwas nachdenken, wenn wir meditieren?

Lama Govinda: Nun, zu den Dingen, die der Vorbereitung auf die Meditation dienen, zählen die vorbereitenden Gedanken, denn schließlich hat Meditation am Anfang auch mit unserem Denken zu tun. In unserem Geist regen sich stets Gedanken, solange wir bei Bewusstsein sind jedenfalls: Die Gedankenaktivität hört nicht auf. Selbst wenn man ihr Einhalt zu gebieten versucht, selbst wenn wir alles in unseren Kräften Stehende tun, kommt die Aktivität nicht zum Erliegen, sondern der gedankliche Prozess geht, so stellen wir dann fest, nach wie vor weiter. Im Grunde gibt es also nur einen Weg, den Prozess zu steuern: Indem wir entweder beobachten, wie er ins Stocken gerät und sich anschließend wieder fortsetzt, oder

dem Strom der Gedanken folgen, um herauszufinden, wohin er führt. Oder aber wir können, und darin besteht eine zweite Möglichkeit, geistig in großer Klarheit ein Objekt vor Augen haben und dieses zum Gegenstand unserer Kontemplation oder Meditation machen.
Wichtiger jedoch ist, dass wir werden. Denn all diese Prozesse nehmen kein Ende. Schließlich gelangen wir an einen tieferen Punkt. Das heißt: Unversehens werden wir uns bewusst, dass wir Bewusstsein haben. Dann stellt sich bei euch, sehr klar und genau, die Empfindung ein, hier zu sein – jetzt hier zu sein. Und darin besteht eigentlich das größte Wunder: euch bewusst worden zu sein, dass ihr hier seid. Wenn ihr, auf dieser Ebene angelangt, plötzlich gewahr werdet, dass es da etwas viel tiefer Reichendes gibt als unsere Gedanken, dann beginnt sich etwas zu öffnen, und dieses Sich-Öffnen ist der Beginn wirklicher Meditation.
Vor einigen Tagen wurde mir in einer anderen Gruppe die Frage gestellt: Was ist, in wenigen Sätzen zusammengefasst, Meditation? Die Antwort möchte ich hier wiederholen, denn ich habe festgestellt, dass viele der Anwesenden eine Antwort darauf haben wollten und diese für eine gut brauchbare Definition hielten. Lasst es mich in aller Kürze so formulieren: Meditation ist das Mittel, um das Individuum wieder mit dem Ganzen zu verbinden, genauer gesagt, dem Individuum diese Verbindung wieder bewusst zu machen. Sie ist der einzig positive Weg, den Ich-Komplex, die Illusion eines eigenen getrennten Daseins und Selbstseins, zu überwinden – etwas, das selbst durch noch so viel frommes Predigen und Ermahnen nicht herbeigeführt werden kann.
Das Kleinere zugunsten des Größeren aufzugeben stellt keineswegs ein Opfer dar, sondern man hat das freudige

Gefühl, sich aus Beengung und Beklemmung zu befreien. Mit sich selbst befasst ist man im Anschluss an diese Erfahrung nicht aus einem niederen Bestreben, bei dem es um eigene Freuden und Genüsse geht, vielmehr gewinnt man nun eine ganz natürliche, von jedem Gefühl moralischer Überlegenheit freie Einstellung. Das aus dieser Einstellung erwachsende Mitgefühl ist der natürliche Ausdruck der Solidarität allen Lebens. Meditation ist allerdings nicht nur das Mittel, unserer Verbundenheit mit dem Ganzen gewahr zu werden, sondern auch ein Mittel, uns darüber klar zu werden, dass jedes Individuum eine einzigartige Gelegenheit darstellt, zu einem Brennpunkt zu werden, in dem das Universum zum Bewusstsein seiner selbst gelangt.

Frage: Was meinen Sie mit »Konzentration«?

Lama Govinda: Als »Konzentration« beziehungsweise als »geistige Sammlung« bezeichnen wir im Allgemeinen die Ausrichtung unseres Bewusstseins auf einen Bezugspunkt. Sie kann verschiedene Formen annehmen. Ungeteilte Aufmerksamkeit aufzubringen in unserer geistigen Sammlung bedeutet nicht unbedingt, dass wir unsere gesamte Aufmerksamkeit lediglich auf eine bestimmte Idee oder bloß auf *einen* Vorstellungsgehalt richten. Wir haben bestimmte Vorgehensweisen; wenn wir uns einer Arbeit widmen, sind wir ganz bei der Sache – und wenn wir ein Problem lösen wollen, konzentrieren wir uns auf die verschiedenen Teilaspekte des Problems und auf die verschiedenen Formen, in denen es sich äußert.
Aber es gibt auch eine andere Art von Konzentration, und die besteht eher darin, dass sich unsere Gedanken um eine Idee drehen oder in eine bestimmte Richtung

gehen. Mit anderen Worten: Man kann sich geistig auf etwas ausrichten, ohne sich darin auf nur einen einzigen Punkt zu beschränken. Hier haben Ost und West meines Erachtens unterschiedliche Auffassungen, was »Konzentration« oder »innere Sammlung« sei. Der westlichen Mentalität entspricht die Haltung, alles andere auszuklammern, um geradlinig und ohne Umschweife auf ein Objekt, auf eine Idee zuzugehen. Einerseits ist das gut, andererseits beinhaltet es jedoch eine große Einschränkung. Wenn wir nämlich wirklich etwas ausfindig machen wollen, sollten wir den Gegenstand unserer Untersuchung von allen Seiten her erforschen, statt ihn lediglich aus einer einzigen Perspektive zu betrachten. Eine solchermaßen konzentrische Annäherung an die Dinge ist natürlich etwas ganz anderes als diese schnurstracks geradeaus gerichtete Herangehensweise, und der östliche Zugang entspricht viel mehr dieser konzentrisch kreisenden Bewegung um das Objekt.

Angesichts der dergestalt voneinander abweichenden Ansätze wird auch klar, warum zwischen östlicher und westlicher Kunst ein echter Unterschied besteht. In der westlichen Kunst stand das Prinzip der perspektivischen Darstellung, jedenfalls bis vor noch nicht allzu langer Zeit, für die Auffassung, dass wir jedes Objekt von nur einer Seite her betrachten sollten. Die Kunst des Ostens hingegen schlug – ganz generell, insbesondere allerdings in ihrer älteren Ausformung (das Gleiche galt, nebenbei bemerkt, für die europäische Kunst des Mittelalters) – einen anderen Weg ein. Perspektive spielt zumindest keine bedeutende Rolle, und vielfach ist überhaupt keine Perspektive vorhanden.

Nun missverstehen die meisten Menschen Meditation als einen schlichten Akt der Konzentration. Dass dies nicht zutrifft, ist offenkundig, denn auch der über seine Zahlenkolonnen und Kalkulationen gebeugte Buchhalter konzentriert sich eifrig, meditiert jedoch nicht. Sehr häufig kann unser starker Wunsch, uns zu konzentrieren, zu einem Hindernis werden, zumal wenn er einen zwanghaften Charakter annimmt.

Meines Erachtens ist es mitunter sehr vorteilhaft, anfangs einfach den Strom der Gedanken zu beobachten, ehe wir zur Ruhe kommen, ehe wir in die Bereiche unseres innersten Seins gelangen. Statt uns jener Bewegung der Gedanken zu widersetzen, tun wir besser daran, mit dem Strom zu schwimmen. Wenn wir so verfahren, trägt der Gedankenstrom uns zu einem Zustand der Ruhe, in dem wir dann zu unserer inneren Ausrichtung finden können. Eben habe ich gesagt, Meditation sei nicht nur ein Mittel, unserer Verbundenheit mit dem Ganzen gewahr zu werden, sondern auch eine Möglichkeit, uns darüber klar zu werden, dass jedes Individuum eine einzigartige Gelegenheit darstellt, zu einem Brennpunkt zu werden, in dem das Universum zum Bewusstsein seiner selbst gelangt. Darauf möchte ich nun näher zu sprechen kommen. Der Meditationsprozess beinhaltet nicht nur die Erfahrung der Universalität, sondern zugleich erlebt man die Einzigartigkeit der Individualität, welche diese Erfahrung überhaupt erst ermöglicht. Dies zu erleben erfüllt uns mit dem Bewusstsein, für das Vehikel oder Instrument dieser Erfahrung, in der das Universum sich manifestiert, Verantwortung zu haben.

Wirkliche Meditation führt weder zu dem Extrem der Selbstauslöschung beziehungsweise Auflösung in das keinerlei Merkmale aufweisende All, noch führt sie in einen Zustand von Gleichgültigkeit, von Indifferenz gegenüber der Welt, in der wir leben, oder gegenüber dem Körper und seinen Sinnesorganen, über die wir diese Welt erleben. Ganz im Gegenteil versetzt sie uns in die Lage, uns selbst in einem größeren Rahmen, in einem größeren Zusammenhang wahrzunehmen, der die Nichtigkeiten unseres weltlichen Daseins in zutiefst mit Bedeutung erfüllte Aspekte eines kosmischen Spiels verwandelt, in dem wir gleichermaßen Akteur wie auch Zuschauer sind.

Frage: Was ist mit »kosmisches Spiel« gemeint?

Lama Govinda: Wenn von einem »kosmischen Spiel« die Rede ist, verwechseln die meisten Leute »Spiel« mit »launischer Unberechenbarkeit«. Sie meinen, dies sei etwas, wo wir uns freien Lauf lassen können. Aber kann es denn überhaupt, wenn wir bloß ein wenig nachdenken, ein Spiel geben, und sei es auch nur ein ganz alltägliches Spiel, ohne ein paar Regeln? Selbst bei einem gewöhnlichen Fußballspiel muss man einige Regeln einhalten.

Wir sind völlig frei, uns der eigenen Individualität gemäß zu bewegen und zu handeln. Stellen wir also fest, dass wir das Spiel spielen können, müssen wir seine Regeln kennen. Und die Regeln dieses Spiels, im universellen Sinn, sind gleichbedeutend mit dem, was man »Dharma« nennt. Ohne den Dharma zu verstehen, können wir daher in dem Spiel, an dem wir teilnehmen, von unserer Freiheit keinen Gebrauch machen. Wenn wir zum Beispiel an ein Stück denken, das im Theater gespielt wird, so muss auch dort jede/r die eigene Rolle kennen, deren Verständnis sich allerdings erst im Bezug zu dem Stück in seiner Gesamtheit erschließt. Genau in diesem Sinn können wir auch unsere Position im Leben und unsere Position in der Welt, in der wir leben, begreifen.

Uns der eigenen Rolle, unserer Position und Verantwortung im Leben zu vergewissern, gehört also zu den Dingen, die wir in der Meditation lernen, und ist zugleich einer der Gründe, uns in Meditation zu üben. Freiheit ohne Verantwortung kann es nicht geben. Freiheit besteht nicht darin, einfach nur zu tun, wonach uns der Sinn steht. Freiheit bedeutet, das zu tun, was in unserer Position das Richtige ist und mit den Regeln des größeren Spiels, an dem wir teilnehmen, in Einklang steht.

Der Osten hat einen Begriff, *līlā*, der in etwa so viel bedeutet wie »universales Spiel«. Ich glaube nicht, dass es dazu im westlichen Wortschatz eine wirkliche Entsprechung gibt. Wir alle haben von Karma gehört. Līlā und Karma stehen in einem ähnlichen Zusammenhang wie Freiheit und Notwendigkeit, wie Gesetzmäßigkeit und Spontaneität. Hierbei schließt das eine keineswegs das andere aus, denn gäbe es bestimmte Gesetzmäßigkeiten nicht, könntet ihr nicht einmal leben. Dieser Tisch zum Beispiel, oder irgendein anderes materielles Objekt, verfügt über Gewicht und bleibt dem Gesetz der Schwerkraft zufolge dort, wo er sich befindet. Gäbe es das Gesetz der Schwerkraft nicht, würde alles durch die Gegend fliegen, hinaus in den Weltraum. Tatsächlich machen die durch Gesetzmäßigkeiten vorgegebenen Einschränkungen es uns auf diese Weise möglich, frei zu sein und in dem durch die betreffende Gesetzmäßigkeit vorgegebenen Rahmen eigene Entscheidungen zu treffen.

Ein Musiker, der Musik machen möchte, muss zunächst einmal die Regeln und Gesetzmäßigkeiten tonaler Harmonie kennen, er muss sich darauf verstehen, ein Instrument zu spielen, er muss fleißig üben, und so weiter. Erst nachdem jemand die der Musik innewohnenden Gesetzmäßigkeiten begriffen und sie sich zu eigen gemacht hat, verschaffen eben diese Gesetzmäßigkeiten dem betreffenden Individuum die Freiheit, musikalisch genau das zum Ausdruck zu bringen, was es empfindet. Der individuelle Ausdruck steht also ganz und gar nicht im Gegensatz zur universellen oder speziellen Gesetzmäßigkeit der Welt, in der wir leben.

In diesem Sinn ist die höchste Kunst līlā. Dem Künstler entströmt sie wie einem Vogel der Gesang. Das geschieht nicht mit Blick auf materiellen Gewinn, auf mögliche Auszeichnungen, auf Applaus oder andere Formen der Anerkennung, sondern es ist der freie, spontane Ausdruck eines überwältigenden inneren Erlebnisses. Die größten Künstler freilich sind diejenigen, die ihr gesamtes Leben in ein Kunstwerk verwandeln – und dieses wiederum in eine Verkörperung vollkommener Weisheit.

Wir können nicht an Freiheit glauben, ohne an līlā zu glauben. Ohne Freiheit kann es weder Sittlichkeit noch andere innere Qualitäten geben. Nun, ich habe von līlā und Karma, von Freiheit und Notwendigkeit gesprochen. Daher stellt sich hier die Frage, wie fügt sich līlā in die karmische Gesetzmäßigkeit ein? Karma, so können wir sagen, ist der unvermeidliche Ausfluss, das zwangsläufige Resultat, einer ichbezogenen Handlung. Mit anderen Worten: Solange unser Handeln selbstisch, also auf unser illusorisches »Ich« bezogen ist, bleiben wir an eben diese Handlung gefesselt; sie bleibt sozusagen die ganze Zeit zentrifugal und fällt schließlich wieder auf uns zurück.

Im Unterschied dazu ist eine spontane Handlung līlā, das heißt, sie wird nicht mit Vorbedacht ausgeführt, um uns einen Vorteil zu verschaffen, um einen persönlichen Gewinn irgendeiner Art zu erzielen. Vielmehr geht eine spontane Handlung ganz ungezwungen und ungekünstelt von uns aus. Sie ist frei von Karma und überwindet daher jegliches Karma. Im Allgemeinen bedeutet »Karma« einfach »Handlung«, und wenn wir von »Karma« sprechen, meinen wir damit gewöhnlich eine Handlung, eine Aktion, die eine Reaktion hervorruft. Genau genommen bezeichnen wir demnach als Karma die unseren Handlungen zugrunde liegende Aktivität – ihre Motivation – und deren Rückwirkungen. In diesem Sinn wird aus dem absichtsvollen, mit Vorbedacht ausgeführten Handeln, an das wir im Allgemeinen gewöhnt sind, zu guter Letzt spontanes Handeln. Und in dem Augenblick, in dem es spontan wird, wird es frei.

In gleicher Weise kann Konzentration, ausgehend von der absichtlichen Konzentration auf einen Punkt oder auf eine Idee, schließlich zu jener Form innerer Sammlung werden, in der wir einfach zentriert in uns ruhen. In dem Moment wird unsere Konzentration zu etwas Spontanem, und dann führt sie zu innerer Einswerdung – zu jenem Ziel, auf das Meditation zusteuert.

Von Karma befreites, zweckfreies, nicht mehr selbstisches Handeln ist demzufolge nur dann möglich, wenn wir unser Leben so leben, wie gute Schauspieler in ihrer jeweiligen Rolle aufgehen, indem sie sich selbst, die eigene Person, völlig vergessen. Schauspieler, deren Denken und Leben sich in der Wirklichkeit des eigenen Daseins bewegt, andererseits jedoch in dem, was sie als Schauspieler sein sollen, werden schlechte Schauspieler sein. In gleicher Weise findet līlā seine Vollendung darin, dass wir unsere Rolle spielen, indem wir unser illusorisches Selbst, unsere Vorstellung von einem getrennten Eigendasein und Selbstsein vollständig vergessen. Das heißt: Unser Spiel sollte stets in Beziehung stehen zu all dem, was uns umgibt und sich ringsum abspielt. Das ist mit »Buddhaschaft« gemeint.

Der Buddhismus besagt, dass wir mit allem, was existiert, in einer Wechselbeziehung stehen. Die ganze Welt gleicht einem gewaltigen Beziehungsgeflecht. Es gibt kein einziges Ding, das nicht in einer Beziehung zu allen anderen Dingen im Universum stünde. Aus diesem Grund können wir sagen, dass jedes Individuum eine Kristallisierung von all dem ist, was das Universum in sich birgt. Sämtliche Kräfte des Universums sind notwendig, um einen einzigen Menschen, einen einzigen Baum oder auch nur ein einziges Insekt hervorzubringen. Würde nicht das gesamte Kräftespektrum des Kosmos seine Daseinsgrundlage bilden, könnte kein einziges Individuum in Erscheinung treten. Wenn wir die Welt auf diese Weise betrachten, beginnen wir uns zu fragen, ob nicht vielleicht die höchste Errungenschaft dieses Universums in seiner Individualisierung durch die unterschiedlichen Lebensformen besteht.

Wenn wir das Universum als eine Ganzheit sehen, uns klar werden über die unermessliche Leere, die hier vorherrscht, und zugleich über die höchst selten auftretende Kristallisation von Formen im Sinne der sogenannten Materie, die das Leben und bewusste Lebewesen überhaupt erst möglich gemacht hat, dann werden wir vielleicht zu begreifen vermögen, dass Individualität ebenso wichtig ist wie Universalität. Tatsächlich wird Universalität erst durch Individualität erlebbar. Lasst mich ein weiteres Mal darauf hinweisen, dass es für das Universum vielleicht eine Notwendigkeit war, Individuen hervorzubringen, um sich seiner selbst bewusst werden zu können.

Frage: Ist es nicht so, dass wir unsere Individualität, unser Ego, überwinden sollen?

Lama Govinda: Individualisierung bedeutet nicht, in selbstische Ichbezogenheit zu verfallen. Darin besteht ein weiteres der zahlreichen Missverständnisse, denen viele Menschen erliegen – zu meinen, um über unser illusorisches »Ich« hinauszugelangen, bräuchten wir lediglich unsere Individualität zu verleugnen. Dieses Missverständnis ist darauf zurückzuführen, dass wir eine unzutreffende Auffassung von unserer Psyche und unzutreffende psychologische Vorstellungen haben.

Ich schlage vor, unser Bewusstsein auf eine ganz schlichte Weise zu beschreiben: Stellt euch einen Kreis vor. Da hat man eine äußere Begrenzungslinie, die Peripherie, und einen Mittelpunkt, das Zentrum. Indem wir den Kreis erblicken, konzentriert sich unsere Aufmerksamkeit im Grunde auf die Beziehung zwischen Begrenzungslinie und Mittelpunkt. Das Zentrum ist der Punkt, in dem alle Aufmerksamkeit eins wird. Die Peripherie ist derjenige Teil, in dem sie individualisiert wird. Wenn wir nun einzig und allein auf der Peripherie leben, sind wir vom Zentrum abgetrennt und einer Einschränkung unterworfen – mehr als nur das, zugleich sind wir von der Quelle des Lebens abgeschnitten. Würde man andererseits jedoch nur im Zentrum leben, liefe das auf eine Leugnung der Individualität hinaus, und von jeglicher Universalität hätte man keinerlei Bewusstsein.

So geht es meines Erachtens in der Meditation darum, die Verbindung zwischen der Peripherie und dem Zentrum herzustellen, und im allergünstigsten Fall können wir es schaffen, zwischen Peripherie und Zentrum einen mittleren Abstand zu erreichen, von dem aus wir an beiden gleichermaßen teilhaben können. Dies würde demnach auf eine mittlere Position hinauslaufen, in der unsere Individualität zu einem Abbild unserer universellen Mitte

werden würde. So würden wir zur Ganzheit gelangen, dabei zugleich unsere im Überfluss vorhandenen Möglichkeiten und Fähigkeiten verwirklichen.
Die Egofunktion ist für das Individuum, für den menschlichen Gesamtorganismus, soweit es darum geht, seine Individualität zu verwirklichen und zum Ausdruck zu bringen, keineswegs unverzichtbar. Denn jedes Individuum ist eine einzigartige Manifestation der Ganzheit, so wie jeder Zweig eine nach außen sich erstreckende Manifestation des Baumes ist. Um sich individuell manifestieren zu können, muss jeder Zweig ebenso eine sensorische Verbindung zum Baum haben, wie unsere unabhängig voneinander sich bewegenden und sich voneinander unterscheidenden Finger eine sensorische Verbindung zum Gesamtkörper haben müssen. Differenzierung – sich voneinander zu unterscheiden – bedeutet durchaus nicht, voneinander getrennt zu sein, das ist hierbei der springende Punkt, wie man kaum häufig genug wiederholen kann. Der Kopf und die Füße sind voneinander verschieden, nicht jedoch getrennt. Und die Menschen sind zwar nicht auf genau dieselbe Weise physisch mit dem Universum verbunden wie ein Zweig mit dem Baumstamm oder die Füße mit dem Kopf, nichtsdestoweniger sind sie mit ihm verbunden, und zwar durch physische Beziehungen von faszinierender Komplexität.

Frage: Wie steht es in dem Zusammenhang mit Tod und Wiedergeburt?

Lama Govinda: Der Tod des Individuums beinhaltet keine Trennung, sondern ein Sich-Zurückziehen. Der Leichnam gleicht einem Fußabdruck oder einem Echo, er ist gleichsam eine in Auflösung begriffene Spur von etwas, von dessen Ausführung das »Ich« sich zurückgezogen hat. In einem anderen Zusammenhang wird gesagt, dass wir nicht in die Welt hineingeboren werden, sondern aus der Welt hervorgehen. Eine zutreffende Aussage, denn der unaufhörliche Fortbestand der Welt bildet unsere Existenzgrundlage, und so ist das Universum in einem letzten Sinn unser Körper. Dieser geht aus den universellen Gesetzmäßigkeiten hervor.

Diese Idee vom Universum als unserem größeren Körper findet innerhalb der buddhistischen Terminologie ihre Entsprechung im Dharmakāya. Jede/r Erleuchtete, so heißt es, existiert in drei Körpern, und zu einem gewissen Grad existieren auch wir in drei Körpern – dem Dharmakāya, dem Sambhogakāya und dem Nirmānakāya, auf Deutsch: dem »universellen Körper« (an dem wir alle teilhaben), dem »Körper der geistigen Freude« und dem »Körper der Verwandlung«.

Der »Körper der Verwandlung« ist derjenige Körper, den wir als unseren materiellen Körper bezeichnen, in dem sich unser Bewusstsein kristallisiert hat. Gemäß der buddhistischen Psychologie sind wir und unser Körper nicht voneinander verschieden, und keineswegs nehmen wir uns, wie es die Vorstellung von der »Seelenwanderung« nahelegt, einen Körper – in dem Sinn, dass die Seele unvermittelt in einen fertig vorgefundenen Leib eintritt beziehungsweise von einem Körper zum nächsten wandert. Dies ist eine in hohem Maß missverstandene Vorstellung, die es in der Weise im Buddhismus nicht gibt.

Die Wiedergeburtsidee im Buddhismus besteht darin, dass das Bewusstsein sich kristallisiert und den Körper vom allerersten Moment der Empfängnis an gestaltet. In dem jetzigen Körper sehen wir also eine Kristallisierung unseres vergangenen Bewusstseins, und aus diesem Grund haben wir mitunter das Gefühl, dass unser derzeitiger Körper sich von dem unterscheidet, was wir jetzt im Geist sind. Unser Körper vermittelt uns gewissermaßen das Gefühl, als hinke er hinterher, weil er für einen früheren Zustand unseres Bewusstseins steht, während unser Bewusstsein wahrscheinlich bereits weiter vorangegangen ist. Aufgrund dessen verspüren wir dann eine Diskrepanz zwischen Körper und Geist. In Wahrheit besteht jedoch eine derartige Diskrepanz gar nicht. Es verhält sich lediglich so, dass wir zwei verschiedene Zeitpunkte beziehungsweise Zeitabschnitte repräsentieren – einerseits in Form der materiellen Kristallisation und andererseits in Gestalt des längst schon weiter in Fluss befindlichen Bewusstseins.

Aber auch unser Körper ist unablässig einem Wandlungsprozess unterworfen. Wie wir wissen, wird nach Ablauf von sieben Jahren nicht einmal der allerwinzigste Bestandteil unseres Körpers noch derselbe sein. Jeder einzelne Partikel unseres Körpers wird im Verlauf von sieben Jahren durch einen anderen ersetzt worden sein, und das große Wunder besteht in der Kontinuität der leiblichen Form, obgleich nicht ein einziger Bestandteil des Körpers erhalten bleibt. Diese Kontinuität bedeutet: In uns wirkt ein zentrales Formprinzip. Es sorgt für die Wiederherstellung oder Aufrechterhaltung der Formorientierung und stellt sicher, dass ungeachtet all der Veränderungen, die eintreten, diese nicht abrupt verlaufen, sondern als allmähliche Verwandlung.

Daher können wir sagen, dass der Körper des Kindes zwar nicht derselbe ist wie derjenige des Erwachsenen, jedoch vom Kindeskörper zum Erwachsenenkörper ein Übergang stattfindet. Und die Kontinuität, die wir hier am Körper beobachten können, gleicht derjenigen auf der

Ebene des Geistes. Nicht einmal für die Dauer von zwei aufeinander folgenden Sekunden bleibt unser Bewusstsein dasselbe. Der Bewusstseinswandel vollzieht sich also rascher als der körperliche Wandel, in beiden Fällen haben wir es jedoch mit Wandel zu tun.

Wenn wir in der Meditation mit unserem Körper zu einer Übereinstimmung gelangen wollen, erkennen wir, dass sich insofern in gewisser Weise das Universum in uns widerspiegelt, als wir nun bestrebt sind, uns unseres Körpers in seiner Gänze bewusst zu werden. Auf diese Weise können wir unseren Körper in Entsprechung zu unserer derzeitig erreichten Bewusstseinsstufe umkonditionieren. Dieser Vorgang kann nur dann in Gang kommen, wenn wir in einen wirklich tiefen Meditationszustand eintreten, von dem der Körper nicht ausgeschlossen bleibt. Aus diesem Grund benötigen wir für die Dauer der Meditationssitzungen spezielle Āsanas, spezielle Sitzhaltungen.

Damit der Körper auf unsere Meditationserfahrung reagiert, müssen wir eine engere Verbindung zwischen Körper und Geist herstellen, und die beste Möglichkeit dazu bietet uns die Atmung. Das Atmen übernimmt hier eine Mittlerfunktion, da es unwillkürlich ablaufen, aber ebenso willentlich gesteuert werden kann. Ihr könnt eurem Herz nicht vorgeben, in welchem Tempo es schlagen soll, die Verdauungsfunktionen unterliegen nicht eurer Kontrolle, die Blutzirkulation könnt ihr nicht steuern, und so weiter. All dies sind unwillkürlich ablaufende Prozesse, und im Allgemeinen verhält es sich mit dem Atmen ebenso. Doch die Atmung ist subtiler als all die anderen Organfunktionen, steht darum unserem Geist am nächsten und kann, wie ihre Beziehung zu unserem Bewusstsein zeigt, eine willentlich gesteuerte beziehungsweise erfahrbare Qualität annehmen.

Die Atmung verbindet also Körper und Geist, und wenn ihr sie als eine Erfahrung begreift, nicht bloß als eine Gewohnheit – wenn ihr euch der Atemfunktion bewusst werdet und den Atem auf seinem Weg durch den Körper beobachtet –, dann könnt ihr spüren, dass er den ganzen Körper durchströmt. Der Art und Weise, wie er dies tut, werdet ihr schließlich entnehmen können, dass euer Bewusstsein den gesamten Körper erfüllt, und in diesem Augenblick hat euer Körper teil an eurer meditativen Erfahrung.

Frage: In welcher Beziehung stehen Nirvāna und Samādhi zueinander?

Lama Govinda: Samādhi ist ein Zustand innerer Vereinigung; demgegenüber ist Nirvāna ein durch größere Dauerhaftigkeit gekennzeichneter Zustand, der die Überwindung von Gier, Hass und Unwissenheit beinhaltet. Im Unterschied dazu erlebt man in Samādhi vorübergehend, nicht unbedingt dauerhaft, einen Zustand vollkommener Einheit. Unter Nirvāna versteht man diesbezüglich also etwas anderes. Außerdem besteht ein Unterschied zwischen dem hinduistischen und dem buddhistischen Begriff von Nirvāna.
Im Hinduismus ist Nirvāna mehr oder weniger ein metaphysischer, im Buddhismus ein rein psychologischer Begriff, der als Überwindung von Gier, Hass und Unwissenheit definiert werden kann. In diesem Fall ist mit Gier und Hass gemeint: Die Empfindung, dass wir von einer Person oder Sache entweder angezogen oder aber abgestoßen werden, markiert zwei wirkliche Extreme in unserer Einstellung zu den Dingen. Mit Unwissenheit ist die irrige Vorstellung gemeint, über ein von den ande-

ren Wesen vollkommen getrenntes Dasein, oder »Ich«, zu verfügen. Im Buddhismus bedeutet Nirvāna, diese Hindernisse ein für alle Mal überwunden zu haben.

Frage: Was hat es mit dem Singsang auf sich, den wir bei einer Gruppenmeditation mitunter vernehmen?

Lama Govinda: Diesen bezeichnen wir als *shata.* Shata ist ein Klang. Wenn ihr ganz still seid, könnt ihr viele unterschiedliche Klänge hören. Den alten Schriften zufolge kann man den Klang von Donner hören, den Klang einer Flöte, den Klang eines Vogels und so weiter. All diese Klänge sind unterschiedlich beschaffen, und es gibt eine spezielle Art von Meditation, *shata nova*, bei der man diese inneren Klänge in die Meditation mit einbezieht. Man macht sie hier also – anstelle von visuellen äußeren Bezugspunkten wie zum Beispiel einer Kerzenflamme, einem Bild, dem Blick in die freie Natur oder in die Weite des Raumes – zum Bezugspunkt für die geistige Sammlung, und es wird gesagt, dass die verschiedenartigen Klänge auf unterschiedliche Bewusstseinsstufen verweisen können.
Der Klang von Glocken beispielsweise ist dafür bekannt, einen geschärften, einen präziseren Bewusstseinszustand herbeizuführen. Und dieser Klang kann derart intensiv werden, dass man sich nach einiger Zeit nicht mehr darüber im Klaren ist, ob er von innen oder von außen kommt. So kann es also geschehen, dass ihr schöne Glocken erklingen hört und anschließend feststellt, dass niemand sonst diesen Klang vernimmt.

Frage: Sie haben gesagt, līlā sei spontanes Handeln, ganz in sich und aus sich selbst, ohne irgendein Karma zu hinterlassen. Könnten Sie darauf bitte ein wenig näher eingehen? Wenn jede Handlung Karma hervorruft ...

Lama Govinda: Nein, nicht jede Handlung. Wisst ihr, die Definition von Karma lautet »willentliches Handeln«. Wenn man beispielsweise mit einer Handlung keine Absicht verfolgt, die Handlung einfach spontan geschieht, absichtslos, wenn sie keine ausgedachte Handlung ist und auch in keinerlei Bezug zum Ich-Empfinden steht, dann ist sie frei von karmischen Verstrickungen. In dem Augenblick jedoch, in dem sie in einem Bezug zu eurem Ich-Empfinden steht, durch euer »Ich« motiviert und in Gang gesetzt wurde, hinterlässt sie Spuren in eurem Bewusstsein.

Frage: Welche Rolle spielt Wut in diesem Zusammenhang?

Lama Govinda: Wenn man wütend ist, weil einen zum Beispiel jemand gekränkt oder beleidigt hat, bewirkt diese Wut zweifellos Karma. Man wird bei allen ähnlichen Situationen, mit denen man später konfrontiert wird, weiterhin wütend werden. Man wird wieder wütend werden, diese Wut wird erneut zum Vorschein kommen. Je häufiger dies geschieht, desto stärker prägt sich die Neigung aus, in Wut zu geraten. Könnt ihr euch hingegen zurückhalten und es vermeiden, überhaupt in Wut zu geraten, etwa indem ihr denkt: »Was soll's, warum sollte ich wütend werden, dadurch kann man ohnehin niemanden ändern«, und könnt ihr euch beruhigen, so habt ihr einen Präzedenzfall geschaffen, der künftig in ähnlichen Situationen hilfreich für euch sein wird.

Frage: Ist das aber nicht dennoch Karma – der Wut Einhalt zu gebieten, statt dieser spontanen Angelegenheit, die unbeabsichtigt zustande kam, ihren Lauf zu lassen?

Lama Govinda: Ja, Wut kann ganz spontan sein, aber sie ist spontan ichhaft, selbstisch. Nicht nur auf Spontaneität kommt es hier an, sondern auch darauf, ob ein selbstisches, ichbezogenes Moment eine Rolle spielt. Völlig richtig: Bei spontanem Handeln muss man unterscheiden zwischen rein intuitiver Spontaneität und jenem spontanen Handeln, das durch unser Ich-Empfinden ausgelöst wird.

Frage: Ist es gut, Wut herauszulassen?

Lama Govinda: Mitunter ist das gut, ja. Bei manchen Menschen kommt es vor, dass sie ihre Wut unterdrücken. Wütend sind sie allemal, aber daran ändert sich nichts, weil sie dieses Gefühl unterdrücken; sie lassen die Wut nicht raus, daher bleibt sie bestehen. Es ist kein Ventil vorhanden, und das kann manchmal schädlich sein. Andererseits, wenn ihr die Wut allzu ungezügelt zum Ausdruck kommen lasst, kann sie euch weiter mit sich fortreißen, als ihr eigentlich gehen wollt. Ich denke, so kommt es ganz auf die Situation an. In manchen Fällen ist es schon besser, der Wut ihren Lauf zu lassen, solange wir dadurch andere Menschen nicht kränken.

Frage: Ein Kind wird lautstark auf den Tisch hauen …

Lama Govinda: Ja, das ist ein gutes Ventil, solange der Tisch dabei nicht zu Bruch geht.

Frage: Wenn wir so sehr mit dem Universum verbunden sind, wozu dann die Erfahrung von Nicht-Dinglichkeit, von Leerheit – *śūnyatā*?

Lama Govinda: Den meisten Menschen macht es Angst, wenn sie von *śūnyatā* hören, weil man darunter Leerheit versteht. Nun können wir allerdings Leerheit nicht erleben, sofern wir nicht wissen, worin ihr Gegenteil besteht. Anfangs scheint Leerheit ein äußerst negativer Ausdruck zu sein, doch wenn wir in der Meditation oder im Gebet etwas erhalten und es in uns aufnehmen wollen, müssen wir zunächst einmal leer sein. Ist das Gefäß nicht leer, vermag es nichts in sich aufzunehmen. So wird Leerheit in diesem Fall zu einem ausgesprochen positiven Attribut, weil sie Raum schafft, damit etwas aufgenommen werden kann.

Das bedeutet aber auch – und wenn wir uns anschauen, wie sich das Universum heutzutage in der modernen Physik darstellt, nehmen wir dies mit Erstauen, vielleicht auch mit Schrecken zur Kenntnis –, dass dieses ganze riesengroße Universum zum größten Teil leer ist und Materie in diesem Universum tatsächlich nur äußerst spärlich vorkommt. Denken wir darüber nach, so beginnen wir uns zu fragen, ob wir nicht missverstanden haben, was Materie ist, und unser ganzer Begriff eines »Materialismus« nicht komplett ins Leere greift, eine völlig falsche Bezeichnung ist – denn die Stufe eines wirklichen Materialismus haben wir noch nicht erreicht. Ein wirklicher Materialist zu sein heißt, ein Mensch zu sein, der die Bedeutung und die Wichtigkeit der Materie begriffen hat.

Dann wäre der Begriff nahezu gleichbedeutend mit Spiritualismus, denn Materie bedeutet nur eine Konzentration von Energie in einem so ausgewogenen Zustand, dass diese bestimmte Formen annehmen und beibehalten kann. Dieser Zustand, so will mir scheinen, ist wahrscheinlich das Höchste, was im Universum zustande gekommen ist. Schließlich hätte ohne Materie das Leben keine Existenzmöglichkeit, das Bewusstsein ebenso wenig. Mit anderen Worten: Materie bildet die Grundlage, auf der das Universum in Gestalt der lebendigen Individuen seiner selbst bewusst werden kann.

Darum denke ich, wir sollten der Materie mit großem Respekt begegnen, dementsprechend mit ihr umgehen und keinen Missbrauch mit ihr betreiben. Wir sollten sein wie der heilige Franz von Assisi, der von Schwester Wasser und Bruder Feuer, von Schwester Mond und Bruder Sonne zu sprechen pflegte. Unmittelbar begriff und erlebte er all die unterschiedlichen Elemente als lebendige Eigenschaften – Qualitäten des Lebens – und als Vergegenwärtigung des Göttlichen.

Bevor Religionen institutionalisiert wurden, begegneten die Menschen der Erde, dem Wasser, dem Feuer, der Luft, dem Wind, der Sonne und allen Elementen der Natur voller Ehrerbietung und Respekt. Man kann es zum Beispiel bei den amerikanischen Ureinwohnern sehen. Heutzutage halten wir diese Ehrerbietung für etwas Primitives, ich denke jedoch, diese Menschen hatten ein weitaus feineres Empfinden für die Welt, in der sie lebten, als wir es heute haben. Wir haben alles objektiviert, die ganze Welt verdinglicht und geraten daher zu allen möglichen Dingen in Widerspruch.

Frage: Wenn es um eine Emotion wie Wut geht, wie lässt sich da der Unterschied ausmachen zwischen »sich beruhigen« und »die Emotion unterdrücken«?

Lama Govinda: Nun, in dem Augenblick, da man nachzudenken beginnt und herauszufinden versucht, warum man wütend ist, ist die Wut zum Großteil bereits verflogen, weil man sein Bewusstsein von der selbst auferlegten Beschränkung befreit hat, die zur Ursache der Wut wurde. Manche Leute sagen: »Bevor du wütend wirst, zähl erst mal bis dreißig«, und es gibt mehr solche Rezepte. Das macht man dann entsprechend, und wenn man bei dreißig angekommen ist, hat man vergessen, weshalb man eigentlich wütend war. Daher ist es immer eine gute Sache, sich eine Pause zu gönnen, um die Dinge zu begreifen.

Frage: Bevor die Wut Oberhand bekommen kann?

Lama Govinda: Ja, bevor sie Oberhand über euch bekommen kann. Manche Menschen geraten in eine Art maßlos unvernünftige Wut; oder sie legen los an einem Punkt, an dem das Ganze vielleicht noch eine gewisse Berechtigung haben mag, lassen aber ihren Emotionen einfach ungezügelt freien Lauf. Das reißt sie dann viel weiter mit, als sie je gedacht hätten, ohne dass es auch nur die mindeste Veranlassung dafür gibt. Darum ist es stets gut, wenn wir uns der Tatsache bewusst sind, dass wir wütend sind, und herauszufinden versuchen, ob es das wirklich wert ist.

Frage: Manchmal fällt es schwer, emotionale Muster und Prägungen zu durchbrechen.

Lama Govinda: Ja, in dem Augenblick, in dem sich ein Muster ausprägt, wird es schwierig. Aber man kann ein Muster durchbrechen, indem man sich des Musters bewusst wird und vom eigenen Unterscheidungsvermögen Gebrauch macht. Wenn man die Dinge klar sieht und sie begreift, ist man im Allgemeinen bereits von ihnen befreit. Ich denke, in unseren Beziehungen zu anderen Menschen sind wir hauptsächlich wütend über sie, weil wir ihren Standpunkt und das dementsprechende Verhalten nicht begreifen. Wenn wir es jedoch schaffen, uns in die Position der anderen Person hineinzuversetzen, können wir sie, selbst wenn wir ihre Auffassung nicht teilen, anschließend meist verstehen.

Frage: Manchmal reden Menschen über Karma im Sinn von Schicksal ...

Lama Govinda: Nein, Karma ist kein Schicksal. Schicksal beinhaltet Vorherbestimmung, und im Buddhismus glauben wir nicht daran, dass etwas vorherbestimmt sei. Nach buddhistischer Überzeugung ist Karma lediglich Charakter. Jede Handlung trägt etwas zu eurem Charakter bei, formt euren Charakter in gewisser Weise. Durch positive Handlungen verbessert, durch negative verschlechtert ihr euch. Das heißt, durch jede heilsame Handlung gewinnt ihr charakterlich hinzu, jede gemeine, jede niedrige Handlung ist dem Charakter abträglich. Darum besteht in einem höchsten letzten Sinn zwischen Karma und Charakter kein Unterschied.

Anmerkungen

1 Timothy Leary, Ralph Metzner, Richard Alpert, *The Psychedelic Experience: A Manual Based on the Tibetan Book of the Dead*, University Books, New York 1964. Dt.: *Psychedelische Erfahrungen – Ein Handbuch nach Weisungen des Tibetanischen Totenbuches*, übers. v. Ursula von Mangoldt, O. W. Barth, Weilheim/Obb. 1971.

2 William James, *The Varieties of Religious Experience: A Study in Human Nature, Being the Gifford Lectures on Natural Religion delivered at Edinburgh in 1901–1902*, Longman, London 1909. Dt.: *Die Vielfalt religiöser Erfahrung – Eine Studie über die menschliche Natur*, übers. v. Eilert Herms & Christian Stahlhut, Insel, Frankfurt/M. 1997.

3 Huston Smith, *The Religions of Man*, Harper, New York 1958. Eine überarbeitete Fassung des Buchs erschien später unter dem Titel *The World's Religions – Our Great Wisdom Traditions*, HarperCollins, New York 1991. Dt.: *Die sieben großen Religionen der Welt – Eine Wahrheit, viele Wege*, übers. v. Roland Irmer, Goldmann Arkana, München 2004.

4 Matthieu Ricard, *Glück*, übers. v. Christine Bendner, Nymphenburger Verlag, München 2007.

5 Lama Anagarika Govinda, *Der Weg der weißen Wolken – Erlebnisse eines buddhistischen Pilgers in Tibet*, O. W. Barth, Frankfurt/M. [2]2007, S. 15.

6 Jane Hope & Borin Van Loom, *Buddha for Beginners*, Icon Books, Duxford 1994, S. 155.

7 Rick Fields, *How the Swans Came to the Lake*, Shambala, Boulder 1981, S. 119–129.

8 Nyogen Senzaki, *Like A Dream, Like A Fantasy*, Japan Publications, Tokyo 1978, S. 103 f.

9 Lobsang Wangyal, »vor 45 Jahren bei der Flucht des Dalai Lama als Augenzeuge mit dabei, war sich damals nicht darüber im Klaren, dass ein Stück Geschichte geschrieben wurde«, Agence France Press, 17. März 2004.

10 Ken Winkler, *A Thousand Journeys: The Biography of Lama Anagarika Govinda*, Vega, London 2002, S. 103 f. Dt.: *Die Biographie – Lama Anagarika Govinda*, Aquamarin, Grafing 1990.

11 Briefe von Lama Govinda und Li Gotami, Human Dimensions Institute Archive.

12 Lama Anagarika Govinda, *The Way of the White Clouds*, Overlook Press, Woodstock, NY, 2005, S. 11.

13 Mircea Eliade, *Yoga: Immortality and Freedom*, Routledge and Kegan Paul, London 1958. Dt.: Mircea Eliade, *Yoga – Unsterblichkeit und Freiheit*, übers. v. Inge Köck, Insel, Frankfurt/M. 2004.

14 Huston Smith, Notizen, Human Dimensions Institute Archive.

15 John Blofeld, *The Wheel of Life*, Rider, London 1959. Dt.: *Rad des Lebens – Erlebnisse eines westlichen Buddhisten*, übers. v. Lorenz Richter & Eva Grünert, Rascher, Zürich 1961.

16 Winkler, *A Thousand Journeys*, S. 9.

17 A. a. O., S. 8.

18 Huston Smith, Notizen, Human Dimensions Institute Archive.

19 Govinda, *The Way of the White Clouds*, S. xx.

20 Winkler, *A Thousand Journeys*, S. 19.

21 Govinda, *Der Weg der weißen Wolken*, S. 34.

22 Winkler, *A Thousand Journeys*, S. 79.

23 A. a. O., S. 91.

24 Govinda, *Der Weg der weißen Wolken*, S. 388.

25 Winkler, *A Thousand Journeys*, S. 120.

26 Huston Smith, Notizen, Human Dimensions Institute Archive.

27 A. a. O.

28 Ken Winkler, *Pilgrim of Clear Light: The Biography of Dr. Walter Y. Evans-Wentz*, Dawn Fire, Berkeley 1982.

29 Theosophische Gesellschaft, San Francisco, Archive der Loge.

30 Richard Power, *Great Song: Life and Teachings of Joe and Guin Miller*, Maypop Books, Athens, Georgia, 1993, S. 165.

31 Maitland Zane, »The Circling of Mt. Tam on Buddha's Birthday«, *San Francisco Chronicle*, 9. April 1969.
32 Theosophische Gesellschaft, San Francisco, Archive der Loge.
33 A. a. O.
34 A. a. O.
35 Winkler, *A Thousand Journeys*, S. 154.
36 Govinda, *Der Weg der weißen Wolken*, S. 20.
37 A. F. Price & Wong Mou-lam, *Diamond Sutra & Sutra of Hui-Neng*, Shambala, Boston 1990, S. 53.
38 Govinda, *Der Weg der weißen Wolken*, S. 22
39 A. a. O., S. 28 f.
40 A. a. O., S. 88–90.
41 Lama Anagarika Govinda, *Grundlagen tibetischer Mystik*, Fischer TB, Frankfurt/M. 1975, S. 11–13.
42 A. a. O., S. 61.
43 A. a. O., S. 97.
44 A. a. O., S. 224 f.
45 Lama Anagarika Govinda, *Der Stūpa – Psychokosmisches Lebens- und Todessymbol*, Aurum, Freiburg i. Br. 1978, S. 89.
46 A. a. O., S. 94.
47 Lama Anagarika Govinda, *Schöpferische Meditation und multidimensionales Bewusstsein*, Aurum, Freiburg i. Br. 1977, S. 71.
48 A. a. O., S. 72 f.
49 A. a. O., S. 73.
50 A. a. O., S. 74.
51 Huston Smith, Notizen, Human Dimensions Institute Archive.
52 Lama Anagarika Govinda, *Die innere Struktur des I GING. Das Buch der Wandlungen*, Aurum, Freiburg i. Br. 1983, S. 31.
53 Patene: Hostienteller. (Anm. d. Übers.)
54 Das erste sogenannte »Human Be-In – A Gathering of the Tribes« am 14. Januar 1967 in San Franciscos Golden Gate Park fand überwältigend große Resonanz und prägte maßgeblich das Gemeinschaftsgefühl des »Summer of Love« beziehungsweise der Hippie-Ära. (Anm. d. Übers.)
55 Weather Underground (auch: Weathermen): eine Ende der Sechzigerjahre in Zusammenhang mit dem Protest gegen den

Vietnamkrieg entstandene militante Untergrundgruppierung. (Anm. d. Übers.)

56 Kyle Jarrard, »A Monk's Meditation on the Pursuit of Happiness«, *International Herald Tribune*, 30. Juni 2006.

57 Anthony Barnes, »The Happiest Man in the World?«, *The Independent*, 12. März 2007.

58 Helmuth von Glasenapp, »Zur Geschichte der buddhistischen Dharmaforschung«, in: *Zeitschrift der deutschen morgenländischen Gesellschaft*, Vol. 92 (Neue Folge, Vol. 17), 1938, S. 414.

59 *Indische Welt*, Vol. 22, No. 3, 1951, S. 37 f.

60 Die vierte, zur Beendigung des Leids führende Wahrheit hat acht Aspekte: 1.) vollkommene Einsicht, 2.) vollkommener Entschluss, 3.) vollkommene Rede, 4.) vollkommenes Handeln, 5.) vollkommene Lebensführung, 6.) vollkommenes Bemühen, 7.) vollkommene Achtsamkeit, 8.) vollkommene innere Sammlung. Dies sind die acht Kernaspekte des Weges zur Befreiung. (Anm. d. Übers.)

61 Bikkhu Bodhi, *The Connected Discourse of the Buddha: A Translation of the Samyutta Nikāya*, Wisdom Publications, Boston 2002, S. 537.

62 *Milinda Panha*, um 100 v. Chr., wörtlich: »Fragen des Milinda«, im Pāli-Kanon enthalten.

63 Max F. Muller (Übers.), *Sacred Books of the East*, Vol. XII, Charles Scribner's Sons, New York 1901; H. Saddhatissa, *Sutta-Nipāta*, Routledge Curzon, London 1995.

64 D. T. Suzuki, *Lankavatara Sutra*, Routledge and Kegan Paul, London 1966.

65 A. F. Price & Wong Mou-lam, *Diamond Sutra & Sutra of Hui-Neng*, Shambala, Boston 1990, S. 70.

66 Max F. Muller (Übers.), *Sacred Books of the East*, Vol. XV, Oxford 1884, S. 242.

67 Price & Mou-lam, *Diamond Sutra*, Shambala, Boston 1990, S. 72.

68 A. a. O., S. xx.

69 Dr. Roberto Assagioli, *The Act of Will*, Viking Press, New York 1973, S. 10. Dt.: *Die Schulung des Willens – Methoden der Psychotherapie und der Selbsttherapie*, Junfermann, Paderborn 1989.

[70] A. a. O.
[71] A. a. O., S. 21.
[72] A. a. O., S. 5 f.
[73] A. a. O.
[74] A. a. O., S. 113.
[75] Jacob Bronowski, »The Reach of Imagination«. [In: Jacob Bronowski, *A Sense of the Future: Essays in Natural Science*, MIT Press, Cambridge, Massachusetts, 1978.]
[76] Assagioli, *The Act of Will*, S. 51 f., S. 56.
[77] A. a. O., S. 194.
[78] Lama Anagarika Govinda, *Schöpferische Meditation und multidimensionales Bewusstsein*, Aurum, Freiburg i. Br. 1977, S. 290–301.
[79] Edmund W. Sinnott, *The Biology of the Spirit*, Viking Press, New York 1955, S. 47.
[80] A. a. O., S. 61.
[81] Lama Anagarika Govinda, *Die psychologische Haltung der frühbuddhistischen Philosophie und ihre systematische Darstellung nach der Tradition des Abhidhamma*, Octopus, Wien 1980.
[82] Sinnott, *Biology of the Spirit*, S. 71.
[83] A. a. O., S. 115.
[84] A. a. O., S. 52.
[85] Pierre Teilhard de Chardin, *Hymn of The Universe*, übers. v. Norman Denny, Collins, London 1965, S. 19. Dt.: *Lobgesang des Alls*, übers. v. Karl Schmitz-Moormann, Walter, Olten u. Freiburg i. Br. 1964. Zur Bedeutung von »Patene«: Siehe Anmerkung 53.
[86] A. a. O., S. 20.
[87] A. a. O.
[88] Shāntideva, *Anleitungen auf dem Weg zur Glückseligkeit – Bodhicaryāvatāra*, aus d. Tibet. übers. v. Diego Hangartner, O. W. Barth, Frankfurt/M. 2005. Sowie Shantideva, *Die Lebensführung im Geiste der Erleuchtung – Das Bodhisattvacharyavatara*, aus d. Tibet. übers. v. Jobst Koss, Theseus, Berlin 2004. Das zentrale und besonders anspruchsvolle neunte Kapitel des Bodhicharyāvatāra (das Kapitel »Weisheit«) hat der Dalai Lama mit ausführlichen Erläuterungen

versehen in: Dalai Lama, *Weisheit erkennen, mehren und Tag für Tag üben*, übers. v. Michael Wallossek, O. W. Barth, Frankfurt/M. 2007.

89 Teilhard de Chardin, *Hymn of The Universe*, S. 27.

90 A. a. O., S. 27 f.

91 »Basis-von-allem-Bewusstsein« wäre eine weitere mögliche Bezeichnung. (Anm. d. Übers.)

92 Teilhard de Chardin, *Hymn of The Universe*, S. 27 f.

93 Rainer Maria Rilke, *Gedichte*, Fischer TB, Frankfurt/M. 2008, S. 342.

94 Teilhard de Chardin, *Hymn of The Universe*, S. 27.

95 Jean Gebser, *Ursprung und Gegenwart, Bd. 2: Die Manifestationen der aperspektivischen Welt – Versuch einer Konkretion des Geistigen*, Deutsche Verlagsanstalt, Stuttgart 1953, S. 405.

96 A. a. O., S. 382.

97 Teilhard de Chardin, *Hymn of The Universe*, S. 69, S. 77 f., S. 113.

98 A. a. O., S. 29.

99 A. a. O., S. 33.

100 Sinnott, *Biology of the Spirit*, S. 161 f.

101 Medard Boss, *Indienfahrt eines Psychiaters*, Günther Neske, Pfullingen 1959, S. 19.

102 Gebser, *Ursprung und Gegenwart, Bd. 1: Die Fundamente der aperspektivischen Welt – Beitrag zu einer Geschichte der Bewusstwerdung*, Deutsche Verlagsanstalt, Stuttgart 1949, S. 327.

103 Alan Watts, *The Supreme Identity*, Pantheon, New York 1959, S. 56.

104 Medard Boss: Die hier wiedergegebene Aussage stammt nicht aus seinem Buch, sondern vermutlich aus einem Briefwechsel oder einem persönlichen Gespräch mit Lama Anagarika Govinda. (Anm. d. Übers.)

105 Sinnott, *Biology of the Spirit*, S. 88, S. 90.

106 Teilhard de Chardin, *The Future of Man*, übers. v. Norman Denny, Collins, London 1964, S. 91. Dt.: *Die Zukunft des Menschen*, übers. v. Lorenz Häfliger und Karl Schmitz-Moormann, Walter, Olten u. Freiburg i. Br. 1963.

[107] A. a. O., S. 122.

[108] A. a. O., S. 30.

[109] A. a. O., S. 92.

[110] A. a. O., S. 80.

[111] Gebser, *Ursprung und Gegenwart*, Bd. 1, a. a. O., S. 224.

[112] Johann Wolfgang von Goethe, *Faust I*, Vers 682 ff.

[113] Karlfried Graf von Dürckheim, *Hara – Die Erdmitte des Menschen*, O. W. Barth, Frankfurt/M. 1967/2005, S. 70 f., S. 74 (kursive Hervorhebung von mir, Anagarika Govinda).

[114] Zwar hat Govinda in seiner Bezugnahme auf Novalis keinen speziellen Text angeführt, doch die folgende Passage aus *Vermischte Bemerkungen/»Blütenstaub«* (1798) fasst wunderbar in Worte, was Govinda hier anspricht: »Die Phantasie setzt die künftige Welt entweder in die Höhe oder in die Tiefe oder in der Metempsychose zu uns. Wir träumen von Reisen durch das Weltall: ist denn das Weltall nicht in uns? Die Tiefen unseres Geistes kennen wir nicht. – Nach Innen geht der geheimnisvolle Weg. In uns oder nirgends ist die Ewigkeit mit ihren Welten, die Vergangenheit und Zukunft. Die Außenwelt ist die Schattenwelt, sie wirft ihren Schatten in das Lichtreich. Jetzt scheint es uns freilich innerlich so dunkel, einsam, gestaltlos, aber wie ganz anders wird es uns dünken, wenn diese Verfinsterung vorbei und der Schattenkörper hinweggerückt ist! Wir werden mehr genießen als je, denn unser Geist hat entbehrt.« In: Novalis, *Gesammelte Werke*, Bd. 2, hrsg. v. Carl Seelig, Bühl, Herrliberg – Zürich, 1945, S. 13.

[115] Charles Luk (Übers.), *Surangama Sutra*, Rider & Company, London 1966, S. 118–21.

[116] Edmund W. Sinnott, *The Biology of the Spirit*, Viking Press, New York 1955, S. 64, 66.

[117] Jacquetta Hawkes, »An Aside on Consciousness«, in: *The Human Spirit*, hrsg. v. Whit Burnett, George Allen & Unwin, London 1960.

[118] Jalal ad-Din [Rumi], übers. v. H. L. Myers.

[119] Karlfried Graf von Dürckheim, *Hara – Die Erdmitte des Menschen*, O. W. Barth, Frankfurt/M. 1967/2005, S. 153 f.

[120] A. a. O., S. 12.

[121] Richard Wilhelm (Übers.), *I Ging – Das Buch der Wandlungen*, erstes und zweites Buch, Diederichs, Jena 1924, S. 205.

[122] A. a. O., S. XII.

[123] A. a. O., S. 223 f.

[124] A. a. O., S. 94.

[125] Arhat, wörtlich »der Feindbezwinger«: jemand, der den inneren Feind – das Ich-Anhaften – überwunden hat. (Anm. d. Übers.)

Ausgewählte Bibliografie

Anmerkung des Herausgebers: Lama Govinda war Verfasser von über dreißig unter eigenem Namen erschienenen Büchern. Diese Bibliografie führt seine wichtigsten Werke auf, verweist aber auch auf Texte anderer Autoren, die Wesentliches zum Themenkreis des vorliegenden Buches beigetragen haben. Die hierfür gewählten Titel geben nicht nur einen Einblick in die Arbeit verschiedener Zeitgenossen von Lama Govinda, sondern berücksichtigen ebenso Beiträge lesenswerter Autoren aus jüngerer Zeit.

Lama Govinda und Li Gotami

Gotami, Li, und Lama Anagarika Govinda, *Tibet in Pictures: Text and Photos*, Dharma Publishing, Berkeley 1980.

Govinda, Lama Anagarika, *Der Stūpa – Psychokosmisches Lebens- und Todessymbol*, Aurum, Freiburg i. Br. 1978.

–, *Der Weg der weißen Wolken – Erlebnisse eines buddhistischen Pilgers in Tibet*, O. W. Barth, Frankfurt/M. [2]2007.

–, *Die innere Struktur des I Ging. Das Buch der Wandlungen*, Aurum, Freiburg i. Br. 1983.

–, *Die psychologische Haltung der frühbuddhistischen Philosophie und ihre systematische Darstellung nach der Tradition des Abhidhamma*, Octopus, Wien 1980.

–, *Grundlagen tibetischer Mystik*, Fischer TB, Frankfurt/M. 1975.

–, *Schöpferische Meditation und multidimensionales Bewusstsein*, Aurum, Freiburg i. Br. 1977.
WINKLER, KEN, *Die Biographie – Lama Anagarika Govinda*, Aquamarin, Grafing 1990.

Tibetischer Buddhismus

DALAI LAMA, *Mit weitem Herzen – Mitgefühl leben*, übers. v. Michael Wallossek, Theseus, Berlin 2002.
–, *Weisheit des Verzeihens*, übers. v. Ursula Pesch, Lübbe, Bergisch Gladbach 2007.
DOWMAN, KEITH, *Flight of the Garuda: The Dzogchen Tradition of Tibetan Buddhism*, Snow Lion Publications, Ithaca, NY, [2]2003.
–, *Sky Dancer: The Secret Life and Songs of the Lady Yeshe Tsogyel*, Snow Lion Publications, Ithaca, NY, 1996.
EVANS-WENTZ, *Das tibetanische Totenbuch oder Die Nach-Tod-Erfahrungen auf der Bardo-Stufe – Ein Weisheitsbuch der Menschheit*, übers. v. Louise Göpfert-March, Walter, Olten [10]1977.
–, *Der geheime Pfad der großen Befreiung*, übers. v. Alterego, Weilheim/Obb. [3]1972.
–, *Milarepa – Tibets großer Yogi*, übers. v. Ursula von Mangoldt, O. W. Barth, Weilheim/Obb. 1971.
–, *Yoga und Geheimlehren Tibets*, übers. v. Ursula von Mangoldt, O. W. Barth, München-Planegg [2]1937.
KHYENTSE, DILGO, *Die sieben tibetischen Geistesübungen. Das Herzstück buddhistischer Praxis*, übers. v. Sabine von Minden, O. W. Barth, München 1996.
–, *Herzjuwel der Erleuchteten*, übers. v. Sabine von Minden & Corinna Chung, Theseus, Berlin 2002.
PATRUL RINPOCHE, *Die Worte meines vollendeten Lehrers. Die Praxis des tibetischen Buddhismus auf dem Weg zur*

»Großen Vollkommenheit«, übers. v. Padmakara, Arbor, Freiamt ²2006.

RABJAM, LONGCHEN, *The Precious Treasury of the Basic Space of Phenomena*, Padma Publishing, Junction City, CA, 2001.

–, *The Precious Treasury of the Way of Abinding*, Padma Publishing, Junction City, CA, 1998.

RICARD, MATTHIEU, *Glück*, übers. v. Christine Bendner, Nymphenburger Verlag, München 2007.

RICARD, MATTHIEU, und TRINH XUAN THUAN, *Quantum und Lotus: Vom Urknall zur Erleuchtung*, übers. v. Elisabeth Liebl, Goldmann, München 2001.

THURMAN, ROBERT A. F., *Revolution von innen. Die Lehren des Buddhismus oder das vollkommene Glück*, übers. v. Dagmar Ahrens-Thiele, Econ, München 1999.

–, *The Jewel Tree of Tibet: The Enlightment Engine of Tibetan Buddhism*, The Free Press, New York 2006.

Theravāda-Buddhismus

BHIKKU, BUDDHADASA, *Heartwood of the Bodhi Tree: The Buddha's Teachings on Voidness*, Wisdom Publications, 1994.

BODHI, BHIKKU, *The Connected Discourses of the Buddha: A Translation of the Samyutta Nikāya*, Wisdom Publications, Boston 2002, S. 537–540.

SIRCAR, RINA, *Psycho-Ethical Aspects of the Abhidharma*, University Press of America, Lanham, MD, 1999.

TEICH, ANNE, *Blooming in the Desert: Favorite Teachings of the Wildflower Monk Taungpulu Sayadaw*, North Atlantic Books, Berkeley 1996.

Ch'an und Zen

Blofeld, John (Hrsg.), *Der Geist des Zen. Die Zen-Lehre des chinesischen Meisters Huang Po*, Vorwort v. Jean Gebser, übers. v. Ursula von Mangoldt, O. W. Barth, Weilheim/Obb. 1960.

Gilbert, Don, *Jellyfish Bones*, Blue Dolphin Publishing, Nevada City, CA, 1980.

–, *The Upside Down Circle*, Blue Dolphin Publishing, Nevada City, CA, 1998.

Price, A. F., und Wong Mou-lam, *Diamond Sutra & Sutra of Hui-Neng*, Shambala, Boston 1990.

Reps, Paul (Hrsg.), *Ohne Worte – ohne Schweigen. 101 Zen-Geschichten und andere Zen-Texte aus vier Jahrtausenden*, übers. v. Ulli Olvedi, O. W. Barth, München 1976.

Suzuki, Shunryu, *Zen-Geist, Anfänger-Geist*, übers. v. Silvius Dornier & Pirmin Ragg, Theseus, Zürich 1975.

I Ging

Wei, Henry, *The Authentic I-Ching*, Newcastle Publishing, Hollywood 1987.

Wilhelm, Richard (Übers.), *I Ging – Das Buch der Wandlungen*, erstes und zweites Buch, Diederichs, Jena 1924.

Historisches und Biografisches

David-Neel, Alexandra, *Magier und Heilige in Tibet*, übers. v. Ada Ditzen, Goldmann, München 2005.
Originaltitel: *Heilige und Hexer. Glaube und Aberglaube im Lande des Lamaismus*, übers. v. Ada Ditzen, Brockhaus, Leipzig 1931.

FIELDS, RICK, *How The Swans Came to The Lake: A Narrative History of Buddhism in America*, Shambala, Boulder 1981.

HARRER, HEINRICH, *Sieben Jahre in Tibet. Mein Leben am Hofe des Dalai Lama*, Ullstein, Wien [2]1952.

KING, URSULA, *Spirit of Fire: The Life and Vision of Teilhard de Chardin*, Orbis, Maryknoll, NY, 1996.

PAINE, JEFFREY, *Re-Enchantment: Tibetan Buddhism Comes to the West*, W. W. Norton & Company, New York 2004.

POWER, RICHARD, *Great Song: Life and Teachings of Joe and Guin Miller*, Maypop, Athens, GA, 1993.

MATTHIEU RICARD, *Das Licht Tibets – Leben und Welt des spirituellen Meisters Khyentse Rinpoche*, Zweitausendeins, Frankfurt/M. 1998.

SENZAKI, NYOGEN, *Like A Dream, Like A Fantasy*, Japan Publications, Tokio 1978.

SMITH, HUSTON, *Die sieben großen Religionen der Welt – Eine Wahrheit, viele Wege*, übers. v. Roland Irmer, Goldmann Arkana, München 2004.

–, *Forgotten Truth: The Common Vision of the World's Great Religions*, Harper San Francisco, San Francisco 1992.

WINKLER, KEN, *Pilgrim of Clear Light: The Biography of Dr. Walter Y. Evans-Wentz*, Dawn Fire, Berkeley 1982.

WATTS, ALAN, *Zeit zu leben. Erinnerungen eines heiligen Barbaren*, übers. v. Susanne Schaup, Scherz, München 1979.

Register